Für Anita
Für Frank Weymann

Markus Möller

VERLOREN

Ronald Prokein

ISBN 978-3-7562-1946-9
5. Auflage 2022 (1. & 2. Aufl. 1998-2007, WeymannBauerVerlag)
© Markus Möller, Ronald Prokein
Herstellung und Verlag: BoD – Books on Demand, Norderstedt
Umschlaggestaltung: Markus Möller
Fotos: Markus Möller, Ronald Prokein
Printed in Germany

EINLEITUNG

Unser Freund Frank Weymann sagte zu unserer Blitzidee, schnell mal mit dem Auto nach Brunei zu fahren: »Ich werde euch nicht davon abraten. Ihr müßt selbst eure Erfahrungen machen und daraus lernen.« Wir lernten eine Menge auf dieser Reise, und Erfahrungen gewannen wir auch.

Sie als Leser werden bald wissen, daß es meist schlechte waren. Aber: »Nichts ist so schlecht, als daß es nicht ebenso sein Gutes hat.« Auch das war ein Lieblingssatz unseres Freundes. Und wieder behielt er recht. Ohne die Hilfe fremder Menschen hätten wir nicht überlebt. Ohne die Erfahrung, monatelang ausgegrenzt zu sein – hätten wir da verstanden, wie sich Menschen, die das Tag für Tag durchleben, fühlen? Und ohne die vielen Fehler, die wir gemacht haben – wie sollten wir begreifen, wie man, nicht nur solch eine Tour, besser macht?

Unsere Geschichte beginnt eigentlich lange vor dieser Reise, kurz nachdem wir die Welt auf Fahrrädern umrundet hatten. Das war 1994, und wir durchfuhren damals Polen, Rußland, die Mongolei, China, Kanada, die USA und Europa in fünf Monaten. Da wir deswegen ins Guinness-Buch der Rekorde aufgenommen wurden, dachten wir, etwas Besonderes geleistet zu haben. Etwas, das nach Größerem ruft, vor allem in einem selbst.

Bald waren wir uns sicher, was als nächstes folgen sollte: Eine Reise quer durch Europa und Afrika. Vom Nordkap in Norwegen, bis zum Kap der Guten Hoffnung in Südafrika. Und gute Hoffnung, die brauchten wir wohl wirklich. 20 000 Kilometer, über 30 Länder, fast ein ganzes Jahr lang zu Fuß, manchmal auch trampend unterwegs sein. Nebenbei den Kilimandscharo erklimmen und die Straße von Gibraltar durchschwimmen. Das Ganze, selbstverständlich, ohne Geld. Irgendwie und irgendwo mal unterwegs arbeiten. Dschungel und Wüste schreckten uns ebensowenig wie die Möglichkeit, auf der Reise verloren zu gehen. Wir glaubten nach der Fahrradtour, so einen eisernen Willen zu haben, daß sich selbst das Unglück vor uns erschrecken müßte: Afrika, wir kommen!

Doch eine Tour wie diese mußte geplant sein, war teuer. Wir brauchten eine gute Ausrüstung, denn eines war auch uns Übermütigen klar: Die besten Vorsätze schützen nicht vor Kälte, Hitze, Regen, Spinnen, Löwen ... Erst recht nicht vor Leichtsinn.

Außerdem benötigten wir Sondergenehmigungen von den jeweiligen Botschaften. Und Sponsoren mußten her. Doch diesmal war es anders als bei der Vorbereitung der Weltumradlung. Manche der Firmen, die uns damals Unterstützung gaben, klagten plötzlich, sie würden vielleicht bald pleite sein. Andere wiederum, sie hätten keine Werbung nötig. Man kenne sie ja sowieso. Es war wie verhext. Langsam begannen wir an unseren Gedankenflügen zu zweifeln. Das einzige, was wir uns bisher besorgt hatten, war eine einjährige Schäferhündin, die uns in Afrika beschützen sollte.

Eines Nachmittags im Januar 1996 saßen wir, wie so oft, mit Frank Weymann zusammen und stöhnten ihm vor, wie gemein die Firmen zu uns wären. Da stand plötzlich Lutz, ein Freund von ihm, in der Tür. Und mit diesem jungen Arzt aus der Aids-Hilfe Rostock kam ein Gedanke ins Wohnzimmer, der uns eine andere Sicht auf die Reise schenkte.

»Habt ihr schon von Kindern mit Aids gehört?« fragte er uns.

»In Deutschland leben etwa fünfhundert. Wie viele gibt es erst in Afrika, von denen wir noch weniger wissen? Wenn ihr schon da hinfahrt ...«

In den folgenden Tagen – wir beschäftigten uns mit der Thematik Aids – wurde uns klar, daß wir diese Tour nicht nur für uns machen durften. Eine Idee nahm Gestalt an ...

Anfang Februar lud uns die Kinder-Aids-Hilfe Düsseldorf in ihre Stadt ein, um ein HIV-infiziertes Kind kennenzulernen. Unser Thema erfordere persönlichen Kontakt zu Betroffenen, meinte der Verein. Marita, eine Mitarbeiterin dieser Organisation, stellte uns in der dortigen Kinderklinik ein vierjähriges Mädchen und dessen ebenfalls infizierte Mutter vor. Als wir das Krankenzimmer betraten, saßen beide auf dem Bettrand und aßen Pizza.

»Wie heißt du denn?« fragten wir das Kind und streichelten ihm über das schwarzgelockte Haar. Neugierige, dunkle Augen blitzten uns an.

»Anita«, erwiderte die Kleine und piekte uns ihre ketchupbeschmierten Finger in die Bäuche. »Ihr seid aber zwei Riesen. So groß will ich auch mal werden.«

Wir stellten sie uns als fast zwei Meter großes Mädchen vor und schmunzelten. Daß dieses quirlige Bündel todkrank sein sollte, konnten wir gar nicht glauben. Auch der jungen Mutter sahen wir nicht die Krankheit, dafür aber die Sorgen an. Ein paar gute Freunde hätten ihr sicher gut getan.

Später erzählte sie uns von ihrem nigerianischen Mann, der sie und ihre Tochter hätte sitzenlassen. Sie wüßte nicht, wo er nun wäre. Er hätte seine Krankheit verschwiegen und sie angesteckt, obwohl er mit ihr eine gemeinsame Zukunft aufbauen wollte. Anitas Mutter zog die Stirn kraus.

»Embryos haben kaum eine Chance, dem Virus zu entgehen. Hätte ich nur gewußt, was ich außer meinem Baby noch in mir trug. Ich war wohl sehr naiv.« Sie senkte den Kopf, und wir wußten nichts zu sagen.

Die kleine Anita hatte derweil etwas anderes ausgekundschaftet: den Einschaltknopf für ein Videospiel. Dschungelgeräusche und lautes Quaken erfüllten das kahle, sterile Klinikzimmer. Und dann hüpften auf dem Bildschirm Frösche durch einen Urwald.

»Das sind meine Lieblingstiere«, rief uns Anita begeistert zu. Erst später, kurz vor dem Aufbruch nach Brunei, sollten wir uns wieder daran erinnern.

In das unbesorgte Kinderlachen mischten sich die Worte der Mutter. Sie wußte, was wir vorhatten und auch, daß wir nicht zufällig bei ihr waren.

»Die Ärzte geben ihr nur noch ein Jahr«, flüsterte die sympathische Frau und schaute Anita verträumt beim Spielen zu.

»Meine süße Kleine«, schwärmte sie und stupste ihre Tochter an. »Könnt ihr verstehen, warum man sie nicht im Kindergarten haben will? Dieses Ausgegrenztsein ist genau so schlimm wie die Krankheit selbst.«

Noch wußten wir nicht, daß wir so etwas, wenn auch auf ganz andere Weise, bald selbst erfahren sollten.

Wir waren nervös. Der Februar ging dem Ende zu, und wir hatten, obwohl wir im April nach Afrika aufbrechen wollten, noch keine einzige Sponsorenmark zusammen. Beim Blättern in einer Zeitschrift entdeckten wir unter der Rubrik »Glanz und Glamour« einen Bericht darüber, was der Sultan von Brunei mit seinem Sparbuch anfing. Er ließ seine Ferraris vergolden, war zu lesen. Für mehrere Millionen Dollar brachte ihm Michael Jackson zum Tee ein Ständchen. »Was soll sich dieser Mann noch kaufen?« war die Überschrift des Artikels. Dazu fiel uns vorerst nichts ein. Mehr aus Jux, als hätte es uns hören können, schlugen wir dem mattglänzenden Sultansabbild vor, sich unsere Reise zu kaufen. Was kümmerten einen Milliardär ein paar Tausender? Wir steigerten uns in diese Vorstellung hinein, und aus dem Spaß sollte erst eine verrückte Idee und bald eine Katastrophe werden.

›Was kann schon schiefgehen?‹ überlegten wir. Ein Flug kam nicht in Frage. Wir wollten mit dem Auto nach Brunei aufbrechen, sozusagen nonstop, und um Unterstützung für unsere Afrikatour bitten. Der Staatsmann sollte wenigstens ein bißchen staunen, bevor er sein Portemonnaie zückte.

In vier, fünf Wochen wollten wir wieder zurück sein und hätten dann vielleicht endlich nach Afrika aufbrechen können. Sollten wir den Sultan doch nicht treffen, hätten wir es wenigstens versucht.

Innerhalb einer Woche sammelten wir für diese Tour dreitausend Mark von Sponsoren zusammen. Bei solch kleinen Sümmchen waren wir auf einmal willkommene Gäste. Wir borgten uns von einem Freund, dessen Vater ein Autohaus besitzt, einen neun Jahre alten Toyota Corolla, liehen uns auch eine teure Videokamera und einen noch wertvolleren Fotoapparat und telefonierten mit den Botschaften, ob es keine Schwierigkeiten in den Ländern geben würde, die wir durchqueren wollten. Wie es aussah, gab es keine. (Wir müssen jedoch zugeben, manchmal nur mit irgendeiner Sekretärin gesprochen zu haben.) Das war unsere Planung für die Reise nach Brunei.

Drei Tage vor der Abfahrt rief uns Anitas Mutter an und lud uns wieder nach Düsseldorf ein. Wir gestanden ihr, daß wir erst eine kurze Erledigungstour machen müßten. Danach aber würden wir die beiden sofort besuchen kommen. Kurzentschlossen versprachen wir ihr, ein Geschenk für Anita aus Brunei mitzubringen.

»Wie wär's mit einem Dschungelfrosch?« posaunten wir ins Telefon, ohne zu ahnen, welche Bedeutung das noch bekommen sollte. Wir hörten Anitas Mutter lachen, das erste Mal, seit wir sie kannten. Im Hintergrund rief Anita: »Jaaa, einen richtigen Frosch!« Später erfuhren wir, daß sie sich die ganze Zeit auf unser Geschenk gefreut hatte.

Am 3. März 1996 brachen wir samt Auto und Hund gen Osten auf, im Kopf die Gewißheit, in einem Monat wieder gesund und erfolgreich mit Geld und Frosch zurückgekehrt zu sein. Es war nicht das letzte Mal, daß wir uns täuschten, und zwar gründlich ...

RUSSLAND

1

Wie hätte es besser laufen können? Der Schneesturm war vorüber. Die Sonne schien. Aus den Lüftungsschlitzen der Armaturen blies heiße Luft. Das Außenthermometer zeigte minus zwölf Grad an. Im Kofferraum befand sich der Inhalt zweier Einkaufswagen: Würstchen, Joghurt, Gutsleberwurst, eingeschweißte Brötchen und reifer Gouda. Das sollte für die Reise reichen. Von der Heimat waren wir erst vor gut hundert Stunden aufgebrochen, aber schon über fünftausend Kilometer entfernt.

Ufa lag hinter uns, Tscheljabinsk und Omsk. Seit Tagen hakten wir die weit auseinanderliegenden Millionenstädte wie auf einer Rallye ab. Wir fuhren Tag und Nacht. In vier, fünf Wochen wollten wir wieder in Rostock sein.

Markus drehte die Musik lauter. Fröhlich sangen wir den englischen Text dazu. Wir fühlten uns frei und sorglos, als wäre dies nur ein Urlaub. Alles schien so zu laufen, wie wir es wollten.

Mein Freund wurde müde. Seit acht Stunden saß er hinterm Steuer. Nun war ich an der Reihe. Die Straße gehörte mir. Ich gab Gas. Das Tacho zeigte auf siebzig Stundenkilometer. Ich kam mir vor wie Michael Schumacher. Fand es beeindruckend, schnell über die schneebedeckte Piste zu flitzen, die wir zwei Jahre zuvor auf der Fahrradreise verflucht hatten. Damals bestand der Weg aus Schlamm, wir kamen langsamer voran als Fußgänger, stürzten oft. Nun aber hatten wir ein Auto. Einen Diesel, ausreichend schnell. Die rote Tachonadel stieg auf achtzig. Winterreifen erschienen uns für den März nicht mehr notwendig. Bis zu diesem Tag.

Mein Blick fiel auf Markus. Sein Brustkorb bewegte sich gleichmäßig. Er schlief. Ich schaute wieder auf die Piste, die nun dem Dach eines Eisenbahnwaggons glich, denn sie fiel nach links und rechts ab. Plötzlich schlitterte der Wagen auf eine Schneewehe zu. Ich lenkte leicht gegen. Doch das Auto machte, was es wollte ...

Ich kenne bessere Momente, aus einem Traum zu erwachen. Zuerst dachte ich: ›Ronald macht sich einen Spaß.‹ Dann schleuderten wir auf einen Abhang zu. Ich krallte mich irgendwo fest, war hellwach. Die Bäume drehten sich.

›Hier krepierst du!‹ schoß es mir durch den Kopf. Es knirschte, als rülpse ein Riese. Hundejaulen. Ein Ruck ... Wir brauchten eine Weile, um zu begreifen, daß die Bäume richtigherum standen – und die Schmerzen ausblieben. Ronald und ich starrten uns an, drehten uns um. Gina, unsere Hündin, zitterte. Ihr Junges quiekte.

Mit fahrigen Händen lösten wir die Gurte. Dann stießen wir mit den Füßen die Türen auf, krochen aus dem Auto und standen knietief im Schnee. Ronald ließ sich fallen und starrte in den stahlblauen Himmel. Stille umgab uns.

Vom Abhang zog sich eine lange, plattgewalzte Spur durch den tiefen Schnee zu uns herab. Um uns herum sah es aus wie nach einer Bombenexplosion. Der Rest der Landschaft aber lag unberührt, ja, friedlich da.

Langsam wurde uns klar, daß unser Unfall den sibirischen Tagesablauf nicht gestört hatte. Anders sah es in uns aus. Vergessen war die Diskomusik. Wir freuten uns über unser nacktes Leben. Wie nah war uns plötzlich der Tod gewesen. Fast schnupperten wir ihn noch.

An diesem Tag – das wurde uns erst später bewußt – hatte sich die heile, normale Welt von uns verabschiedet.

Als wir Motorlärm hörten, blickten wir hinauf zur Piste, auf der ein grauer LKW mit einem Stahlcontainer auf der Ladefläche angefahren kam. Der Fahrer hielt und stieg aus.

»Bleibt, wo ihr seid!« hörten wir seine rauhe Stimme vom Abhang her. Der Mann war klein und untersetzt und trug trotz der Kälte ein T-Shirt. Seine Beine steckten in schwarzen »Adidas«-Trainingshosen. Wir sahen, wie er zurück ins Fahrerhaus des KAMAS kletterte und ein dickes Seil hervorholte. Dann zog er sich einen Pullover über und rutschte durch den niedergewalzten Schnee zu uns herunter.

»Seid ihr gesund?« fragte er, als er vor uns stand. Der Mann war gebräunt, sah südländisch aus. Auf Wangen und Kinn sprossen dichte Bartstoppeln. Er schaute uns mit übermüdeten Augen an, als blende ihn die Sonne, obwohl sie hinter ihm stand. Er hielt uns seine rissige, ölverschmierte Hand entgegen.

»Anatoli«, sagte er und zeigte mit der anderen auf sich. »Ich hole euch hier raus.« Er begutachtete eine Weile unser Auto. Auch wir sahen es uns näher an. Türen und Dach wirkten, als hätte man ihnen kräftige Fußtritte verpaßt. Ansonsten aber schien der Wagen in Ordnung zu sein. Selbst der Motor brummelte noch mit vertrautem Geräusch. Auch die Scheiben waren heil geblieben. Dahinter hockte Gina. Sie schaute uns ängstlich an, jaulte aber nicht mehr, schien keine Schmerzen zu haben.

Anatoli zögerte nicht lange und versuchte, das mitgebrachte Seil an einer Öse des Wagenunterbodens zu befestigen. Doch sie war zu schmal. Also legte er das Seil zu einer Schlaufe und steckte einen Montierhebel, den er in unserem Werkzeugkasten gefunden hatte, durch die Öse. Dann verband er beides miteinander. Er arbeitete ohne Handschuhe, krempelte bei dieser Kälte sogar noch die Ärmel hoch. ›Typisch die Russen‹, dachte ich und erinnerte mich an zwei Kraftfahrer, die in der vorherigen Nacht – auch ohne Handschuhe – an einer Tankstelle das Getriebe ihres Lasters auseinandernahmen, während uns beim Tanken der Rotz in der Nase gefror. Ein Polizist aus Kasan hatte uns gesagt: »Was für einen Deutschen den Tod bedeutet, ist für den Russen gesund.«

Inzwischen hielten ein zweiter und dritter LKW, und es dauerte nicht lange, da umlagerten uns an die zehn Männer, um zu helfen. Die Bergung lief so gezielt ab, als hätten sich die Männer miteinander abgesprochen. Einer von ihnen – er ähnelte dem italienischen Schauspieler Adriano Celentano und trug ein kariertes, kurzärmeliges Hemd – schob uns zum Kofferraum. Während er sich über seine stark behaarten Unterarme strich, forderte er uns auf, das Gepäck aus dem Auto zu räumen, um es zum Hochschleppen von unnötigem Gewicht zu befreien. Eifrig befolgten wir seine Weisung.

Von der Piste her heulte ein Motor auf. Kurz darauf ging ein Ruck durch unseren Wagen. Ronald sprang ans Steuer, um die Räder zu dirigieren. Ich stand hilflos da, rannte dann die Böschung hinauf, um zu sehen, was ich tun könnte. Doch die Männer hatten sich die Arbeit schon untereinander aufgeteilt. Ich stand als Zuschauer daneben, streifte die Handschuhe ab und hielt meine Hände von den Hosentaschen fern, um wenigstens so auszusehen, als könnte ich jederzeit zugreifen. Lieber ertrug ich den Frost, der wie spitze Klammern in der Haut zwickte, als nutzlos zu scheinen. Der Boden unter meinen Füßen war glatt wie eine Eislaufbahn. Selbst der bullige LKW rutschte etwas, während er unser Auto den Abhang hinaufzog. Kein Wunder, daß wir mit unseren Sommerreifen dort unten gelandet waren.

Als die Arbeit getan war und der Toyota mitsamt dem Gepäck wieder auf der Straße stand, wollten die Männer weiterfahren, ohne einen Dank abzuwarten. Hektisch kramten wir in unseren Taschen nach einem Geschenk. In einem Rucksack fanden wir ein paar versilberte Münzen, die uns der Rostokker Oberbürgermeister vor der Abfahrt für den, wie er sagte, »Fall der Fälle« mitgegeben hatte. Damals wußten wir nicht recht, was er damit meinte, aber wenn dies nicht solch ein Fall war, welcher dann?

Die Männer winkten ab, nur drei von ihnen bedienten sich zögerlich.

»Ihr Russen seid toll«, sagte ich, und Ronald nickte.

»Russen?« empörte sich Anatoli, der Untersetzte. »Ich bin Georgier!« Stolz hob er seinen Zeigefinger, um sich verstanden zu wissen. Wir liefen rot an, hatten die kleine Flagge auf dem LKW-Nummernschild übersehen.

Später im Auto, als Markus fuhr, hatten wir beide Angst, uns erneut zu überschlagen. So stand die Tachonadel vorerst auf »Vierzig«. Freuten wir uns vor dem Unfall über jeden tausendsten Kilometer, so waren wir jetzt glücklich, daß es überhaupt weiterging.

Wir schwiegen. Ich blickte zu den Wäldern, an denen wir langsam vorbeizogen, und erst jetzt wurde mir bewußt, daß der Unfall meine Schuld gewesen war, ich uns unnötig in Lebensgefahr gebracht hatte.

Wie hatte ich das Autofahren geliebt! Hinter dem Steuer zu sitzen und den Motor auszureizen. Ich dachte an eine Zeit zurück, in der ich einen eigenen Wagen besaß, einen Volvo Turbo mit 120 Pferdestärken. Vier Jahre war das her ... Zweimal die Woche raste ich von Rostock nach Eckernförde und zurück. Nachts, wenn die Straßen leer waren, gehörte der Asphalt mir. Damals diente ich bei der Bundeswehr und wurde zum Waffentaucher ausgebildet. Das Training war hart und voller Action. So wie mein Fahrstil. Manchmal fegte ich mit 180 Stundenkilometern die Alleen entlang, bremste noch nicht einmal in Ortschaften und überholte die »lahmen Spießer«, wie ich sie damals nannte, trotz doppelten Trennstreifens auf der Fahrbahn. Anhalter, die ich mitnahm, änderten nach ein paar Kilometern mit mir auf einmal ihr Fahrtziel und wollten nichts wie raus aus meinem Wagen.

Erst jetzt, hier in Sibirien, begriff ich, wie leichtfertig ich mit meinem und anderer Leute Leben umgegangen war, und ich fragte mich: ›War ich wahnsinnig?‹ Zwar spielten nachts keine Kinder am Straßenrand, doch manchmal sah ich Angetrunkene in den Ortschaften. Abgesehen davon, daß ich den Tod herausgefordert hatte, mußte ich in dieser Zeit über sechstausend Mark Bußgeld zahlen. Ich lieferte mir sogar Verfolgungsjagden mit der Polizei. Die dachte, wenn sie mich erwischt hatte, ich stände unter Drogen. Ich hätte in den Knast gehört!

Damals hatte ich keine eigene Wohnung, lebte bei meinen Eltern im ehemaligen Kinderzimmer. Wenn ich am Wochenende nach Hause kam, saß mein Vater im Wohnzimmersessel, blätterte in der Regionalzeitung und ließ nebenbei den Fernseher mit den Nachrichten laufen. Es wurde über Firmen berichtet, die pleite gegangen waren. Auf der Titelseite der Gazette, die das Gesicht meines Vaters beim Lesen verdeckte, stand in schwarzen Lettern: »Arbeitsplatzabbau in Deutschland.«

»Bleib bei der Bundeswehr«, sagte man mir, als ich noch in der Grundausbildung diente. »Da kannst du deine Eier schaukeln, und niemand wirft dich raus.« Das klang gut, doch faulenzen wollte ich nicht. Mein Vater war ein fleißiger Kerl und deswegen mein Vorbild. Aber wie er auf den Bau gehen, den Kran führen, tagaus, tagein? Wenn ich Vater im Sessel sitzen sah, wie er gereizt die Zeitung zusammenfaltete, sich mit der blassen Hand durch die angegrauten Locken strich und über seine Firma schimpfte, die wieder Leute entlassen hatte, dann wußte ich: So ein Leben will ich nicht führen. Dann war ich froh, Waffentaucher zu werden. Ich dachte, ich könnte mich dadurch weit genug von dieser tristen Welt entfernen, in der mein Vater lebte. Ein Job, der Nervenkitzel bereitet, erschien mir damals wie eine Pille gegen die Monotonie des Alltags.

Meine Erinnerungen drehten sich um das Kinderzimmer, das ich bewohnte. Ein kleiner, enger Raum mit einem Schrank, einem Aquarium und einem Bett.

Auf ihm träumte ich bei Hitparadenmusik von einer eigenen Dachgeschoßwohnung mit Ausblick auf ein weites, grünes Feld und von einem Mädchen im Arm. Anstatt seiner weckte mich die grelle Summe meiner Mutter, wenn sie von der Arbeit kam. Sie arbeitete als Krankenpflegerin und hatte den entsprechenden Ordnungssinn, der sie darüber schimpfen ließ, daß ich meine Jeans und T-Shirts auf dem Teppich verstreut hatte.

»Räum endlich auf, Bengel!« rief sie, doch im selben Moment tat sie es schon selbst. Derweil drehte ich die Musik lauter, träumte weiter, flüchtete.

Das Kasernenleben bot mir kaum Freiraum. Das würde sich ändern, glaubte ich, läge die Ausbildung hinter mir. Ich hauste dort mit sechs Mann in einem Raum von vier mal vier Metern, roch den Schweiß der anderen, hörte sie über Bier und Weiber reden, mußte ihr Schnarchen ertragen. Mir blieb damals nur die Straße, um mich auszutoben …

Ein Zitat geisterte mir durch den Kopf: »Wer die Menschen kennenlernen möchte, der studiere ihre Ausflüchte.« Wie würde man mich einschätzen? Leichtsinnig? Verantwortungslos? Es war an der Zeit, erwachsen zu werden.

So grübelte ich, schaute auf die schneebedeckte, unberührte Natur und glitt in den Schlaf.

2

Eigentlich hatten wir schon vor der Fahrt ein Problem. Genauer gesagt, einen Tag davor. Wir konnten kaum glauben, was unser Tierarzt damals sagte: »Eure Hündin ist trächtig.« Nicht mehr lange, dann sollte sie werfen. Deswegen also hatte der Bauer aus Ahlbeck das Tier loswerden wollen. Niemand von unseren Verwandten und Freunden konnte sich während unserer Abwesenheit um Gina kümmern. Uns blieb nichts anderes übrig, als sie mitzunehmen.

Ronald schlief. Ich schaute in den Rückspiegel, sah Gina. Sie leckte über das schwarze Fell ihres Welpen. Einen Tag zuvor hatte sie acht davon geboren … Die Nacht, in der wir zu Mördern wurden, war eisig. Das Thermometer wies minus zwanzig Grad aus. Wir fuhren dem Ural entgegen. Die Straßen – leer. Gina drehte sich auf dem Rücksitz im Kreis und jaulte. Ihre Zitzen waren geschwollen. Es roch nach Schleim und Blut. Auf einmal hielt sie ein schwarzes, quiekendes Etwas im Maul.

»Laß es nur eins sein«, flehten wir kindisch, schauten über unsere Schultern, dann wieder auf den dunklen Asphalt vor uns, der das Scheinwerferlicht aufsog. Panik beschlich uns, als Gina ein zweites Junges gebar. Bald waren es drei, dann vier. Unsere Herzen pochten, wir erinnerten uns an die Worte des Tierarztes: »Wenn ihr euch nicht als Schänder von den Welpen verabschieden wollt, habt ihr vier Stunden, mehr nicht. Danach beginnen ihre Nerven zu arbeiten.« Mir war klar: Ich kann ihnen nichts antun. Schon in der Schulzeit überkam mich Zorn, wenn jemand absichtlich eine Ameise zertrat. Ich war dazu erzogen worden, Tiere wie Menschen zu lieben ... Einer meiner Mitschüler wollte mich ärgern. Er setzte eine Spinne auf sein Käsebrot und verschlang es samt Tier. Voller Entrüstung schubste ich ihn ins Gebüsch. Einige Jungs aus meinem Wohnort hatten an meiner Tierliebe ihren Spaß. Sie ließen für mich Katzen am Schwanz baumeln, hingen Frösche mit einer Schnur um die Beine am Baum auf, steckten Meerschweinchen in die Wäscheschleuder. Ich heulte und fluchte, wenn ich Zeuge solcher Taten wurde. Die Jungs indes weideten sich am Leid der Tiere – und an mir. Vielleicht, hätte ich nicht so gejammert, wäre manches Tier am Leben geblieben ...

Mittlerweile wärmten sich acht Welpen an Ginas Bauch. Wir mußten uns entscheiden: Entweder, wir behielten alle oder ... Im Auto war es eng. Und was würden die Grenzbeamten von den Tieren halten?

Wir bremsten, lenkten das Auto an den Straßenrand. Schnee knirschte unter den Reifen. Ich bat Ronald, die Axt zu nehmen. Er nickte kurz. Wie in Zeitlupe entstieg er dem Wagen, öffnete die Fondtür.

»Komm nur, Ginamäuschen, komm«, säuselte er hinterhältig. Die Hündin reagierte nicht. Wir wollten die Sache schon abblasen, da fiel uns Ginas Vorliebe für Würstchen ein. Ronald holte eine Dose aus dem Kofferraum, stach sie mit dem Taschenmesser auf, ließ Gina daran schnüffeln, sagte:»Fein, gibt Leckerlis« und lockte sie damit tatsächlich aus dem Wagen.

Die Tür fiel ins Schloß, ich war allein. Fast. In der rechten Hand hielt ich einen leeren Hundefutterbeutel. Mit der linken griff ich in den warmen, glitschigen Haufen. Die Welpen wanden sich zwischen meinen Fingern wie aufziehbare Püppchen, denen der Strom ausgeht. Ich fühlte ihr Herz schlagen. Eines nach dem anderen setzte ich in den Beutel, ergriff dann das vorletzte. Es quiekte so laut, daß ich es wieder ablegte. Statt dessen nahm ich das Junge, das ohne das Quieken des anderen überlebt hätte. Ich schloß die Tüte, entstieg dem Wagen wie ein Dieb und reichte den Beutel Ronald. Er ließ Gina zurück ins Auto springen, dann holte er die Axt aus dem Kofferraum und schleppte sich mit der Tüte über den Schnee. Er blieb stehen, setzte sie ab, hob die Axt.

Aus der Ferne hörte ich das Quieken der Welpen. Ich drehte mich weg, besah meine Schuhspitzen. Meine Zähne klapperten – nicht nur wegen der bitterlichen Kälte. Wie verlogen ich war! Nicht erst in diesen Minuten, sondern schon lange. Ich heuchelte Mitleid mit Tieren, dabei sah ich nur weg, war noch nicht mal Vegetarier, aß gern ein saftiges Steak und schnallte mir einen Ledergürtel um. In dieser sibirischen Nacht, furchtbar kalt und trostlos, wurde mir klar: Ich war nicht besser als der Täter. Das leise Quieken war verstummt. Hinter mir hörte ich Ronald atmen. Kreidebleich und scheinbar magerer als vor Minuten, stand er da. Dann warf er angewidert die Axt in den Kofferraum. Hatten wir je so lange geschwiegen ..?

Im Rückspiegel sah ich Gina. Es schien, als kannte sie meine Gedanken.

3

Ich erwachte durch einen lauten Knall und saß kerzengerade auf dem Sitz. Markus beugte sich, wie fast blind, über das Lenkrad, umkrallte es mit den Fingern und steuerte so den Wagen über die holprige Piste.

»Was war das?« erkundigte ich mich mit belegter Stimme.

»Nichts«, antwortete Markus und schaute hektisch zu mir. Dann klebte sein Blick wieder auf der Straße. Ich gab mich mit seiner Antwort zufrieden. Ein Fehler, wie sich noch herausstellen sollte.

Noch immer traute sich Markus nicht mehr als vierzig Stundenkilometer zu. Hätte ich nach dem Unfall weiterfahren müssen, ich wäre gewiß noch langsamer gewesen. Ich bangte, die Augen zu schließen. Erst der Überschlag, dann dieser Knall ... An einen ruhigen Schlaf war nicht zu denken.

Die Nacht war hereingebrochen. Am Himmel hing ein käsegelber Vollmond, ich entdeckte den Polarstern. Markus, übermüdet, bremste vorsichtig. Zeit für einen Fahrerwechsel. Zunächst aber kümmerten wir uns um Gina. Seit anderthalb Tagen hatte sie weder gefressen noch etwas ausgeschieden. Was hatten wir ihr angetan?

Wir öffneten die Fondtür und vermochten Gina nicht in die Augen zu sehen. Der »Leckerlitrick« ließ sie unbeeindruckt. In einem Buch hatte ich gelesen, eine Hündin reagiere nach dem Werfen seltsam. ›Erst recht‹, überlegte ich, ›wenn der Wurf auf einmal verschwunden ist.‹

Ich übernahm das Steuer. Obwohl mein letztes Gasgeben erst fünf Stunden zurücklag, schien es mir, ich müßte die Armaturen und Schalter neu studieren. Nach den ersten Kilometern konnte ich wieder gleichmäßiger atmen. Markus schlief nicht, fürchtete sich offenbar, abermals »wachgeschleudert« zu werden. Erst Stunden später fielen ihm die Augen zu.

Die knochenharte Piste kam mir selbst in dieser Dunkelheit bekannt vor. Hatten wir damals, auf unserer Radreise, doch jeden Stein wie einen Tritt in den Hintern gespürt. Nun machten sich die Brocken am Unterboden des Wagens zu schaffen.

Vor mir tauchte ein großer Wegweiser auf, der anzeigte, daß wir nach Nowosibirsk rechts abzubiegen hatten. Vor zwei Jahren hatte es dieses Schild noch nicht gegeben, und wir waren geradeaus gefahren. Handelte es sich etwa um eine asphaltierte Umgehungsstraße? Ich war selig, nicht mehr durchgeschüttelt zu werden und bog ab, ohne auf die Karte zu sehen ...

Wir hielten an einer Tankstelle, die von einer einsamen Straßenlaterne beleuchtet wurde. Ich hatte den Kraftstoff im voraus bezahlt und tankte, während Markus neben mir stand und Gina streichelte. Sie hatte Wasser gelassen und auch etwas getrunken. Er ließ sie zurück ins Auto.

Wir froren erbärmlich, unsere Zähne klapperten. Ich schaute auf die Anzeige der Zapfsäule, deren Abdeckglas zertrümmert war. Vielleicht hatte es jemand eingeschlagen, aus Wut darüber, wie langsam der Kraftstoff von der Säule in den Tank floß. Ich las die Menge an den abgehackt rotierenden Zahlen hinter den Resten der Scheibe ab. Die Zahnräder knackten wie Erdnußflips, die man in der Hand zerquetscht.

Mein Blick fiel auf den Boden. Das war doch nicht möglich: Markus, der in den Sternenhimmel guckte, stand inmitten einer Pfütze aus Öl! Und wie das sie füllende Rinnsal verriet, floß es aus unserem Wagen. Sofort vergaß ich die Zapfpistole, rief Markus zu, was los war, riß die Kofferklappe auf, ergriff die Taschenlampe, stürmte zur Wagenfront, legte mich in den dieselverkrusteten Schnee und leuchtete den Unterboden des Autos ab. Da, ein pfenniggroßes Loch in der Ölwanne.

»Verdammt!« zischte Markus, der sich neben mich gelegt hatte und nun verzweifelt einen Daumen gegen das Loch preßte.

»Weißt du noch, der Knall vorhin?«

»Klar. Und? Was ist passiert?«

»Da lag ein verfluchtes Stahlrohr auf der Straße!« Ich stöhnte auf, wollte ihm Vorwürfe machen. Doch war ich ein besserer Fahrer? Was wir brauchten, war eine Werkstatt. Wir mußten schnell nach Nowosibirsk.

Wir starteten den Motor. Die Öllampe neben dem Tacho erlosch nicht. Wir holten vier Flaschen Motoröl aus dem Kofferraum und füllten es in die Maschine. Wenn wir bis Nowosibirsk nicht mehr anhielten, könnte es reichen, sprachen wir uns Mut zu. Nur wenn das Auto stand, floß das Öl schnell aus.

Wo aber lag diese Stadt? In den letzten Stunden hatten wir kein Hinweisschild mehr gesehen. Nach unserem Plan hätten wir sie schon längst passiert haben müssen. Markus rannte zur Kassiererin, um den Weg zu erfragen.

Ein weißer Lada bog – offenbar mit Höchstgeschwindigkeit – zur Tankstelle ein. Er drehte Slalomrunden, raste in eine Schneewehe und schleuderte dann neben eine der Zapfsäulen. Lässig entstieg der Fahrer dem Wagen und torkelte zur Tankwärterin. Der Mann qualmte eine Zigarette und zog die Schapka tief in die Stirn. Mein Blick wanderte ungeduldig zu Markus, dann zur Ölpfütze, die immer größer wurde.

Ein helles Lachen lenkte mich ab. Aus dem Lada sprang eine junge Frau. Sie war um die zwanzig und steckte in einem langen, braunen Pelzmantel. Trotz des Wetters trug sie Stöckelschuhe. Sie bewegte sich auf mich zu, achtete auf jeden ihrer Schritte. Als sie lächelnd vor mir stand, kam Markus zurückgerannt und stocherte aufgeregt mit einem Finger in nördliche Richtung.

»Los!« rief er. »Da geht's lang.« Gerade wollten wir ins Auto springen, als das Fräulein verlegen fragte:»Habt ihr ein Kondom?« Wie ein Schulkind hielt sie eine Hand vor den Mund und kicherte.

Markus startete den Motor, ich stand mit einem Fuß im Wagen und stellte mir das Mädchen in meinen Armen vor, sehnte mich nach Zärtlichkeit. Dann fiel mir ein, daß ich ihren Wunsch nicht erfüllen konnte, denn mir fehlte, worum sie mich bat.

»Bitte! Heute ist Frauentag.« Sie zeigte auf den Ladafahrer, der gerade versuchte, die Pistole des Benzinschlauchs in den Tank zu stecken, was dem Kampf mit einer Kobra glich. Das Rauchen vergaß er nicht. Übermütig winkte er uns zu. Ich beneidete ihn um das Mädchen. Er hatte jemanden zum Wärmen. Das wahrscheinlich Wichtigste in Sibirien.

Markus ließ ungeduldig den Motor aufheulen. Ich stieg ein, schloß die Tür und kurbelte meine Fensterscheibe herunter. Langsam setzte sich der Wagen auf dem glatten Untergrund in Bewegung.

»Ich will kein Baby!« rief sie mir nach und stand trotzig da, die Arme vor der Brust verschränkt. Markus beschleunigte, ich sah, wie die Frau immer kleiner wurde. Schließlich, als sie nicht mehr zu sehen war, lehnte ich mich in meinem Sitz zurück und schloß das Fenster. Ich glitt in einen Traum, sah sie mit acht Babies vor der verschneiten Tanksäule stehen. Sie hatte eine Axt in der Hand ...

Schweißgebadet erwachte ich.

Um keinen neuerlichen Unfall heraufzubeschwören, wären gemächliche 60 Stundenkilometer vernünftig gewesen. Wir aber rasten mit 120 durch die Nacht. Das letzte Hinweisschild las mir Ronald im Vorbeifahren vor: »Nowosibirsk – 377 Kilometer«. Eiskalt durchzuckte es uns. Wir hatten uns um über 300 Kilometer verfahren!

Nach einer Stunde ermüdete ich schlagartig, sah in einer Vision einen Baum auf die Straße kippen. Ronald mußte ans Steuer. Nur wie, wenn jeder Tropfen Öl, den wir beim Anhalten verloren, einer zuviel sein konnte?

Wir kamen auf eine verrückte Idee. Ich halbierte die Geschwindigkeit, umklammerte das Steuer und kletterte mit den Füßen auf den Sitz. Ronald stieg vom Beifahrersessel aus über die Gangschaltung. Dann legte er den rechten Fuß aufs Gaspedal und hielt ebenfalls das Lenkrad fest. Ich stand wie ein buckliger Alter auf meinem Sitz, ließ das Steuer los und wagte mich ebenfalls über den Schaltknüppel, während sich Ronald zwischen meinen Armen hindurchzwängte. Eine Bodenwelle ließ uns taumeln und beendete unseren »Zirkusakt«. Adrenalin durchschoß uns. Der Wagen schlingerte, fing sich aber wieder. Ich lehnte mich auf dem Beifahrersitz zurück. Die Müdigkeit war verflogen.

Zwei Stunden später – inzwischen war es hell – erreichten wir den Flughafen von Nowosibirsk. Wir erinnerten uns an die Mitarbeiter der »Lufthansa«-Vertretung und hofften, sie würden uns wie damals mit Rat und Tat zur Seite stehen, als wir ein Hilfspaket aus der Heimat durch den russischen Zoll zu schleusen hatten.

Den großen Platz vor dem Airportgebäude dominierten verrostete Verkaufscontainer, die die Kundschaft mit bunten Auslagen lockten.

Ein Händler mit Bauchladen näherte sich uns und bot uns durch die Windschutzscheibe Musikkassetten und CDs deutscher und amerikanischer Interpreten an. Zweifellos handelte es sich um Imitate, denn sämtliche Cover waren pixelige Schwarz-Weiß-Kopien. Polizisten patrouillierten. Scheinbar nicht, um diese Ware zu beschlagnahmen. Sie winkten den Verkäufern mit abgegriffenen Rubelscheinen.

Als wir aus dem Wagen stiegen, drang der Duft von gegrilltem Schweinefleisch in unsere Nasen. Bläuliche Rauchschwaden hüllten die Schaschlikverkäufer hinter ihren Grills ein. Dicke, graue Wolken zogen von Osten heran und verdeckten die Sonne. Sofort sank die Lufttemperatur, kniff es in den Fingerspitzen. Unser Thermometer, das durch unsere Fahrweise neben dem Gaspedal lag, zeigte auf minus zwölf Grad. Für sibirische Verhältnisse fast frühlingshaft.

Nachdem wir Gina gefüttert und wir selbst je zwei Schaschliks verschlungen hatten, gingen wir ins Flughafengebäude. Der stechende Geruch von Bohnerwachs erinnerte uns an die damaligen Tage auf diesem Airport. Die Tür zum Wartesaal stand offen. Wir traten ein, setzten uns erschöpft auf die braunen Kunstlederstühle und klappten nach kurzer Zeit wie durch Chloroform betäubt zur Seite.

4

Spät am Nachmittag erwachten wir und erfrischten uns im WC. Welch Wohltat, nach sechs Tagen zum ersten Mal wieder Wasser auf der Haut zu spüren! Wie einst brannte über den Waschbecken eine milchige Glühlampe.

Wieder sauber, klopften wir an die Bürotür der »Lufthansa«. Niemand antwortete. Wir rüttelten an der Tür. Sie war abgeschlossen. Daneben ein kleines Schild: »Bis Montag geschlossen«. Solange warten? Da konnten wir schon fast in Irkutsk sein. Wir wollten diese Reise ohne größere Aufenthalte meistern, denn je länger sie dauerte, umso mehr Geld kostete sie. Geld, das wir nicht besaßen. Uns wurde mulmig, und wir hofften, uns nicht verschätzt zu haben.

Wir gingen in einen Nebenraum und fragten die sich dort aufhaltenden russischen Stewardessen, ob sie eine Werkstatt für uns wüßten. Die Frauen saßen auf einer Couch, schauten sich eine Modenschau im Fernsehen an und nippten Tee aus Schälchen. Zwischen den Schönheiten saß ein junger Mann im Pelzmantel. Seine Haare waren von der Schapka, die er jetzt in den Händen drehte, plattgedrückt. Die Stewardessen in ihren blauen, kurzen Röckchen zuckten nur die Schultern und schenkten ihre Aufmerksamkeit schnell wieder dem Geschehen auf der Mattscheibe. Der Mann aber sprang wie eine gespannte Feder aus dem Sessel.

»Mein Bruder kann euch helfen«, sagte er stolz. »Wenn es sein muß, arbeitet er auch sonntags.« Er reichte uns die Hand und stellte sich als der Zollbeamte Dmitri vor. Er war gut einen Kopf kleiner als wir. Er grübelte kurz, schnipste mit den Fingern und strich sich über die frischrasierte Gesichtshaut.

»Morgen früh um neun treffen wir uns wieder hier«, schlug er vor. Wir stimmten zu. Dann gingen wir zum Auto, um Gina Gassi zu führen.

Es begann zu schneien, und der Schnee dämpfte alle Geräusche. Als es dunkelte, suchten wir, wie vor zwei Jahren, die Flughafenbar auf. Wir erinnerten uns an die bunten Lämpchen über dem Tresen, die braunen Plastikstühle und an die kleine, hektische Barfrau. Inzwischen hatte sie ein paar Fältchen mehr um die Augen, und ihr blondes Haar trug sie kürzer. In dieser uns fast schon vertrauten Bar fehlten nur die fünf Jungs und Mädchen, mit denen wir damals am Fenstertisch Sekt getrunken hatten.

Neben uns saß ein Mann im speckigen Anzug. Er hatte schwere Lider und schien über etwas nachzudenken. Vor ihm stand ein Glas Bier, über dessen Rand er eine Fingerkuppe kreisen ließ. Die einst so vergnügt wirkende Barfrau trocknete, grimmig dreinblickend, Teller und Gläser ab. Die russische Tanzmusik aus den Lautsprechern klang eher trostlos, als daß sie Heiterkeit verströmte. All das, besonders aber dieser Mann, der nun leise vor sich hinfluchte, machte uns trübselig.

Wir bestellten Wodka und mischten ihn mit dem Orangensaft aus Rostock. Bald hob sich unsere Laune, und wir verstanden den Mann neben uns ganz und gar nicht mehr.

Am nächsten Morgen trafen wir, wie abgesprochen, Dmitri im Zimmer der Stewardessen. Der Fernseher war ausgeschaltet, sie lösten Kreuzworträtsel. Dmitri begleitete uns zum Auto.

Er beschaute den schmutzigen, zerbeulten Toyota so, als tue ihm die Karosse leid. Dann lief er über den verschneiten Vorplatz und holte seinen Wagen, ein rotglänzender, gepflegter Lada. Er hielt neben uns, stieg aus und ergriff aus seinem Kofferraum ein fingerdickes Drahtseil. Als die beiden Autos damit verbunden waren, zog er prüfend daran, sagte: »Haltet genügend Abstand« und strich liebevoll über den Kofferraum des Ladas.

Im Schlepptau bogen wir nach etwa zehn Kilometern in einen grauen Hinterhof ein, der von hohen, trostlosen Plattenbauten umgeben war, die offenbar einzig dem Zweck dienten, möglichst vielen Menschen ein Dach über dem Kopf zu geben.

Als wir die Wagen vor einer fensterlosen Baracke stoppten und ausstiegen, sagten wir Dmitri, daß uns die Häuser an DDR-Zeiten erinnern würden.

»Nun, die sind ja zum Glück vorbei«, entgegnete er. »Ich war vor ein paar Monaten in eurer Heimat. Alles ist dort jetzt so farbenfroh, so freundlich.«

»Und so teuer«, sagte Ronald. Dmitri schaute ihn belustigt an.

»Ihr Deutschen habt doch Geld.«

»Na ja, alle nicht«, erwiderte ich und meinte damit auch uns. Wir zogen das Seil aus der Öse. Dmitri sah wegen meiner letzten Worte ungläubig drein.

»Selbst die Faulsten kriegen bei euch Geld vom Staat«, murrte er und steckte die Hände in die Manteltaschen.

Ich dachte ans Sozialamt, an einen kahlen, gelben Flur, an Männer mit verfilztem Haar und bleiche, ungeschminkte Frauen mit kreischenden Kindern auf dem Schoß. Vor der Wende kannte ich dieses Bild nur aus der »Aktuellen Kamera«. Vor drei Jahren war es für mich Realität. Es war die Zeit nach der DDR, die Zeit, als die Menschen plötzlich anders sein wollten, die Zeit, als ich anders sein wollte ... Ich stand kurz vor dem Abitur und hatte mich entschlossen, meine Maurerlehre, die parallel zur Schulausbildung verlief hinzuschmeißen. Die Hochschulreife, war ich mir sicher, reiche mir. Es gab nun so viele Möglichkeiten, soviele Wege. Nicht mehr nur einen. Außerdem hatte ich Geld, das mir mein verstorbener Vater hinterlassen hatte. Ebenso war es die Zeit, in der es auf einmal alles zu kaufen gab, wovon ich als Kind geträumt hatte. Ich erinnerte mich, wie Vater und ich an der Autobahn in den Abfallcontainern nach Limonadendosen aus dem Westen gekramt und wir damit die Küche dekoriert hatten. Auf einmal konnte ich statt im Abfall in den Regalen der Supermärkte stöbern. Ich dachte daran, wie gern sich Vater ein schickes Auto gekauft hätte. »So einen roten, schnittigen Flitzer«, wie er immer gesagt hatte. Er hatte einen alten, kantigen Moskwitsch besessen und mehr gegen den Rost gekämpft, als daß er den Wagen gefahren hatte.

Als Vater gestorben war, erfüllte ich mir seinen Traum – und mußte bald einsehen, daß mir die Balance zwischen eben diesem Traum und der Realität des Bankkontos fehlte. Ich verschob mein Studium, fand hin und wieder einen Aushilfsjob, als »Putzfrau« oder als Hilfsarbeiter auf dem Bau. Ich fühlte mich wie ein Knecht, kündigte mal hier, mal dort. Schließlich landete ich auf dem Sozialamt, mußte mir Geld für Miete und Lebensmittel erbetteln, stand in einer Reihe mit den Säufern, Kiffern und Stinkern und dachte bald anders über diese Menschen. Anstelle meiner Autoschlüssel hielt ich einen Papierschnipsel mit einer schwarzen Nummer in der Hand und wartete, »abgefertigt« zu werden. Draußen schneite es. Im Büro der für mich zuständigen Sozialberaterin war die Heizung voll aufgedreht. Ich fror dennoch. Es roch nach altem Papier.

»Sie haben keinen Beruf?« Die hagere Dame mit dem schwarzen Rollkragenpullover musterte mich über ihren breiten Schreibtisch hinweg wie eine Schuldirektorin, so, als dachte sie: »Wieder ein Schmarotzer mehr«. Dann schaute sie in ihren Hefter und schob mir einen Scheck zu. Geradeso, als wäre ich ein Hund, der sein Fressen bekam.

»Teilen Sie sich das Geld gut ein«, sagte sie mit Nachdruck. »Ein Monat ist lang.« Ich unterschrieb auf einer langen Namensliste.

Als ich den Raum wieder verließ, blickte ich in glasige Augen und verzweifelte Gesichter. Einer der Männer hielt eine Büchse Bier in der zitternden Hand und prostete mir zu. Eine Mutter in bekleckerter Trainingshose stillte ihr Kind. Angst beschlich mich, da nicht mehr rauszukommen ...

»Das ist Sergej, mein Bruder«, hörte ich plötzlich Dmitris Stimme. Wir schüttelten dem blonden, breitschultrigen Mann die Hand. Sie war derb und umschloß meine wie eine Schraubzwinge.

»Rein mit dem Auto«, sagte Sergej und zeigte auf die Werkstatt. Der aufgekommene Wind fuhr durch sein kurzes Haar. »Deutschmark ist kein Problem«, fügte er hinzu und grinste teuflisch. Breitbeinig stand er im Schnee und beäugte uns finster, als wollte er sofort einen Vorschuß. »Wieviel?« fragte ich unsicher, da unser Budget keine Reparaturen vorsah. »Später, später«, sagte er kurz angebunden. Wir schoben den Toyota in die Werkstatt. Gina bellte, sprang wild auf ihrem Sitz umher, störte sich an den zwei fremden Männern. Vor Wochen noch hatte sie Pferde vor Dieben bewacht. Nun schützte sie ihr Junges und – so hofften wir – auch uns.

In der Baracke roch es nach verbranntem Kunststoff. Fahl fiel das Tageslicht durchs geöffnete Tor. Als der Breitschultrige es von innen schloß, beschlich uns ein ungutes Gefühl. Wir waren mitten in einer russischen Großstadt. Laut Statistik eine wahre Mörderhochburg. Nur Moskau ist gefährlicher.

Über uns hingen zwei eingeschaltete Glühlampen an langen Stromkabeln von der Decke. Der Fußboden war ölverschmiert. In einer dunklen Ecke stand die Karosserie eines Moskwitsch sowie die eines Mercedes, notdürftig mit Bettlaken verdeckt.

Zwei junge Burschen, um die sechzehn Jahre alt, lungerten auf einem Turm aus Reifen. Als wir das Auto auf die Hebebühne geschoben hatten, drückten die Jungs ihre Zigaretten aus. Stille breitete sich aus, auch Gina war verstummt. Nur ein Generator summte leise.

»Was macht ihr hier in Rußland?« zerschnitt Dmitri diese Ruhe. Er stand im Schein des gelblichen Deckenlichts. Sein Bruder tat beschäftigt, pulte an seinen Fingernägeln.

»Wir machen eine gute Sache«, schoß es aus uns heraus. »Für ein krankes Kind.« Die Brüder schauten uns regungslos an. Wir fürchteten, die Werkhalle nicht mehr lebend zu verlassen, versuchten, Mitleid zu erheischen, erzählten von Anitas Lachen und dem Schlauch in ihrem Bauch. Die Zunge des Breitschultrigen bewegte sich hinter den Lippen, glitt über die Schneidezähne. Sein Bruder nahm die verschränkten Arme von der Brust und hielt sie wie zur Umarmung von sich gestreckt. Die beiden Halbstarken kümmerte das nicht. Sie sortierten Schrauben, wie es ihnen der Breitschultrige aufgetragen hatte.

»Ihr verdient Anerkennung«, ließ Dmitri sich hören. Sergej nickte erhaben. Wir erröteten, uns war nicht wohl in der Heldenrolle. Doch aus Angst schien sie uns wie ein Freibrief.

»Dawai«, rief der Breitschultrige und winkte die Halbwüchsigen heran. Sofort machten sie sich mit Schweißgerät und Lampe an die Reparatur der Ölwanne.

»Seid meine Gäste«, bat uns Dmitri. Sein Bruder öffnete das Tor. Wir schritten hindurch wie aus der Haft. Zu viert stiegen wir in den Lada und brausten ab. Gina blieb, sozusagen als Aufpasserin, im Toyota. Während wir über breite, matschige Straßen rumpelten, fiel uns die defekte Tachoanzeige auf.

»Hab den Wagen aus Estland«, sagte der Zollbeamte. »Kann man nichts machen.« Er klopfte gegen die Tachoscheibe. Doch der Zeiger blieb auf der Null.

»Woher weißt du denn, wie schnell du fährst?« fragte Ronald.

»Ich höre den Motor«, erwiderte Dmitri und schaltete einen Gang höher. Vom Mietshaus, das der Zöllner bewohnte, bröckelte Putz. Im Hausflur roch es verkohlt. Dmitri klingelte zweimal lang und dreimal kurz. Die grüne Sperrholztür öffnete sich, und im Rahmen stand eine schlanke Frau im hellen Hosenanzug. Dmitri stellte sie uns als seine Gattin Valentina vor. Sie trat zur Seite, machte einen Knicks und bat uns hinein, zeigte aber gleich konsequent auf unsere Schuhe, was gut so war, denn die Teppiche in der Wohnung leuchteten schneeweiß. An den ebenso weißen Wänden hingen gerahmte Landschaftsmalereien und ein signiertes Poster von Modern Talking. Durch die Stube zog verführerisch der Duft von Bratwurst und Sauerkraut. Unsere Mägen begannen auf einmal ähnlich zu knurren wie jener Collie, der uns aus dem Wohnzimmer entgegengesprungen kam. Er beschnüffelte uns ausgiebig, witterte offenbar Ginas Geruch an unserer Kleidung. Sergej nieste.

»Raus mit dem Tier!« stöhnte er, die Augen zombirot, und fluchte irgendwas von einer Allergie. Wir schmunzelten. Der, den wir für einen Banditen gehalten hatten, schneuzte in ein Blümchentaschentuch.

Man winkte uns ins Wohnzimmer, das ein Aquarium mit bunten Fischen, eine schwarze Ledercouch, ein Tisch mit gedrechselten Füßen samt den dazu passenden Polsterstühlen und ein nostalgischer Globus dominierten. Auch der Hifi-Turm und die in die Zimmerdecke eingearbeiteten Lämpchen verstärkten den Eindruck, daß es dem Ehepaar an nichts zu fehlen schien.

»Setzt euch«, ermutigte uns Dmitri. Aus einem Schränkchen holte er eine Flasche deutschen Apfelkorn.

»Schmeckt viel besser als Wodka«, pries er den Schnaps und verteilte Gläser auf dem Tisch. Nach einigem Zuprosten lockerte sich Dmitris Zunge, und wir erfuhren von seiner Tätigkeit als Zöllner, die nicht immer legal sei.

»Wir sind fleißige Leute«, sagte er und labte sich am Anblick seines Mobiliars. »Hin und wieder ein kleiner Trick. Das geht in Ordnung, oder?« Wollte er eine Antwort? Nach dieser Reise hätten wir ihm gewiß eine geben können. Sein Bruder lümmelte sich auf der Couch und öffnete mit goldenen Zähnen eine Bierflasche. Der Niesanfall war vorbei.

Valentina tischte in größeren Schalen die Bratwürste, das Sauerkraut und gekochte Kartoffeln auf. Offenbar waren die Frau und ihr Mann regelrechte Deutschlandfans. So wie wir es gewesen waren, als die Grenzen sich geöffnet hatten.

Während des Essens begann Valentina plötzlich, in perfektem Deutsch mit uns zu plaudern.

»Ich habe Ihre Sprache in Berlin studiert«, sagte sie. »Ich liebe Ihr Land. Deutsche sind so freundlich.« Ich dachte, was gewesen wäre, wenn wir in

Berlin diese Autopanne gehabt hätten. Ein fröhliches Mittagessen beim Werkstattmeister daheim?

Nach dem Mahl griff Sergej zum Telefon. Er stellte Fragen in den Hörer, knallte ihn dann auf die Gabel, lief in den Flur und zog sich seine fellgefütterte Lederjacke über.

»Kommt, Jungs«, sagte er leise, aber bestimmt. »Euer Auto ist fertig.« Wir verabschiedeten uns von Valentina und dankten für ihre Gastfreundschaft. Sie lächelte und zwinkerte uns zu.

Gina schien, als sie uns sah, auf der Rückbank zu tanzen, peitschte mit ihrem Schwanz Staub aus den Polstern. Wir öffneten die Fondtür, die Hündin sprang geschwind heraus, umtänzelte uns und leckte uns über die Gesichter. Zum ersten Mal seit jener schlimmen Nacht im Ural.

Der Toyota war wieder fahrbereit. Ich zog einen Fünfzigmarkschein aus dem Portemonnaie und hoffte, das würde Sergej reichen. Der verneinte.

»Gebt das Geld Anita«, sagte er nachdrücklich. Dmitri hielt einen Daumen hoch. Wir wußten nichts zu erwidern, dankten kleinlaut. Es dauerte eine Weile, bis ich Sergej den Schein nicht mehr entgegenstreckte. Dann steckte ich ihn doch ein, deponierte ihn in einem separaten Täschchen, in dem wir von nun an Spenden für Anita sammeln wollten.

5

Wir waren wieder unterwegs, hatten einen Tag verloren. Nun waren acht Tage seit unserem Hals-über-Kopf-Aufbruch aus Rostock vergangen, und Irkutsk lag vor uns. Dort wollten wir Visa für die Mongolei besorgen.

Die ehemalige Schlammpiste, über die wir einst keuchend die Fahrräder geschoben hatten, ähnelte tiefgekühltem Streußelkuchen. Oft hörten wir den Auspuff übers Geröll ratschen.

Endlich – Asphalt. Die Straße war zumeist vom Schnee geräumt. Um uns die Wipfel der Taiga, hinter denen die Sonne als Feuerball verschwand.

Als es dunkelte, fielen wieder dicke Flocken vom Himmel. Am Tag machte es uns Freude, durch die schier endlose Natur zu fahren. Nachts aber überfiel uns bleierne Müdigkeit, und die Stunden wurden zäh.

Kurz vor Nishni Ingasch standen ein schmächtiger Mann und eine rundliche Frau am Straßenrand. Neben ihnen parkte ein Lada. Der Mann winkte uns mit einem Seil zu. Erst fuhren wir an den Leuten vorbei, denn wir befürchteten einen neuerlichen Zeitverlust. Doch dann dachten wir an die Menschen, die uns bisher unterstützt hatten und daran, daß wir etwas von dieser Hilfsbereitschaft zurückgeben sollten. Wir bremsten und legten den Rückwärtsgang ein.

Schneeflocken fielen mir ins Gesicht, als ich die Scheibe herunterkurbelte.

Der Mann trug eine Strickmütze, eine kurze Filzjacke und kniehohe Bauernschuhe, die Frau Lackstiefel und einen langen Pelzmantel mit einer über die Schultern geworfenen Felldecke. Die Dame fröstelte, ihr Begleiter nicht.

»Was können wir tun?« fragte Ronald. Der Mann wies auf den Lada, wog das Seil in der Hand ab und zeigte uns ein erwartungsvolles Gesicht mit tiefen, männlichen Falten. Wir stiegen aus, knoteten das Seil an unsere hintere Abschleppöse und an jene unter der Motorhaube des Ladas. Dann fuhren wir an, den defekten Wagen mit Besatzung im Schlepptau. Unsere Räder brauchten eine Weile, um im Schnee zu greifen und auf Touren zu kommen. Der Motor röhrte wie der eines Traktors.

Wir hatten abgesprochen, daß uns der Bauer am Ziel ein Warnblinkzeichen geben würde. Doch seit vierzig Kilometern blieb es aus. Nur nach links und rechts blinkte er, je nachdem, wo es langging. Die Straße wurde zur vereisten Piste und führte auf einen Hügel. Die Räder unseres Wagens drehten durch. Wir kamen nicht mehr vorwärts, mußten aussteigen. Stürmischer Wind, der über das dunkle, freie Feld fegte, biß sich in unsere Haut. Wir konnten die Gesichtsmuskeln kaum noch bewegen. Um uns Finsternis. Nur die Lichtkegel unserer Scheinwerfer gaben Orientierung auf dem Eis.

Der Bauer kam auf uns zu. Seine Begleiterin blieb im Lada. Eine Tür unseres Wagens stand offen, und als der Fremde uns erreicht hatte, sprang plötzlich Gina aus dem Auto, machte einen Satz und biß dem Mann in den Arm. Sofort rief Ronald die Hündin zurück. Das rote Licht der Rückleuchten fiel auf das fremdländische, von Schmerz gezeichnete Gesicht des Mannes.

Während Ronald Gina in den Wagen sperrte, entschuldigten wir uns beim Bauern für den Zwischenfall. Er aber winkte ab, massierte mit der anderen Hand seine Wunde und meinte, mit verkniffenem Mund, daß seine Jacke einiges abgehalten hätte.

»Eure Hündin hat ihr Junges beschützt«, beschwichtigte er, während ihn sein kondensierender Atem einhüllte.

Die Zeit schien wie festgenagelt, wir hatten keine Idee, wie wir die Autos den Hügel hinaufbekommen sollten. Die Kälte kroch durch jede Faser der Kleidung. Unsere Körperhärchen versteiften sich, ebenso die in Fäustlingen steckenden Finger.

Da hatte Ronald einen Einfall. Wir koppelten das Seil ab, lösten die Handbremse unseres Wagens und schoben ihn zu dritt den glatten Hügel hinauf. Wir schniefen und atmeten durch die Nasen, um die eisige Luft nicht direkt in die Lungen zu bekommen.

Als der Toyota auf dem Hügel stand, liefen wir zurück, um den Lada hochzuschieben. Außer dessen Scheinwerfern sahen wir zunächst nichts. Unten angekommen erblickten wir die Frau, die neben dem Auto stand, in die Hände klatschte und:»Beeilung, schnell, schnell!« rief. Zu viert schob es sich ein wenig leichter. Doch die Dame brach in schallendes Gelächter aus.

»Wenn mich meine Kollegen hier sehen könnten«, sagte sie kichernd und prustete abermals los, so daß wir wieder nur die Kraft von dreien hatten. »Sie ist Opernsängerin«, preßte der Bauer keuchend hervor. Ihm zu glauben fiel uns schwer. So ein Beruf, hier, in dieser Trostlosigkeit? Vielleicht aber gerade deswegen. Schließlich hatten wir beide Autos auf der Anhöhe und konnten die Fahrt fortsetzen. Wir waren noch nicht weit gekommen, als wir am Wegrand eine alte, bucklige Frau im Licht einer milchigen Laterne erblickten. Die Alte sah uns und nahm wie selbstverständlich ihre vollen Plastiktüten in die Hände, als kämen wir in einem Linienbus daher. Der Bauer blinkte, wir sollten stoppen. Wir taten wie geheißen, und das Mütterchen stieg in den Lada. Später erfuhren wir, daß der Mann die Rentnerin nicht kannte, es in Sibirien, außerhalb der Ortschaften, normal sei, jemanden mitzunehmen. Wieder eine dieser russischen Selbstverständlichkeiten, die uns dieses Land sympathisch machten.

Wir erreichten eine Siedlung. Schiefe Straßenlaternen mit dünnen Masten beleuchteten den verschneiten Weg. Aus den Schornsteinen der Holzhäuser quollen graue, dicke Rauchschwaden. In den Fenstern flackerte Kerzenlicht. Irgendwo bellten Hunde, und Gina stimmte mit ein. Wir waren weitab der russischen Hauptstraße.

Wir hielten vor einem Haus mit einer brennenden Stalleuchte über dem Eingang.

»Seid meine Gäste!« verkündete der Bauer und hielt uns die Tür auf. »Wollt ihr zuerst in die Banja?« Wir sahen uns schon in der Sauna schwitzen, frohlockten und bliesen unseren weißen Atem in die Fäuste. Doch im nächsten Moment erinnerten wir uns, daß wir morgen früh in Irkutsk sein mußten, um vor dem Wochenende die Visa zu erhalten. Also verneinten wir höflich, mit etwas Wehmut in der Stimme, denn uns wurde bewußt, daß eine Reise unter Zeitdruck auch eine Reise voller verpaßter Gelegenheiten war.

Der Bauer lachte, zog die Stiefel aus und sagte: »Tanja, geh du zuerst.« Die Angesprochene – es war die Opernsängerin – entledigte sich gerade mühselig ihrer Stiefel.

»Lieb von dir, Brüderchen«, erwiderte sie freudig, wobei ihr Gesicht wie ein glasierter Pfannkuchen glänzte. Dann drückte sie den dünnen Bauern an ihre mächtige Brust. Der tat, als ersticke er in ihrer Leibesfülle. Er knuffte sich frei und schob uns in die Küche. Dort nahmen wir am Tisch Platz, während der Mann mit einem Eimer Wasser hantierte, von dem er etwas in einen kleineren Trichter über dem Waschbecken schüttete. Dann ergriff er eine Petroleumlampe, entzündete sie und stellte sie unter den Trichter. Er wartete ein Weilchen und lächelte immer wieder zu uns herüber. Etwas später drehte er an einem kleinen Hahn und wusch sich mit dem aus dem Trichter strömenden lauwarmen Wasser die Hände. Auch für uns reichte es noch.

»Etwas Vitamin?« fragte uns der Bauer, während wir unsere Finger abtrockneten. Aus einer Ecke am Fenster holte er eine Flasche Wodka hervor.

»Selbstgebrannt«, versicherte er und goß kleine Gläser voll. »Auf eure

Gesundheit.« Er leerte seines mit leuchtenden Augen, während wir vorsichtig an unseren nippten.

»So geht das«, belehrte er belustigt, schenkte sich nach und trank das Glas wieder in einem Zug leer. Schütteln und Würgen quälte uns, als wir es ihm nachahmten. Ein sibirischer Fernfahrer hatte uns erzählt, Wodka sei für die Russen ein Grundnahrungsmittel. Die besten Ideen, hatte der Mann gesagt, würden im Suff geboren, und daß Alkohol nicht nur körperliche Krankheiten heile.

»Warum brennst du ihn? Ist er sonst zu teuer?«

Der Bauer kratzte sich sein struppiges Haar und antwortete: »Mit Gorbatschow fing das an. Er wollte uns die ›Medizin‹ wegnehmen. Da haben ein paar Leute aus dem Dorf und ich mit dem Brennen angefangen. Angst habe ich nicht. Nebenan wohnt ein Polizist. Der liebt meinen Wodka, kauft mir dann und wann ein Fläschchen ab. Schmeckt euch doch, oder?« Er zwinkerte uns zu und bediente sich wieder.

»Die Anlage? Wo steht sie? Können wir sie sehen?«

»Warum nicht? Ist nicht weit. Nur einen Kilometer. Ein Schuppen im Wald.« Wir erinnerten uns an den schneidenden Wind draußen. Am Ofen, in der warmen Küche, gefiel es uns wesentlich besser.

»Meine Großmutter hat immer gesagt: ›Hilft kein Wodka, wenn du krank bist, hilft gar nichts.‹« Er strich sich über sein Oberlippenbärtchen, sprang vom Stuhl, öffnete den Kühlschrank, entnahm ihm einen runden, gelben Käse, eine pralle Leberwurst sowie ein Schälchen mit Butter und legte die Leckereien vor uns auf den Tisch. Brot holte er aus einem Holzkasten mit Siegelbeschlägen, Bretter und Besteck aus einem verzierten Wandschrank, dessen Tür beim Öffnen und Schließen leise knarrte.

Nur der neue, manchmal brummende Kühlschrank und die modische Küchenlampe schienen aus unserer Zeit zu stammen. Alles andere, wie der Fußboden mit den schweren Bohlen, der Tisch aus hellem, rauhem Birkenholz, die Stühle mit den gedrechselten Lehnen und den abgeschabten Sitzflächen sowie die kleinen Fenster, auf denen Eisblumen lagen, waren wie Relikte einer anderen Epoche. Fast so, als wären die Uhren hier schon seit langem stehengeblieben. Dazu dieser schwere, ein wenig von Humus und verbranntem Holz getragene Geruch im Haus und das Knarren der Bohlen unter den Schritten des Bauern. Ein winziger Kosmos der Ruhe, in den unsere Unrast nicht paßte, in dem ich gern länger als nur für diesen Abend geblieben wäre. Ich fragte den Mann, ob er allein hier lebe.

»Nein, mit meiner Tochter«, antwortete er. »Ein schüchternes Kind.« Im selben Moment erklang hinter einer der Türen ein deutsches Poplied, das bei uns daheim längst vergessen war.

»Und Ihre Frau?« hakte Ronald nach.

»Ist im nächsten Dorf, bei ihrer Mutter.« Der Bauer setzte einen schläfrigen Blick auf. »Da bleibe ich lieber hier.«

Unser Gastgeber schlug uns zum Essen schwarzen Tee vor und goß ihn uns in bauchige Tassen.

»Da tun wir mal noch was vom Wodka rein«, sagte er fröhlich und füllte je einen kräftigen Schluck in die Gefäße.

Eine gute Stunde später – wir hatten geschmaust und den Wodka zur Hälfte geleert – kam Tanja durch die Küchentür. Sie trug nun einen dicken Strickpullover, Trainingshosen und Filzlatschen. Sie rubbelte ihre lange Haarpracht mit einem abgegriffenen Handtuch trocken, setzte sich und verbreitete Lavendelduft.

»Wolodja, du trinkst zu viel.« Sie stellte die Flasche ans andere Tischende. »Schau dir Anatoli an. Seit er bei mir lebt, läßt er den Wodka.«

»Dir gehorcht wohl jeder.« Der Bauer eroberte sich trotzig die Flasche zurück. »Außerdem wollte dein Bruder nur zu gern nach Alma-Ata. Die Heimat, die langweilt ihn ja.«

»Er ist auch dein Bruder.« Die Frau hob die Stimme. Ein Streit bahnte sich an, wir fühlten uns überflüssig.

»Tanja, unsere Gäste!« Der Bauer zeigte auf uns. »Sing uns lieber was.« Sie bekam rote Ohren und fragte uns, ob sie wirklich singen sollte. Wir nickten erwartungsvoll. Daraufhin räusperte sie sich und bat uns, nicht zu lachen. Draußen stürmte es. Der Wind strich über die Fenstersimse und warf Schnee an die Scheiben. Von einem Moment zum anderen aber schien das Wetter draußen weit weg, wie aus einer anderen Welt. Wir lauschten Tanjas Gesang. Ihre Stimme floß in unsere Ohren, unsere Köpfe und versiegelte sie gegenüber allen Sorgen.

Um Mitternacht verabschiedeten wir uns. Tanja verteilte Küsse.

»In Alma-Ata erzähle ich, was für nette Jungs ich getroffen habe«, sagte sie und strich uns über die vom Wodka erhitzten Wangen. Ihr Bruder steckte uns eine Flasche von seinem Selbstgebrannten zu. Sie trug ein weißes Etikett, auf dem mit blaßblauer Tinte ›Moi Vitamin‹ geschrieben stand.

»Danke für eure Hilfe«, sagte er und schnipste mit einem Finger gegen die Flasche. »Den hier werdet ihr bestimmt noch brauchen.« Wir bedankten uns lächelnd und hätten nicht gedacht, wie recht er damit haben sollte.

6

Wir hatten im mongolischen Konsulat von Irkutsk unsere Visa erhalten, hatten das laute Leben der Großstadt hinter uns gelassen und standen nun auf dem Parklatz vor dem Grenzbahnhof Nauschki. Die nächste Station war zwanzig Kilometer entfernt, hieß Suchbaatar und lag in der Mongolei. Wir sollten unser Auto auf einen Eisenbahnwaggon verladen und mit dem Zug in dieses Land einreisen. Es wäre viel leichter gewesen, auf der Straße nach Ulan-Bator zu fahren und in Kjachta, an der nur ein paar Kilometer von hier entfernten Grenzstation, unsere Pässe vorzuzeigen. Doch dort zog man den Schlagbaum nur für Russen und Mongolen hoch.

Nie zuvor hatten wir solch einen eisigen Morgen wie jenen vor dem Bahnhof in Nauschki erlebt. Das Thermometer wies, obwohl die Sonne schon über den verschneiten Wald gestiegen war, minus 27 Grad aus. Fröstelnd krabbelten wir aus den von Reif überzogenen Schlafsäcken. Gina dagegen machte die Kälte nichts aus, so wie den Wölfen auch nicht, deren Heulen wir in der Nacht zuvor bei einer Pinkelpause vernommen hatten. Auch der Welpe war von wohliger Wärme umgeben, denn die Hündin legte sich mit ihrem dichten Winterfell wie ein Schal um ihn.

Wir betraten das Bahnhofsgebäude und suchten den Vorsteher. Es roch nach Bohnerwachs. Wir stiegen drei Treppen hinauf und fanden die Tür des Natschalniks. Dieser war eine Frau; eine dünne, giftig dreinschauende Person im grünen Rüschenkostüm. Ihre Finger schwebten über ihr ergrautes Haar, das sie mit silberglänzenden Kämmen befestigt hatte. Sie hob ihren Kopf, dass wir ihre Nasenlöcher inspizieren konnten, und sah uns mit schmalen Augen an.

»Was wollen Sie von mir?« fragte sie umwirsch, als störten wir sie bei einer wichtigen Tätigkeit. Vor der Beamtin auf dem Tisch lag ausgebreitet ein Kreuzworträtsel.

»Wir müssen schnell nach Suchbaatar«, ließen wir sie wissen.

»Fahrkarten gibt es woanders.« Als sie vom Auto erfuhr, beugte sie sich im Sessel vor und legte das Kinn auf ihre gefalteten Hände.

»Eine Million Rubel«, sagte sie etwas freundlicher. Wir sträubten uns, ihre Worte richtig zu deuten. Das entsprach fünfhundert Mark!

»Augenblick«, sagten wir, höchst irritiert, und verließen den Raum. Nervös stöberten wir in unserem Geldbeutel, kramten 520 Dollar, 157 000 Rubel und 5 Mark in Zehn- und Fünfzigpfennigmünzen zusammen. Dies schien recht viel zu sein, doch die Reise war noch lang. Wir schimpften auf die Alte, die, so glaubten wir, in uns womöglich reiche deutsche Jungs sah und deshalb einen so hohen Preis vorgab. Doch auch auf uns waren wir wütend, denn langsam gestanden wir uns ein: Diese Tour war eine fixe Idee.

Uns ging durch den Kopf, wieviel Strafgeld wir auf dem Weg durch Rußland hätten bezahlen müssen. Einmal, kurz vor Moskau, übertraten wir die erlaubte Höchstgeschwindigkeit um achtzig Stundenkilometer und bretterten prompt in eine Radarfalle. Daß das Verkehrsschild mit der Geschwindigkeitsvorgabe verschneit gewesen war, glaubten uns die Beamten freilich nicht und forderten von uns zweitausend Mark Bußgeld. Wir jedoch zeigten ihnen einen Brief vom Rostocker Oberbürgermeister. Das Schreiben war auf englisch, russisch und chinesisch verfaßt, beinhaltete die Bitte, daß man uns weiterhelfen möge, den Frosch für Anita zu besorgen. Verkehrsdelikte waren damit wahrscheinlich nicht gemeint. Dennoch legten die Polizisten, die ursprünglich mit uns hart zu Gericht gehen wollten, ihre Hände an die Mützen und wünschten uns eine gute Reise. Nun, im Rückblick, erschien uns unser Verhalten ziemlich beschämend. Wir hatten Anitas Krankheit benutzt.

Trotzdem konnten wir uns nicht des Gedankens erwehren, diesen Brief auch der Bahnchefin zu zeigen. Also traten wir noch einmal ein und legten ihn der Vorsteherin auf das Kreuzworträtsel. Sie überflog die Zeilen und zuckte die Schultern.

»Helfen Sie Anita!« baten wir und tarnten uns als Missionare. Die Bahnbedienstete räusperte sich.

»Na gut«, sagte sie. »Für den halben Preis.« Vor kurzem wollten wir noch nicht einmal ein Zehntel dessen für den kurzen Weg über die Grenze bezahlen. Jetzt erschien uns das Angebot der Frau fast wie ein Schnäppchen. Glücklich schüttelten wir ihre trockene Hand.

Am Nachmittag war der Waggon eingetroffen, und wir fuhren das Auto hin. Es mußte jedes Radlager mit Draht an der Waggonabgrenzung befestigt sowie vor und hinter jeden Reifen eine Holzbohle gehämmert werden.

»Die Vorschrift steht vor dem Menschen«, erklärte uns die Bahnchefin, als wir sie wegen des hohen Aufwandes ungläubig anschauten. »Was wollt ihr? Das ist Rußland.« Dann ging sie kopfschüttelnd von dannen.

Bei dieser Arbeit half uns ein rüstiger Großvater, der mit Eisenzange und Säge hinter einem verfallenen Schuppen aufgetaucht war. Er trug eine von Fett und Motorenöl getränkte Wattejacke, die ihm steif wie eine Eisenrüstung vom Leib abstand. Im riesigen Kragen konnte er ohne Probleme seinen Kopf verstecken, auf dem eine zerbeulte Schapka saß.

Während er für uns den Draht flocht – wir seien ihm zu grün dafür – erzählte er uns vom Krieg. Er hob die Stimme und berichtete, wie er zusammen mit der Roten Armee im Mai 1945 durch das Brandenburger Tor marschiert war. Kurz zuvor hätte ihm eine fehlgeleitete Kugel – ausgerechnet aus dem Gewehr seines besten Freundes – einen Finger abgerissen.

»Aber ich sah den Haß sterben.« Seine Lippen waren feucht geworden. »Den der Deutschen und den in mir. Wir marschierten durch die Stadt. Auf der Straße lag ein Wehrmachtssoldat. Kinder, ich hatte so viele Leichen gesehen.« Der Großvater winkte ab. »Doch dieser Mann lebte noch, stöhnte, wollte, daß ich ihn erschieße. Jungs, wie leicht schoß es sich aus der Ferne. Der Soldat bat um Verzeihung. Wie sollte ich abdrücken? Das war kein Feind mehr, das war ein Mensch. Nun, er verblutete ohne meine Kugel.«

Wir warteten zwei Tage auf die Lok, die unseren Waggon in die Mongolei ziehen sollte. Wir waren darüber wütend und begannen, über alles und jeden zu schimpfen, gaben den ahnungslosen Weichenstellern, Putzfrauen und Schlossern die Schuld. Es war einfach, unseren Frust auf sie abzuladen – wir erinnerten uns an die Worte des alten Mannes – denn auch sie waren uns fern. Dies begreifend, blieben uns die Schimpftiraden im Halse stecken.

Es war bereits Nacht, als mich grelles Licht aus dem Schlaf riß. Kurz darauf durchfuhr den Waggon ein Ruck, und er setzte sich in Bewegung. Wo nur war Markus? Ich erschrak fürchterlich, kurbelte hektisch das Seitenfenster herunter und suchte mit meinen Blicken den Bahnsteig ab, während unser Waggon langsam über die Schienen rollte und an einen langen Güterzug mit riesigen Ölbehältern gekoppelt wurde. Gina, die hinter mir hockte, verfolgte das Treiben mit spitzen Ohren.

Als wir weitab von unserem Stammplatz zum Stehen kamen, wartete ich einige Minuten, ob der Zug erneut anfahren würde. Es geschah nichts. So stieg ich aus dem Auto, sprang vom Waggon und lief über die Schienenstränge durch die Dunkelheit, die hier und da schummriges Laternenlicht zerschnitt. Ich rannte durch Dampfwolken, die aus Gullis aufstiegen, durch gelbe Lichtkegel, atmete eiskalte Luft, daß meine Lungen schmerzten, blickte mich immer wieder besorgt um, ob der Zug sich bereits in Bewegung gesetzt hatte, und erreichte endlich den Bahnsteig.

Doch weder im Paßbüro noch in der Wartehalle fand ich Markus. Einzig meine Schritte und meine atemlose Stimme hallten durchs hohe Foyer. Selbst auf dem Bahnhofsklosett schaute ich nach. Das Büro der Bahnchefin war um diese Zeit geschlossen. Trotzdem rüttelte ich an der Tür, bekam Panik, als ich mir vorstellte, der Zug würde ohne uns abfahren. Da traf ich eine Frau im gefütterten Putzfrauenkittel, die mich zur Geldwechselstelle schickte.

Ich riß die dünne Holztür auf. Tatsächlich stand da Markus, mit strubbeligem Haar und runder Nickelbrille auf der Nase. Er debattierte mit einer Angestellten, der das weißliche Doppelkinn über den Rollkragen ihres Pullovers schwappte.

»Beeil dich!« rief ich Markus zu. Wir rannten zurück zum Waggon. Wir hatten uns vergebens beeilt. Erst drei Stunden später zog die Lokomotive an.

MONGOLEI

1

Auf einmal stoppte der Zug im Niemandsland. Die Puffer der Waggons krachten aufeinander, und das Echo hallte mehrfach von den Hügeln zurück, über denen, milchig leuchtend, der Mond hing. Wie ein Galgen ragte auf einem der Hügel ein Wachturm auf.

Plötzlich polterte es an den Waggonabsperrungen. Stimmengewirr. Gina bellte wild, sprang, vom Atem umnebelt, gegen die Fensterscheiben. Wir stiegen aus dem Auto. Um uns herum – Gewehre. Der Schreck ließ uns zusammenzucken.

»Pasporty!« Nur Stimmen, Umrisse, keine Gesichter. Nervös wühlten wir unsere Dokumente aus dem Handschuhfach. Als Gina aus dem Wagen springen wollte, versperrten wir ihr den Weg, schrien:»Aus!«, denn sie durfte den Männern nicht vor die Flinten kommen. Eine Taschenlampe leuchtete auf. Der Lichtkegel huschte über unsere Pässe, unsere Gesichter. Nun sahen wir auch die der Soldaten, die undeutlich auf uns einredeten. Wir verstanden erstmal nichts.

»Ihr haben Zigaretten?« Einer der Männer sprach etwas deutsch. Wieder wurden unsere Gesichter beleuchtet. Wir schüttelten die Köpfe und vernahmen einen mehrstimmigen Seufzer der Enttäuschung. Auf einmal wanderte ein gewaltiges Krachen und Rucken durch den Zug. Die Soldaten sprangen eilig vom Waggon.

2

Wir rollten ins Tal von Ulan-Bator. Die Stadt war uns vertraut, war auf der Fahrradreise ein unvergeßliches Etappenziel geworden. Bis zu dieser Zeit war die mongolische Hauptstadt für uns nur ein Punkt auf der Weltkarte gewesen. Wir waren damals zur Deutschen Botschaft gefahren, hatten uns nach einem Schlafplatz erkundigt. Man hatte uns wie Wegelagerer fortgeschickt. Ein Junge, er hieß Gana, hatte uns helfen wollen und uns mit zu seinen Eltern genommen, die uns herzlich aufgenommen hatten. Freunde, hatte Gana einmal gesagt, seien ihm am wichtigsten. Dabei hatte er uns lächelnd in die Augen geschaut.

Wir parkten den Toyota vor dem bläulichen Hochhaus, in dem Ganas Familie lebte. Es war so dunkel im Hausflur wie einst. Wieder fanden wir die Klingel nicht, klopften an die Wohnungstür, malten uns Ganas überraschtes Gesicht aus, wenn er, der von unserem Besuch nichts wußte, uns erblickte.

Schlüssel klapperten. Die Tür öffnete sich. Ganas Mutter stand im Licht des Korridors, schien gealtert. Ihre Schultern hingen herab, und die gestreifte Bluse war ihr zu groß geworden. Als sie uns erkannte, lächelte sie zaghaft und schloß uns in die Arme. Wir fragten nach Gana. Seufzen war die Antwort.

Gemeinsam gingen wir durch den Korridor. Wie in Zeitlupe öffnete die Mutter die Tür zu seinem Zimmer. Der Duft verdampften Kerzenwachses strömte uns entgegen. Eine junge Frau saß neben dem Fenster und stillte ein Baby. Der Raum sah fremd aus, anders als damals. Anstelle des geknüpften Teppichs hing ein Foto von Gana an der Wand. Darunter, auf einer Anrichte, eine kleine Buddhafigur und zahlreiche Kerzen. Mehrere brannten, von anderen stieg Rauch auf. Wir vernahmen das Schluchzen der Mutter, und wie von fern hörten wir:»Gana ist tot.«

Etwas später, im Wohnzimmer, berichtete uns die Frau gestenreich von der machtlosen Polizei, von dunklen Straßen und von Gana, den man mit einem Ziegelstein erschlagen hätte. Die Mutter hielt ein Bild ihres Sohnes in der

Hand, von dem aus er uns lächelnd ansah, so, wie wir ihn in Erinnerung hatten. Dann schwieg die Frau, und eine erdrückende Stille breitete sich aus. Daß Gana nicht mehr lebte, konnten wir einfach nicht glauben.

Als die Sonne unterging, kam Ganas Vater von der Arbeit. Langsam und etwas umständlich legte der Mann seinen Mantel ab und hängte ihn an die Garderobe. Er trat sich die Schuhe von den Füßen und zog Pantoffeln über. Der ehemalige Turner schlurfte zu uns und musterte uns mit trüben Augen. Sein Haar hatte sich gelichtet, die Sehnen am Hals arbeiteten sichtbarer als einst. Wir erinnerten uns, wie er eine Fliege in der Luft mit nur einer Hand gefangen hatte und seine Augen dabei spitzbübisch geblitzt hatten. Fast schien es uns, als hörten wir noch sein dunkles Lachen, in das er ausgebrochen war, als wir beim Essen kläglich am Hantieren mit den Stäbchen gescheitert waren. Nun war er nur noch ein Schatten seiner selbst, und sein Lächeln wirkte aufgesetzt. Er, der Gana früher wegen dessen Rauchens gemaßregelt hatte, kramte eine Zigarette aus der Westentasche, griff nach dem Feuerzeug auf dem Tisch, entzündete den Tabak, nahm einen tiefen Zug und schloß die Augen. Dann atmete er befreit aus, kam auf uns zu, strich über unsere Schultern und setzte sich neben uns. Nach einer Weile erhob er sich wieder und ging schweren Schrittes zum Fenster.

»Warum habe ich ihn fortgelassen?« raunte er. »Diese Stadt hat sich verändert.« Er schloß die Gardine. Bis zum nächsten Satz schien eine Ewigkeit zu vergehen.

»Warum ist er tot?« Wir wußten nicht, sprach der Mann mit uns oder mit sich selbst. »Nie weiß der Mann vor der Ernte, wie hoch das Korn wachsen wird. Ebenso weiß er nicht, ob sein Sohn auf Abwege gerät.« Der Vater drehte sich zu uns. »Das ist ein Sprichwort. Ich hasse es!« Den letzten Satz sprach er laut, gleichsam verbittert. Wir saßen hilflos auf der Couch, fanden keine Worte, keine Gedanken.

»Zeit«, sagte er entschlossen, »die hätten mein Sohn und ich gebraucht. Dann würde er noch leben.« Ganas Vater und Ronald entschwanden vor meinen Augen, und auf einmal war ich bei meinem Vater im Krankenzimmer ... Es war die Woche, bevor er starb. Ich begriff nicht, was die Krankheit wirklich mit ihm anrichtete. Bis zu diesem Tag, an dem er vor mir saß und bitterlich zu weinen begann. In diesem Moment wurde mir klar, er hatte Todesangst. Ich bereute, ihn nicht öfter besucht zu haben, sah zu Boden und brach selbst in Tränen aus ... Ich verstand Ganas Vater, der sich Vorwürfe machte und die Erfahrung mit mir teilte, daß erst, wenn einem etwas genommen wird, man um seinen Wert weiß.

»Ich hoffe«, sagte der Mann und hüllte sich in blauen Dunst, »Gana lebt in seinem Sohn weiter.« Nun wußten wir, wer die stillende Frau und ihr Baby waren.

Nachts, im Bett, starrten Ronald und ich die Zimmerdecke an. Zu viele Gedanken ohne Erklärungen schwirrten uns durch die Schädel.

Am nächsten Tag fuhren wir zur Chinesischen Botschaft. Die Visa, dachten wir, könnten wir gleich mitnehmen. Wir hatten uns vor der Abfahrt von Rostock aus erkundigt, ob wir wegen Hund und Auto mit Problemen in China rechnen müßten. Natürlich erledigten wir das mit nur einem Telefonat. Für weitere Recherchen hatten wir schließlich keine Zeit. Die Quittung für unseren Leichtsinn aber sollte folgen.

Verloren standen wir im menschenleeren Flur des Botschaftsgebäudes zwischen weißen Wänden mit Bildern von Mao und Deng Xiaoping. Die zwei würden uns gewiß keine Papiere ausstellen. Starr, unerreichbar und äußerst streng blickten sie an uns vorbei. Eine Putzfrau schwenkte ihren Feudel in der Hand und deutete uns damit an, ins gegenüberliegende Konsulat zu gehen. Dort waren die Wände kahl wie in einem Keller, und nur eine quadratische Öffnung im Mauerwerk durchbrach diese Tristheit. Wir beugten uns hinab und lugten durch das Fensterchen, hinter dem ein dünner Chinese mit Hornbrille saß. Angeblich war es der Konsul. Wir erklärten ihm unser Begehr.

»Nicht möglich. Der nächste bitte.« War er ein Roboter? Die Absage traf uns wie ein Schlag ins Gesicht. Wir sannen nach einem Schlachtplan, wollten wieder die kleine Anita vorschieben, ließen aber erst unseren Nebenmann an die Luke. Mit dem zurückgekämmten grauweißen Haar, dem herben Eau-de-Toilette-Duft, dem schwarzen Kaschmirmantel und der souverän in der Hosentasche verweilenden Hand schien er ein in Erfolg gealterter Geschäftsmann zu sein. Er beugte sich, wie wir vor ihm, zum Konsul hinab und verdeutschte sein Englisch laut und tief. Der Staatsdiener blickte ergeben zu ihm auf. Nur wenig Zeit verging, bis der Mann in Kaschmir ein gefaltetes Papier gereicht bekam, welches er ausfüllen sollte. Daraufhin begab er sich an einen der zwei rissigen Holztische. Nun versuchten wir es noch einmal. Der Konsul hatte sich gerade in ein Buch vertieft, als wir ihm den chinesisch verfaßten Brief vom Rostocker Oberbürgermeister vorlegten. Der Mann überflog das Schreiben wie einen unwichtigen Wisch.

»Zeit, nach Hause zu fahren«, sagte er trocken und gab es uns zurück. Wir vermochten kaum, unseren Unmut zurückzuhalten, wollten laut werden, besannen uns aber, holten tief Luft und baten den Konsul mit gefalteten Händen um Hilfe. Der lehnte sich im knarrenden Stuhl zurück, verschränkte die Hände hinter seinem Kopf und kniff die Augen zusammen.

»Ich faxe das Transportministerium an«, entgegnete er recht umgänglich. »Kommen Sie in zwei Tagen wieder.« Langsam ahnten Ronald und ich, diese Tour würde länger als fünf Wochen dauern.

Wir traten in die klirrende Kälte hinaus und gingen zum Toyota. Es war Mitte März. Wir wollten bereits in Brunei sein. Für einen Moment glaubten wir nicht mehr an das Gelingen unseres Vorhabens. Es war eine Schnellschuß-idee gewesen, die Strecke, Hin- und Rückfahrt zusammen, in einem

Monat bewältigen zu wollen. Jetzt wünschten wir, alles besser vorbereitet zu haben. Der Unfall, das Ölleck, die teure, lange Grenzüberfahrt – solche Vorkommnisse hatten wir nicht bedacht. Bisher konnten wir noch von Glück sprechen. Nun hofften wir auf den Konsul. Aber was, wenn China, das große Reich, uns den Weg versperren würde ..?

Wir führten Gina aus und ließen währenddessen, wie immer, den Welpen im Auto. Als wir mit der Hündin zurückkehrten, begegneten wir dem Kaschmirmann.

»Wenn ihr nicht weiterwißt, ruft mich an.« Er sprach Deutsch, reichte uns eine Visitenkarte mit goldener Schrift und lächelte gönnerhaft. »Ich habe die größte Wohnung der Stadt.« Wenig später entschwand er unseren Blicken mit einem riesigen Geländewagen.

Wieder saßen wir bei Ganas Eltern auf dem Sofa. Das Ehepaar hatte Besuch. Zu Gast waren zwei Frauen mit gestopften Wollstrümpfen und Kostümen in der Mode der 70er Jahre, so schien es uns. Noch dazu in den Farben jägergrün und altrosa. Sie trugen Altfrauenhüte. Worüber sie schwatzten, verstanden wir nicht, aber es schien wichtig zu sein. Die beiden Damen waren stimmgewaltig, redeten ununterbrochen auf Ganas Eltern ein. Eine von ihnen schluchzte in Intervallen. Unsere Gastgeber schwiegen. Die Mutter stützte ihr Gesicht auf die Hände. Manchmal schloß sie die Augen. Der Vater war mit seiner Zigarette beschäftigt.

Nach einer halben Stunde verabschiedeten sich die Gäste und hüllten sich in ihre schwarzen Filzmäntel. Die Wohnungstür fiel ins Schloß. Dann trat Totenstille ein.

»Wer war das?« fragte Ronald den Vater. Der stand in der Mitte des Wohnzimmers und pulte das Etikett von einer Bierflasche. Dann kam er auf uns zu, blies den Zigarettenrauch über unsere Köpfe und antwortete mit bewegungsloser Miene: »Mutter und Tante eines Mörders.«

»Ganas Mörder?« Der Vater nickte und öffnete das Bier. »Dann sitzt der schon im Gefängnis?« Wir erhielten keine Antwort. Verbittert starrte der Vater ins Leere.

»Die kommen in meine Wohnung und erwarten, wir sagen ›Ist schon gut.‹« Dann nahm er einen kräftigen Hieb aus der Flasche.

4

Die Tage verstrichen, und der März ging seinem Ende zu. Drei Wochen waren wir nun von zu Hause fort und den siebten Tag bei Ganas Eltern. Der chinesische Konsul hatte für uns noch immer keine Nachricht vom Transportministerium. Und Ganas Vater fragte uns zum wiederholten Mal, wann wir abreisen würden. Wir verstanden, daß uns die Familie in ihrer Situation nicht gebrauchen konnte, griffen zum Telefonhörer und wählten die Nummer des Kaschmirmannes.

Am Abend fanden wir uns bei ihm ein. Er empfing uns im gerippten Unterhemd und ermunterte uns, ihn Herbert zu nennen. Dann führte er uns durch seine Wohnung wie durch ein Museum. Sie war wirklich riesig: langer Flur, drei Schlafzimmer, vier Bäder, Büro und Haushaltsraum. Nur am Platz für die Küche hatte man gespart. Sie ging als schmaler Schlauch vom Wohnzimmer ab, das dafür um so größer war. Dort standen wir vor einem Schrank aus feinem Holz und ließen uns von Herbert erklären, daß die kurios geschwungenen Figuren in der Vitrine aus Meissner Porzellan wären.

Der Mann bat uns, Platz zu nehmen. Wir setzten uns auf eine schwarze Ledercouch, er machte es sich in einem Fernsehsessel bequem. Über der Couch hing ein imposantes Gemälde, das die mongolische Steppe mit einer Jurte abbildete.

»Ein Original«, hörten wir Herberts Stimme. »Ein Geburtstagsgeschenk von einem guten Freund.« Die Möbel stammten aus Deutschland. Er hatte sie sich mit der Transsibirischen Eisenbahn bringen lassen. Wir dachten an die vergilbten Tapeten in Ganas Wohnung, die verschrammten Stühle, den abgetretenen Teppich. Dabei lebte die Familie im Vergleich zu anderen Mongolen nicht schlecht. Am Stadtrand breiteten sich ärmliche Wohnviertel aus, verfallene Holzhütten und schmutzige Jurten. Was würden deren Bewohner denken, könnten sie den Überfluß dieses Mannes sehen? Wir stellten ihm diese Frage.

»Schöne junge Frauen gibt's da«, tönte der kurz vor der Rente Stehende. »Von denen war schon manche hier. Und beschwert hat sich noch keine.« Er schob seine schmalen Lippen nach vorn, die ein feingeschnittener, silbergrauer Bart umgab und nickte vielsagend.

Etwas später zog Sauerbratenduft durchs Zimmer.

»Eure Gaumen werden sich freuen«, sagte Herbert, eilte in die Küche, schien plötzlich um viele Jahre jünger. »Außer Vögeln ist Kochen meine Leidenschaft.« Wir lugten um die Ecke zum Gastgeber, der am Herd beschäftigt war und mit Topfdeckeln klapperte. Herberts Wangen waren schlaff, seine Arme dünn, mit Leberflecken übersät, und durch das Unterhemd zeichnete sich fußballgroß der Bauch ab.

»Mit den jungen Frauen bindet er uns einen Bären auf«, dachte ich in jenem Moment.

Der Braten schmeckte köstlich, und als die Teller geleert waren, vertraute uns Herbert an, daß in Ulan-Bator vieles käuflich sei.

»'Ne heiße Nummer jibt's für'n Fuffi«, berlinerte er auf einmal. »Ick bin fast jede Nacht dabei.« Handel zu treiben, schien ihm nicht fremd. Und er ließ uns wissen, daß er schon in der DDR einen ausgesprochenen Geschäftssinn hatte.

»Schalck-Golodkowski«, donnerte es aus seinem Mund, »war mein Chef.«

Er schnipste eine »Marlboro« aus der Packung, lehnte sich zurück und entzündete die Zigarette mit einem Streichholz. Der aufsteigende Rauch verlieh dem Graubärtigen Wichtigkeit.

»Er, ich und noch einer«, holte er aus, »belieferten Intershops, Hotels und Schiffe. Auch Wandlitz. Von solchen Sachen konntet ihr nur träumen. Für uns war's Alltag. Dazu wußten wir von Dingen, die man lieber nicht wissen sollte. Besonders dieser Schalck. Der war über alles im Bilde, konnte dir sagen, wann Helmut Kohl Durchfall hatte.« Er beugte sich nach vorn und schaute uns an, als verkünde er ein Staatsgeheimnis. »Deswegen ist Schalck ein freier Mann. Die neuen Bonzen haben mächtig Schiß vor ihm. Und mir können die auch nichts.« Warum aber lebte er in der Mongolei, in diesem fernen Land, wo die Winter sibirisch sind? Wegen der schönen jungen Frauen? Sein ehemaliger Chef wohnte doch auch in Deutschland. Herbert schwieg dazu, sagte nur, daß er für eine Schweizer Firma arbeiten würde.

»Mein Job hat sich nicht geändert«, schloß er. »Wieder beliefere ich Hotels mit Dingen, die sich nur Ausgesuchte leisten können.«

5

In dieser Nacht, der mittlerweile achten in Ulan-Bator, lud uns Herbert ins »Chamäleon« ein, eine Diskothek, die wir in dieser Stadt nicht vermutet hätten. Wir erinnerten uns an die kleine »Hölög«-Bar neben Ganas Hochhaus, wo die Musik, zu der die Pärchen getanzt hatten, aus einem Kassettenrekorder gekommen war.

Das »Chamäleon« war keine Bar, es war ein kleiner Palast. Von der hohen Decke hingen Glitzerkugeln, die Wände zierten Spiegel, und über die Tanzfläche zuckte buntes Laserlicht. Dort bewegten sich die Gäste wie eine dunkle Masse nach dem tiefen Bass der Technomusik. Die Mädchen sparten mit Kleidung.

Herbert winkte uns an einen Bartresen, wo er vielen Männern die Hände schüttelte und sich von einigen Fräuleins umarmen ließ. Als ihm eine von ihnen in den Schritt griff, strich ihr Herbert über den ausgestreckten Hintern. Zu unserer Überraschung entdeckten wir in einem der Regale hinter dem Tresen unzählige, pyramidenförmig gestapelte Dosen »Rostocker Pils«. Dieser Anblick ließ uns an die Heimat denken, und auf einmal glaubten wir wieder daran, bald dorthin zurückzukehren. Plötzlich schlug uns Herbert auf die Schultern.

»Der da hat mir das Gemälde geschenkt«, schrie er uns durch den Musiklärm zu und zeigte auf einen jugendlichen Mongolen mit reichlich Pomade im Haar. Dieser blickte drein, als wolle er mit den Zähnen Eisenstangen biegen. Er saß auf dem Barhocker und hielt ein Whiskeyglas. Er war schwarzgekleidet, wodurch die schwere Goldhalskette besonders ins Auge stach.

»Er ist Millionär«, betonte Herbert, offenbar stolz, ihn zu kennen. »Hat gute Beziehungen nach Deutschland.«

»Mein Lieblingsland«, meinte der Bursche auf englisch und hielt den Daumen hoch. Der Barkeeper brachte dem jungen Kerl vier randvoll mit Whiskey gefüllte Gläser und zeigte dabei sein breitestes Lächeln.

»Seht ihn euch an«, sagte der Millionär, machte uns auf einen fehlenden Schneidezahn der Tresenkraft aufmerksam und betrachtete dazu verliebt seine Faust.

»Austrinken!« befahl der arrogante Schönling und lachte schallend. Wir nippten am Whiskey. Der Fusel schmeckte widerlich, brannte schon an den Lippen. Doch jeder Schluck brachte wohlige Wärme in unsere Körper und ließ die Gedanken tanzen.

Nach dem ersten Glas präsentierte uns der Millionär seine Pistole. Er zog sie aus einem Waffenhalfter am Hosenbund und wog sie in der Hand. Gana kam uns in den Sinn und auch, daß so ein Typ wie dieser hier ihn beiseite geschafft haben könnte. Obendrein zielte der Kerl nun auf ein paar Jungs in Ganas Alter. Sie lagen sich schunkelnd und nichtsahnend in den Armen. Im Trunk überkam es uns. Wir nahmen dem Burschen die Waffe aus der Hand. Dies überraschte ihn derart, daß er bewegungslos innehielt. Dann machte er eine Bewegung auf uns zu, verharrte wieder und blickte hilfesuchend zu Herbert. Der winkte ab. Auf einmal brach der Kerl wieder in sein Lachen aus und klopfte uns abwechselnd gegen die Brust. Wortlos nahm er uns die Pistole aus den Händen und verstaute sie im Gürtel.

Das zweite Glas Whiskey war geleert. Ronald schwankte verdächtig. Plötzlich stand vor mir ein Mädchen und nahm mir das Glas ab. Sie hatte kastanienbraunes Haar und strahlte mich mit dunklen Augen an. Sie preßte sich an mich, ich spürte ihre Brustwarzen durchs T-Shirt. Ich umarmte das Mädchen. Ihr Körper war schlank und fest. Auf einmal küßten wir uns.

»Gute Wahl«, tönte Herbert von der Seite. »Die hatte ich auch schon. Du kennst ja den Preis.« Das Fräulein warf Herbert einen Kuß zu. Ich löste mich von ihr, schickte sie weg. Doch sie blieb stehen, in ihren Lackstiefeln, mit den nackten, straffen Schenkeln und dem kurzen Höschen, das sich in ihre Pobacken schnürte.

›Ich tu so, als wüßte ich nichts vom Bezahlen‹, schoß es mir durch den Kopf. ›Sie hat nichts gesagt. Und außerdem hat sie auch was davon.‹ Ein Blick zum ergrauten Herbert, bei dem ich es logisch fand, wenn er fürs Vögeln bezahlen mußte, bestärkte meine arroganten Gedanken. Die Frau flüsterte mir »Ojona« ins Ohr, was offenbar ihr Name war, führte meine Hand über ihre Brüste und wies zum Ausgang. Ich nickte und sah auf die Uhr, die kurz nach drei anzeigte.

Ich wollte Ronald Bescheid geben und ihn ein wenig neidisch machen. Doch wo war er? Auch Herbert, der trunken an der Bar hing, wußte es nicht. Ich lief mit Ojona nach draußen. Als wir hinter der Diskothek um die Ecke bogen, war ich auf einen Schlag nüchtern. Die Fahrertür des Toyota stand sperrangelweit auf. Er war auf einem hohen Kantstein aufgesessen, so daß die Vorderräder in der Luft hingen. Gina sprang mir entgegen, bellte das Mädchen an und hopste wieder ins Auto zurück. Ungläubig durchsuchte ich das Wageninnere. Der Türrahmen war bekotzt. Auf dem Fahrersitz lag Ronalds Brieftasche. Sein Führerschein fehlte. Ich zog den Kopf wieder ins Freie. »Roonaald!« schrie ich. Vom dunklen Hinterhof hallte es zurück. Über mir flackerte eine Laterne. Niemand antwortete. Mein Herz raste. Ich drehte mich um. Ojona stand hilflos neben dem Auto und hielt ihre Handtasche fest. Verzweifelt ließ ich sie zurück und suchte die schwach beleuchteten Häuserzeilen ab. Doch da war nichts außer einer Menge Unrat.

Ich erwachte mit einem schrecklichen Brummschädel und konnte nicht einordnen, wo ich mich befand. Frierend lag ich auf einer Holzbank in einem containergroßen Raum. Durch ein vergittertes Fenster über mir schien der Mond. Sein Licht fiel auf den Betonboden und eine Stahltür mit Sehschlitz. Nicht zu fassen: Ich war im Knast! Panisch fuhr ich hoch. Die plötzliche Bewegung ließ mich taumeln, mein Magen grummelte, und ich erbrach zwischen meine Füße. Links von mir murrte jemand. Im Halbdunkel erkannte ich drei schlafende Männer. Erschöpft lehnte ich mich an die naßkalte Steinwand.

Was hatte ich getan? Ich versuchte, mich zu erinnern. Vergebens. Vor Angst und Kälte klapperten meine Zähne. Ungewißheit fraß sich durch mich. Ich sprang auf, schritt den Raum auf und ab, boxte in die Luft, um nicht mehr zu frieren. Mein T-Shirt war feucht, stank fürchterlich. Ich schritt zur Stahltür und rief nach dem Wärter. Ich rüttelte an den Verstrebungen des Sehschlitzes, schlug mit Händen und Füßen gegen die Eisentür. Da – Schritte hallten im Flur. Überrascht hielt ich inne. Eine massige Frau in dunkler Uniform baute sich vor der Tür auf, verwies mich auf meinen Platz. »Was habe ich gemacht?« schrie ich auf russisch. Die Wärterin verzog keine Miene, zeigte zur Holzbank. Dann verschwand sie im Dunkel. »Ich komme aus Deutschland!« rief ich ihr wütend hinterher, hoffte, sie verehrte meine Heimat so wie Herberts Millionärsfreund und Dmitri aus Nowosibirsk. Da kam sie zurück und schloß die Zellentür auf. Energisch stieß sie mich die Treppe hinauf, brachte mich in ein großes Büro. Dort verhörten mich zwei Polizisten, die im undeutlichsten Russisch durcheinanderredeten. Ich verstand nur, daß ich meinen Namen auf ein leeres Blatt Papier schreiben sollte. Ich wollte zunächst jedoch wissen, warum ich im Knast saß. Keine Antwort. Rasch schilderte ich den Männern, wieso ich mit Markus nach Brunei unterwegs war. Ich wollte Pluspunkte sammeln, denn was auch geschehen sein mochte, es war offenbar nicht harmlos. Gereizt unterbrachen sie meinen Monolog. Einer drehte mir brutal den Arm auf den Rücken. Dann schubste er mich aus dem Zimmer, über den Gang, zurück in die Zelle. Die schwere Eisentür knallte ins Schloß. Ich sank auf meine wacklige Holzbank und stützte den Kopf in die Hände. Da saß ich, fast neuntausend Kilometer von zu Hause entfernt, zwischen schnarchenden Kerlen. ›Hier kommst du nie wieder raus‹, schoß es mir durch den Kopf. Auf einmal dachte ich an meine Bundeswehrzeit, den ersten Tag der Waffentaucherausbildung ... Unsere Vorgesetzten wählten eine besondere Art der Begrüßung: Fünftausend Meter auf Zeit mit schweren Rucksäcken laufen. Danach scheuchten sie uns in die Schwimmhalle zum Tauchen mit Bleigewichten. Ich hatte mich meinen neuen Kameraden als schweigsamer Einzelkämpfer präsentiert. Doch nicht nur hinter meiner Maske sah es anders aus. Jeder der Soldaten versuchte, seine Gefühle zu verbergen. Aber in den Pausen sah ich, wie die Burschen nervös die Zähne aufeinanderbissen. Das Wichtigste an der Ausbildung war, gefühlskalt zu wirken. Ansonsten hätten die Soldaten oder der sehnige, muskelbepackte Ausbilder eine gefällige Aufheiterung genossen. Ich war mir darüber bewußt und spielte den Coolsten.

Dann, in der ersten Nacht, als das Neonlicht ausging und alles still war, wurde mir seltsam zumute, und ich begann, mich vor dem nächsten, ungewissen Tag zu furchten, so sehr, daß ich meinen Kopf tief ins Kissen bohrte, um der Kasernenwelt zu entfliehen ...

Leider gab es im Gefängnis kein Kissen, nur meine Hände. Die Dunkelheit wollte nicht weichen. Vor dem Fenster knirschte Sand. Schritte. Beinumrisse. Dann tröpfelte es auf den Zellenboden. Jemand pinkelte durch die Gitterstäbe. Ich stand auf, fluchte, hörte Gelächter. Erneut knirschte der Sand, und der Kerl entfernte sich.

Ich wollte Ronald mit dem Auto suchen. Um es vom Kantstein zu schieben, holte ich vier Einlasser aus der Diskothek heran. Die schöne Ojona war bereits verschwunden.

Langsam fuhr ich durch schwach beleuchtete Straßen, über den verlassenen Suchbaatarplatz. Ich sah schlecht, da die Scheiben durch meinen Atem beschlugen. Ein Lada mit Blaulicht überholte, bremste und zwang mich zu stoppen. Polizei klopfte ans Fenster. Ich mußte aussteigen, meine Papiere zeigen. Angestrengt hielt ich den Atem an, um meine Whiskeyfahne zu verbergen. Die Männer bedeuteten mir, ich solle ihrem Wagen folgen.

Wir parkten vor dem Polizeirevier. Aus einer unbestimmten Ahnung heraus hoffte ich, hier auch Ronald zu finden. Im Büro saß ein weiterer Polizist. Er lehnte in einem abgewetzten Ledersessel, die Füße lagen auf dem leeren Schreibtisch. Aus dem Radio dudelte leise Musik. Plötzlich sprang der Ordnungshüter aus dem Sessel, als hätte ihn ein Stromschlag getroffen. Er holte vom Aktenschrank ein längliches Gerät herunter, das einer breiten Kinderflöte ähnelte, und drückte einen Knopf, bis es piepte.

»Pusten!« befahl der Uniformierte in barschem Ton und reichte mir den Apparat. Beunruhigt setzte ich den Tubus an die Lippen, verharrte. Der Poli-

zist schaute mich bedrohlich an. Ich nahm das Ding vom Mund und fragte:
»Kennen Sie einen Ronald Prokein?« Ungeduldig zeigte er aufs Gerät. Ich gab
nach und blies hinein. Die Digitalanzeige flackerte zwischen »0,7« und »0,8«,
ein Wert, den ich angesichts meines nächtlichen Alkoholkonsums als erstaunlich gering einstufte. Der Polizist riß mir das Gerät aus den Händen und zeigte
triumphierend auf das Display, welches sich mittlerweile für »0,7« entschie-
den hatte.

»Da, wo ich herkomme«, versuchte ich mich herauszureden, »sind nullkom-
masieben nicht strafbar. Hier etwa?«

Der Diensthabende schien überrascht, legte sein Gesicht in Falten, grübelte offenbar. Dann schaltete er das Gerät aus und fluchte leise so etwas wie:
»Beim nächsten Mal bist du dran, Bürschchen!«

Ich fragte ihn noch einmal wegen Ronald. Diesmal antwortete er: »In der
Zelle. Holen Sie ihn um acht Uhr ab.« Ich atmete auf und verließ den Raum.

Müde und ausgelaugt fuhr ich zu Herberts Wohnung. Es waren noch drei
Stunden bis zu Ronalds Entlassung. Vor dem Haus führte ich Gina aus. Plötzlich begann sie zu bellen. Ich drehte mich um und erblickte Ojona. Wie sie
mich gefunden hatte, erahnte ich. Schließlich kannte sie Herbert.

Beim Betreten seiner Wohnung stolperten wir über Frauenstiefel und rissen
einen Mantel zu Boden. Herbert hatte Besuch. Aus einem der Schlafzimmer
drang Keuchen und Stöhnen. Wir erreichten ein Bett. Auf dem Kissen lag
ein Kondom ...

Kurz vor acht klingelte der Wecker und holte mich in die Wirklichkeit zurück.
Ojona schlief noch. Als sie erwachte, sah sie mich verträumt an. Ich wußte
nichts zu sagen, lag nur da, hätte sie gern umarmt. Sie zog sich an, kämmte
ihr langes, glattes Haar. Dann der Abschiedskuß, der süßer als vor ein paar
Stunden schmeckte. Sie ging ohne ein Wort, ohne Geld zu verlangen, und als
sie fort war, preßte ich mein Gesicht in das Kissen mit dem Duft von ihr ...

Die Wärterin schloß die Zelle auf und legte mir Handschellen an. Polizisten
zerrten mich durch den Flur ins Freie. Der Morgen dämmerte. Man sperrte
mich in einen russischen Transporter. Der Motor heulte auf. Blaulicht zuckte
über die Gefängnismauern. Der Wagen rollte vom Hof. Durch die vergitter-
ten Glasscheiben sah ich den Suchbaatarplatz, auf dem wir vor zwei Jahren
als Ehrengäste der Stadt die Hand des Kulturministers geschüttelt hatten.

Wir bogen in eine Einfahrt, erreichten ein flaches Gebäude, das mir wohl-
bekannt war. Es war das Polizeipräsidium, von dem aus wir einst von einer
Blaulichteskorte aus der Stadt geleitet wurden. Nun fühlte ich mich wie ein
Schwerverbrecher. Ein Polizist riß die Wagentür auf, ich sollte aussteigen. Die
aufgehende Sonne blendete mich. Schützend hielt ich die Hand vor Augen.
Als ich in den Schatten trat, durchzuckte mich eine unglaubliche Freude: Da
stand Markus. Schon kam mir Gina entgegengesprungen, und ich schnup-

perte ihr Fell, als lägen Rosenblätter darauf. Mein Alptraum schien vorbei zu sein. Was ich verbrochen hatte, wußte ich jedoch noch immer nicht.

Ich hörte mich hell auflachen, als Markus mir erzählte, daß ich »nur« betrunken hatte Auto fahren wollen. Was für eine Erleichterung, nachdem ich mit meinem normalen Leben schon fast abgeschlossen hatte.

Man schickte uns in einen Warteraum, von dessen Wänden der Putz brökkelte. Entlang der Decke führte ein rostiges Heizungsrohr. Einige Mongolen, unrasiert, ungekämmt und zigaretterauchend, tuschelten miteinander und zeigten auf uns.

Wir wurden aufgerufen. Ein hektischer, spindeldünner Polizist führte uns durch einen langen Flur. An den Wänden kündeten helle Flecke von abgenommenen Bildern. Ich erinnerte mich an die Portraits mongolischer Staatsoberhäupter, die dort einst gehangen hatten, und es schien, daß es auch hier leichter war, die Vergangenheit aus dem Weg zu räumen, als sich mit ihr auseinanderzusetzen.

Der Uniformierte sprach zu unserer Überraschung fließend Deutsch. Er führte uns in das Büro des Polizeipräsidenten, schloß dann die Tür und bewachte sie. Während der Chef mit einer Hand in einem abgegriffenen Hefter blätterte, strich er mit der anderen über sein lichtes Haupt. Er bot uns zwei Stühle vor seinem Schreibtisch an.

Als wir saßen, beobachteten wir den Schnee, der an unseren Schuhsohlen taute. Wir konnten dem Präsidenten, der uns einst auf die Schultern geklopft und Glück für die Weiterfahrt mit den Bikes gewünscht hatte, nicht in die Augen sehen. Er schloß den Hefter und räusperte sich. Die Staatsflagge vor ihm unterstrich seine Wichtigkeit. Er rief mich auf, sah mich nicken und hielt einen Vortrag auf mongolisch. Der Polizist an der Tür übersetzte: Ich sei eine Schande für mein Land, und dreihundert Dollar Strafe, die das Gesetz vorschrieb, seien in meinem Fall eigentlich zu wenig. Ich erschrak, obwohl dies weitaus besser war als das, was ich noch vor Stunden befürchtet hatte.

Plötzlich begann Markus zu schwindeln, ich hätte zum ersten Mal Alkohol angerührt und unser Auto nur umparken wollen. Dann stand er auf und legte dem Präsidenten unsere Allzweckwaffe, den Bürgermeisterbrief sowie unser Buch über die Weltumradlung vor; in einer Art, als wäre Markus mein Anwalt. Eine zurückliegende Begebenheit kam mir in den Sinn ... Wieder sah ich mich im Gerichtssaal sitzen, hörte den Staatsanwalt, der mir vorwarf, ein Auto gerammt und Fahrerflucht begangen zu haben. Ich hatte mit meinem Volvo beim Einparken die Blinkleuchte eines anderen Wagens beschädigt und mich davongemacht. Statt es zuzugeben, log ich, sagte, ich wüßte von nichts. Man triezte mich mit Beweisen, ich verfing mich in Ausreden ...

Ich stand auf und entschuldigte mich beim Präsidenten für meine Trunkenheit. Er blätterte derweil in unserem Buch, fand ein Foto vom Suchbaatarplatz und lachte auf. Dann übersetzte ihm sein Kollege das Schreiben über unsere Reise und Anita. Der Präsident äußerte sich, und der sprachgewandte Mitarbeiter teilte uns mit, sein Vorgesetzter wolle mir noch eine Chance geben. Überglücklich reichten wir dem Befehlsgeber die Hände. Er schüttelte sie ausgiebig, und wir kamen aus dem Lächeln nicht mehr heraus. Wieder auf dem Flur, wurde uns bewußt, wie makaber diese Reise geworden war. Vor allem mit Anitas Krankheit hatten wir meine Schandtat ausgebügelt – wieder einmal. Das Lachen gefror uns im Gesicht.

6

Auf der Treppe zu Herberts Wohnung kam uns eine junge Frau entgegen. Sie hatte den Mantel über die Schulter geworfen, knöpfte im Gehen ihre grünliche Bluse zu und eilte an uns vorbei. Herbert lehnte mit kleinen Augen und roter Nase am Türrahmen.

»Das war Miss Mongolia«, sagte er, süffisant lächelnd. »Und wie war deine Nacht, Markus?«

»Wunderbar«, antwortete ich und konnte mir nicht verkneifen, ihm zu erzählen, daß Ojona bei mir eine kostenlose Ausnahme gemacht hatte. Herbert lächelte nicht mehr. Wortlos ließ er uns ein.

Wir verbrachten den restlichen Tag bei ihm, faulenzten und riefen zwischendurch den chinesischen Konsul an, der – wir hatten es beinahe erwartet – wieder keine Neuigkeiten für uns hatte.

Seit neun Tagen waren wir in dieser Stadt. Ein Ende war nicht abzusehen. Erst recht nicht von dieser Reise, die mehr und mehr aus dem Ruder lief. Wir verloren Geld, Vertrauen, ja, fast den Glauben an uns selbst. Und wenn nicht ein Wunder geschah, waren wir daheim bald unsere Wohnungen los, denn die Mieten blieben unbezahlt. Was für eine miserable Planung! Wir beschlossen, nur noch einen Tag abzuwarten.

An diesem Nachmittag benahm sich Herbert seltsam. Er trank ausgiebiger als zuletzt und schwieg, obwohl der Whiskey ihn sonst sehr gesprächig gemacht hatte. Der Mann saß versunken im Sessel, hielt sein stets gefülltes Glas fest und schien am Fernseher, in dem die Oscarverleihung lief, vorbeizustarren.

Abends ging ich zur Toilette. Im Flur holte mich Herbert ein und faßte meine Schulter. Er packte kräftig zu und drehte mich um.

»Bilde dir nichts ein!« zischelte er. Seine Augen waren glasig, seine Lippen trotzig nach vorn geschoben. »Ich bumse nicht nur für Geld.« Er rüttelte mich durch. »Die Mädels mögen mich, klar?« Ich wußte nichts zu erwidern, nickte nur, sehnte mich nach dem rettenden Klobecken.

»Was soll's«, sagte er, ließ von mir ab und lachte wie ein absaufender Motor. »Weiber muß man kaufen.« Er strich seine grauen, verschwitzten Haarsträhnen aus der Stirn, zog seine buschigen Brauen hoch und bohrte mir einen Zeigefinger in die Brust. Als der wie abgestorben hinabsank, schloß Herbert leise: »Scheiße, ihr seid so jung.« Dann drehte er sich um und torkelte ins Wohnzimmer zurück.

Während ich pinkelte, betrachtete ich mich im Spiegelschrank. Ich sah etwas aufgedunsen aus, doch ich war noch jung, da hatte Herbert recht, ich hatte die Chance, mir eine Zukunft aufzubauen. Vor einigen Jahren hatte ich ein Physikstudium begonnen und es wieder aufgegeben. Ich hatte mir weisgemacht, es gäbe für mich zu viele Möglichkeiten, hatte mich ausprobieren wollen und in Wirklichkeit Angst vor dem Alltag. Mein Vater hatte ihn durchgestanden, bis er starb. Er war Schlosser gewesen. Und ich? Fuhr mit dem Fahrrad um die Welt, fuhr dem Alltag davon.

Doch in diesem Moment vor dem Spiegel begriff ich: genau dieser Alltag fehlte mir. Denn die Gewohnheit bot erst die Voraussetzung für etwas Besonderes. Nun aber war das eigentlich Besondere – diese Fahrt nach Brunei – Alltag. Ich versuchte zu verstehen, warum ich in Ulan-Bator und nicht zu Hause war. Das einzige, was mir einfiel, war, daß ich zu feige für ein Allerweltsleben war. Die letzten Wochen waren sehr abenteuerlich gewesen, doch brüsten konnte ich mich damit nicht: ein Unfall, getötete Welpen. Und nun saßen wir einem Fremden auf der Tasche und warteten auf die chinesischen Visa wie zwei Erstkläßler auf den Nikolaus. Was machten wir da nur?

7

Am folgenden Tag suchten wir den Konsul auf. Als er uns sah, lächelte er. Uns schien eine gute Nachricht zu erwarten.

»Wie ich bereits sagte«, begann er mit seiner Fistelstimme. »Zeit, nach Hause zu fahren.« Er wedelte mit einem beschrifteten Faxpapier. Wir hielten seine Worte zunächst für einen Witz, bis wir begriffen, daß er es ernst meinte.

»Sie hätten Ihre Reise besser vorbereiten müssen«, schloß er und wandte sich anderer Arbeit zu.

Wir wollten ins Auto steigen, zurück nach Rostock fahren. Das war's. Wirklich? Wir sanken auf die hölzernen Stühle im Konsulatsflur, fühlten uns leer, dachten dann an Anita und unser Versprechen, ihr einen Frosch mitzubringen. Wie konnten wir ohne ihn heimkehren?

Später, im Auto, blätterten wir in unserem Taschenatlas. Uns kam eine irrsinnige Idee: Wir beschlossen, China zu umfahren.

8

Noch in derselben Nacht brachen wir auf. Herbert schien erfreut. Nun war er wieder der jüngste Mann in seiner Wohnung.

Wir planten, die Gobi westwärts zu durchqueren und durch Kasachstan,

Kirgisien, Tadschikistan, Afghanistan und Pakistan bis nach Südindien vorzustoßen. Von dort aus schwebte uns vor, mit Schiffen Indonesien, Malaysia und letztlich Brunei zu erreichen. Rebellenkämpfe in Afghanistan? Wir schoben den Gedanken beiseite. Das einzige, worauf wir uns in diesem Moment verließen, war unser Glück.

Noch einmal führten wir Gina vor Herberts Haus aus. Eine Tür knarrte, aus einem dunklen Flur trat ein Mann heraus und kam auf uns zu, scheinbar unbeeindruckt von der Hündin, die an der Leine riß und bellte, daß es von den Häuserwänden zurückhallte. Der Fremde zeigte auf unseren zerbeulten, schmutzigen Wagen.

»Zweitausend Dollar?« Umnebelt von weißem Atem stand der Mann unter der Straßenlaterne und zündete sich eine Zigarette an. Sein Angebot war verlockend. Doch wie weiter ohne Auto? In Zügen? Mit Hund und all dem Gepäck? In diesem Augenblick schien uns das äußerst abwegig. Wochen und Monate später, als wir uns wie Landstreicher durch die asiatischen Staaten schlugen, hätten wir der Offerte des Mannes liebend gern zugestimmt. Nun aber lehnten wir ab und stapelten das Gepäck in den Kofferraum. Der Fremde verschwand wieder im Hausflur.

Dunkler konnte die Nacht nicht sein. Kein Mond, keine Sterne. Nirgends ein Licht. Wir schwiegen und fühlten uns so einsam, als wären wir nicht zusammen, sondern jeder für sich allein unterwegs.

Nach vier Stunden Fahrt tauschten wir die Plätze. Ronald nickte ein. Es hatte zu schneien begonnen. Nach kurzer Zeit nahmen der Flockenfall und der Wind beängstigend zu. Sturm lebte auf, riß am Wagen. Die Sicht verschlechterte sich, bald sah ich vor mir nur noch einen weißen, wild tobenden Schleier. Die Straße war verschwunden, wir hätten ebensogut über den Steppenboden rollen und uns heillos verirren können.

Ich stoppte den Wagen. Mein Herz pochte. Der Sturm heulte durch die Fensterspalte. Das Auto schaukelte bedrohlich. Ronald schreckte auf, sah sich entgeistert um.

Der Sturm wurde zum Orkan, ließ die Scheiben knacken. Wir fühlten uns wie auf einem fremden Planeten. Schnee drang durch die beschädigten Türen ins Wageninnere. Gina begann zu jaulen, sich im Kreis zu drehen, offenbar in Erwartung, »Gassi« geführt zu werden.

›Pinkel doch ins Auto‹, dachte ich angesichts des Unwetters da draußen, obgleich ich wußte, daß Schäferhunde dies nicht tun. War das Auto doch so etwas wie Ginas Hütte, ihr Heim, ihr Nest. Als sie jedoch lauter fiepte, ging es uns ans Herz, und wir beschlossen, ihr zu helfen. Der Auserwählte war ich, denn ich war schwerer als Ronald, würde dem Sturm besser trotzen können.

Ich nahm die Leine, verband Gina mit meinem Handgelenk und entriegelte die Tür, die der Sturm mir sogleich aus der Hand riß. Gina sprang über meinen Schoß, hinaus in die Eiseskälte, zog mich mit sich. Ich verlor das

Gleichgewicht, stürzte, steckte plötzlich bis zur Brust im Schnee. Der Orkan fauchte mich an, vereiste mein Gesicht. Wo war das Auto? Wo Gina? Ich wollte schreien, da erfühlte ich das Seil.

Gina und Markus waren verschwunden. Erst fluchte ich über die offengelassene Tür, dann, mit der Zeit, wurde ich unruhig. Solange konnte das doch nicht dauern! Ich kroch geduckt aus dem Wagen, um nicht zum Flugdrachen zu werden, tastete mich zur Motorhaube, sah nichts, rief nach den beiden. Der Sturm erstickte meine Stimme. Plötzlich wurde mir die Gefahr bewußt, in die wir geraten waren.

Ich fror entsetzlich, mir war, als sinke ich noch tiefer in den Schnee. Umpeitscht von den Naturgewalten zog ich die Leine zu mir – und hatte auf einmal etwas Warmes, Feuchtes am Hals ...

Ich kroch wie blind auf Händen und Füßen ums Auto, geplagt von schrecklichen Visionen. Auf einmal traf mich etwas am Kopf – Ginas Schwanz. Überrascht griff ich in ihr nasses Fell, suchte nach der Leine, hatte sie, hatte gleich darauf Markus, hatte seine Arme in meinen Händen ...

Als wir atemlos im Auto hockten, begriffen wir, wie wichtig einer für den anderen war – auch Gina. Wir waren ein Team, ein Trio (der Welpe zählte ja noch nicht), das sich aufeinander verlassen konnte und mußte. Und dieser Gedanke wärmte uns, während die Wagenheizung unsere Eisbärte tauen ließ.

Der Sturm flaute ab, dann wurde es hell. Im diesigen Sonnenlicht erkannten wir die Asphaltstraße wieder, von der wir einige Meter abgekommen waren. Die Landschaft lag friedlich um uns. Nirgends ein Baum, nicht ein Strauch. Kein Haus, kein Mensch, kein Fahrzeug. Wir starteten den Wagen, und als wir anrollten, brach die Schneewehe, die sich an seiner rechten Seite bis zum Dach aufgetürmt hatte, zusammen.

Bald entdeckten wir eine am Straßenrand liegende Kuh. Wir stoppten. Zunächst glaubten wir, sie sei tot, doch dann sahen wir, wie sich, ganz leicht, ihre Ohren bewegten. Ihr Körper war blutverkrustet, die tiefen Augenhöhlen waren leer. Wir schwiegen, dachten daran, was vielleicht geschehen wäre, wenn wir in der Nacht den Weg verloren hätten.

Wir erreichten die Ausläufer des Altaigebirges, näherten uns großen Felsen, die Eisbergen glichen. Der Motor heulte, der Wagen kämpfte sich den schneeverwehten Paß hinauf. Die Sommerreifen versuchten, im tiefer werdenden Schnee zu greifen und dann, auf knapp z w e i t a u s e n d Meter Höhe, blieben wir stecken, kamen weder vor noch zurück. Wir stiegen aus, probierten, die Räder freizuschaufeln. Bald aber erschlafften unsere Bewegungen, denn wir begriffen, wie unüberlegt wir handelten. Selbst wenn wir die Paßstraße überwinden und die kasachische Grenze erreichen würden, fehlten uns für die folgenden Länder sämtliche Visa. Von afghanischen Rebellen ganz zu schweigen. Uns wurde bewußt: Wir müssen umkehren! Wir waren verärgert über uns selbst. In Ulan-Bator hatten wir geglaubt, irgendwie würde es schon weitergehen. Nun gestanden wir uns ein, uns wieder einmal geirrt zu haben.

9

Die mongolische Hauptstadt hatte uns wieder. Mit einem neuen Plan: Nach dem kläglichen Versuch, uns gen Westen durchzuschlagen, sprach für den Moment nichts dagegen, es ostwärts zu versuchen.

Wir wollten mit dem Auto nach Wladiwostok fahren, dort auf einem Schiff nach Japan anheuern und auf gleiche Weise über Malaysia Brunei erreichen. »Scheitern wir, haben wir es wenigstens versucht«, ermutigten wir uns.

Wir organisierten die Visa für Rußland erstaunlich schnell, sollten sie schon am nächsten Tag, wenn das Konsulat öffnete, abholen. Wir verschonten Herbert von unserem Besuch und verbrachten die Nacht im »Chamäleon«, saßen nüchtern und mit jeder verstrichenen Stunde müder am Tresen. Es war fünf Uhr morgens. Die Besucher waren noch voller Energie, tanzten, tranken und schwatzten in größeren Gruppen. Nur ein paar Männer hatten nicht kapituliert und schliefen an einem der Tische ihren Rausch aus. Neben ihren Köpfen drängten sich geleerte Biergläser. Im Eingang erschienen fünf junge Frauen. Vier in »Arbeitskleidung«, eine in langen Jeans und weitem Pullover. Dies war – Ojona. Wie schnell ich wieder munter war! Ich sah sie auf mich zukommen, spürte ihre Umarmung, fest und lang, sog den Duft ihrer Haut ein.

»Ein schönes Liebespaar«, sagte eine der Begleiterinnen in gebrochenem Deutsch und lachte auf. Sie hatte langes, schwarzes Haar, und ihr Dekolleté ließ tief blicken. Ojona löste sich von mir, sah verschämt zu Boden.

»Nur weiter, los, los«, spottete die Wortführerin erbost. »Sie arbeitet nicht, redet von dir. Keine Kunden, kein Geld. Und diese Kleidung.« Sie zog an Ojonas Pullover und schüttelte den Kopf.

»Ist auch besser, wenn sie was anderes macht«, entgegnete ich und lächelte Ojona an, geschmeichelt von ihrer Zuneigung.

»Und wer versorgt ihre Familie? Du?« konterte die Erzürnte, hob ihre Stupsnase und schaute mich abfällig an.

»Es gibt bessere Arbeit«, behauptete ich, ohne die Naivität in meinen Worten zu bemerken. Die Schwarzhaarige schaute mich länger als normal an, schloß dann: »Schluß jetzt!« und zerrte Ojona mit sich zum Ausgang. Die drei anderen folgten den beiden mit schnellen Schritten. Ich wollte Ojona etwas nachrufen, ihr hinterherlaufen. Doch selbst, als sie sich noch einmal umdrehte, saß ich stumm und wie versteinert auf dem Hocker.

Dann war sie mit ihren Kolleginnen verschwunden, und mir blieb nichts als ein bitteres Gefühl des Abschieds.

Der April hatte begonnen. Wir standen wieder auf dem Grenzbahnhof und warteten auf einen Waggon für unser Auto. Aus Langeweile blätterten wir in unseren Ausweisen und erschraken: Die mongolischen Visa waren seit zwei Tagen abgelaufen, verhießen neues Ungemach. Wir kramten nach einem Stift, hatten eine Idee. Seine Farbe mußte der gleichen, die der Konsul aus Irkutsk für den Eintrag benutzt hatte. Die Suche war erfolgreich, wir machten uns ans Werk. Dort, wo die Anzahl der Aufenthaltstage ausgewiesen war, stand eine »6«. Kurzerhand schrieben wir eine »1« davor. Unsere Benefiztour begann, kriminell zu werden.

RUSSLAND II

1

Längst hatten wir die Grenze passiert und waren über eintausend Kilometer in den tiefen Schlund des russischen Ostens vorgedrungen. Es begann zu tauen, und der weichende Schnee legte gelbliches Steppengras frei.

Der heimische Proviant war verzehrt. Da es in unseren Portemonnaies sehr übersichtlich aussah, besorgten wir uns das Billigste, was es zu kaufen gab: Kekse und Fruchtbrause.

Je östlicher wir kamen, desto schlechter wurde der Verkehrsweg. Immer öfter ging die Asphaltstraße in eine holprige Piste über. Plötzlich endete auch diese, und wir standen vor einem Bahnhof in Tschernyschewsk. Man sagte uns, nur ein Zug könne uns samt Auto weiterbringen. Siebenhundert Kilometer für umgerechnet siebenhundert Mark. Wir besaßen nur noch zweihundert, und die Kassiererin stimmte auch der Bürgermeisterbrief nicht um.

Wieder sahen wir uns nach Hause fahren, zurück ins geborgene Nest. Diese Vorstellung war uns näher als je zuvor. Doch daheim würde man uns sicher fragen: ›Warum seid ihr umgekehrt?‹ Wir müßten antworten: ›Wir hatten nicht genug Geld.‹ Und man würde sagen: ›Ihr hättet besser planen müssen.‹ Und was erzählten wir Anita: ›Tut uns leid, Kleines, wir haben uns verschätzt?‹ Mit diesen Gedanken standen wir frierend vor dem gelbgetünchten Bahnhofsgebäude. Stürmischer Wind fegte über die Gleise. Es war wieder kälter geworden.

Zwei Fernfahrer verdrahteten ihren KAMAS-Laster auf einem langen Waggon, der noch viel Platz bot. Wir baten die Männer um Hilfe. Wenn's denn wirklich an der Zeit war umzukehren, wollten wir bis dahin alles versucht haben. Der eine von ihnen hatte struppiges, blondes Haar, das aussah, als hätte ihm jemand einen Topf mit Nudeln über den Kopf gestülpt. Der Bursche war kleiner und flinker als sein vollbärtiger Kollege, welcher sich wie eine Marionette bewegte. Als uns die Männer kommen sahen, drehten sie uns die Rücken zu. Wir tippten den Blonden an. Mürrisch wandte er sich um und wunderte sich, daß wir ihm einen Brief unter die Nase hielten. Ohne ihn gelesen zu haben, winkte er mit dem Montiereisen ab. Sein Kompagnon reagierte erst gar nicht. Wir appellierten an ihre Herzen, versicherten, Anita von ihnen zu erzählen, sagten, sie seien unsere letzte Chance. Nun drehte sich auch der Vollbärtige zu uns. Das wäre ja schön und gut, meinten sie, aber sie müßten den Rest des Waggons vermieten. Sie kämen aus Jakutsk. Und gerade dort schenke Rußland den Menschen nichts.

Während wir nach einer Lösung sannen, bewunderten sie unsere Hündin. Das brachte uns auf eine Idee: Vielleicht interessierte die Männer ja Ginas Nachwuchs. Erwartungsvoll hielten wir ihnen den Welpen entgegen. Er, der sonst so still war, quiekte herzzerreißend, denn er fror. Flugs wickelten wir ihn in eine unserer Jacken. Der Vollbärtige riß Mund und Augen auf, der Blonde stand glückselig daneben, als hätte er sein Leben lang auf dieses Tier gewartet. Er ragte dem großgewachsenen Bärtigen nur bis zur Schulter und sah im Vergleich zu ihm wie ein Kind aus. Sie schauten uns verwirrt an, schließlich begriffen sie.

»Dawai«, sagte der Blonde feierlich. Sein Kumpel lachte verschmitzt und nickte. Wir konnten unser Glück kaum fassen. Während wir jubelten, zerbiß Gina verzweifelt die Sitzbezüge im Auto.

Kurz bevor wir den Waggon befahren durften, verhandelten die beiden Männer mit dem Besitzer eines Ladas. Lässig, ohne viele Worte, bezahlte der gut Vierzigjährige seinen Stellplatz in bar. Auch dieser Mann – er war schnauzbärtig, etwa vierzig Jahre alt und schaute grimmig drein – besaß einen Schäferhund, der den Eindruck machte, als erfreue ihn jedes Kommando seines Herrchens.

Nachdem der Lada auf der Plattform stand, kamen wir an die Reihe. Arbeiter in schwarzen, durchlöcherten Pullovern gingen zu unserem Fahrzeug. Ohne Aufforderung fädelten sie die schwer biegsamen Drähte mit bloßen Händen durch die schmutzigen Felgen unseres Autos. Diese verbanden sie – wie der Großvater an der mongolisch-russischen Grenze – mit dem Waggon und verflochten sie mit einem Montiereisen, damit sich die Drähte strafften. Zuletzt nagelten sie je eine Holzbohle vor die Reifen.

Nach getaner Arbeit verlangten sie 24 0000 Rubel, also 60 Mark. Da wir das Geld, was wir noch hatten, für Kraftstoff brauchten, baten wir erneut die Fernfahrer um Hilfe. Mürrisch zahlten sie die Arbeiter aus. Um uns erkenntlich zu zeigen, gaben wir den LKW-Lenkern unsere regendichte und selbst für Regionen wie Jakutsk geeignete Fahrradbekleidung, die einst 2 000 Mark gekostet hatte.

Der Güterzug maß fast einen Kilometer. Die letzten fünf Meter gehörten uns. Die Signallampe wechselte von gelb auf grün. Ein Ächzen war zu hören. Markus schwatzte mit dem blonden Fernfahrer, ich pinkelte vom Waggonende auf die Schienen. Wir befanden uns weitab vom Bahnhofsgebäude, so daß ich relativ unbemerkt blieb. Plötzlich ging ein überaus starker Ruck durch den Zug. Ich taumelte, hielt mich beidhändig, um nicht auf den Schienen zu landen, an der Heckklappe des Toyota fest. Wie ein Betrunkener hing ich da, während sich die Waggons äußerst widerspenstig in Bewegung setzten. Mein Hosenbund rutschte auf die Füße. So hangelte ich mich bis zur Fahrertür, wo ich die Jeans endlich hochziehen konnte. Die Fernfahrer und Markus feixten. Ein peinliches Erlebnis.

Ronald und ich saßen im Auto. Unsere Freude über das Vorankommen überschattete ein durch und durch schlechtes Gewissen. Gina jaulte unentwegt, kratzte an der Tür, witterte offenbar ihr Junges, das nur fünf Meter von uns entfernt im Führerhaus des KAMAS lag. Wir versuchten, sie zu trösten, doch war dies, so mußten wir uns eingestehen, sehr heuchlerisch. Ich sah in ihre traurig wirkenden Augen. Warum mußte ich in diesem Augenblick an jene Frau denken? Auch sie hatte einst ihren Sohn verloren – mich ... Damals, in meiner kleinen kindlichen Welt, hatten nur Vater und Großmutter jenen Platz eingenommen, um den sich mein junges Leben drehte, der nicht herausschneidbar ist aus den Erinnerungen, ohne daß ein großes Loch entstünde.

Meine Mutter, die bei uns wohnte, kreiste dagegen wie ein ferner Satellit um uns, hinterließ kaum Spuren. Vater, Mutter und ich waren gemeinsam im Urlaub gewesen, hatten Ausflüge an die See oder »in die Pilze« unternommen. Dennoch blieb mir die Frau an Vaters Seite fremd. Und die Jahre, in denen sie bei uns war, änderten nichts daran. Warum? Wieso war Großmutter mir nah und sie fern? Lag es an Omas leckerem Topfkuchen, daran, daß sie abends an meinem Bett saß und mir meine Lieblingsmärchen erzählte, und wenn ich krank war, sie über mich wachte und mir liebevoll über die erhitzte Stirn strich? Waren es ihr runder Bauch, ihre starken Arme, in die ich floh, wenn mich die anderen Kinder vom Spielplatz scheuchten, weil ich ihnen zu fett war? Großmutter und Vater verachteten meine Mutter. Auch das ist mir ein Rätsel geblieben. Und als beide starben, starb auch die Antwort darauf.

Meine Eltern trennten sich, als ich acht Jahre war. Und ich, ich trauerte nicht, nein, ich freute mich. Es war, als wäre ein unliebsamer Gast fortgegangen. Nun reisten wir mit Oma in die Ferien. Wie damals höre ich noch den plätschernden Wasserfall im Harz, den Kuckucksruf aus dem sonnendurchfluteten Fichtenwald und Großmutters Stimme, die den Kuckuck nachahmte, ihr herzhaftes Lachen. – Ich vergaß die Frau, die mich geboren hatte.

Viele Jahre später, mein Vater lebte nicht mehr, versuchte ich, aus einem unbestimmbaren Gefühl heraus, meine Mutter, jene mir fremde Frau, kennenzulernen. Es schneite. Wir saßen in ihrer Wohnung, hielten uns an Glühweingläsern fest und versuchten, das Schweigen zu brechen.

»Erinnerst du dich an die Schneeballschlacht im Riesengebirge?« fragte sie mich.

»Nein.« Ich zuckte die Achseln, bereute, sie aufgesucht zu haben. Sie versteckte ihr Gesicht hinter einem Taschentuch, ließ es wieder sinken und suchte nach Worten, begann dann zu erzählen, von der Scheidung, dem Gericht, das mich meinem Vater zugesprochen hatte; davon, daß sie wochenlang kaum gegessen, sich betrunken hatte; von ihren Schwestern und Freunden sprach sie, deren Anklagen, weil sie nicht um mich gekämpft hatte. Die Worte der Frau, stockend; ihr Blick, mal durchs Zimmer irrend, mal an mir haftend. Ich saß da, verstand nicht, hatte geglaubt, auch ich bedeutete ihr nichts. »Ihr habt mich nicht verstanden.« Sie weinte wieder. Vor ihr der Glühwein, der erkaltete. Ich spürte ein nicht gekanntes Gefühl für sie in mir aufsteigen. Erst war es Mitleid, doch dann, im Laufe der Monate und Jahre, als wir uns hin und wieder trafen, verwandelte es sich in den Versuch des Verstehens, die Probe, sie einfach in den Arm zu nehmen, die Aufgabe, die Mauer zwischen uns abzutragen.

Nicht mehr und nicht weniger war es, denn uns fehlte die Selbstverständlichkeit, der Instinkt zwischen Mutter und Sohn. Wir beschritten einen Weg, teils holprig wie eine sibirische Piste, doch immerhin einen Weg, den ich nicht für möglich gehalten hatte ... Ich wurde aus meinen Gedanken gerissen, als Gina mich von hinten ansprang. Kurz darauf hatte sie sich wieder beruhigt und schlief ein.

Die Sonne war hinter den Wolken hervorgekommen, und der Schneefall ließ nach. Der Güterzug rollte gleichmäßig über die Schienen. Um uns herum gefrorene Sümpfe. In der Ferne heulten Wölfe. Eine Wiese brannte. Auf dem zugefrorenen Fluß, der uns bereits viele Kilometer begleitete, entdeckten wir breite Reifenspuren. Offenbar nutzte man ihn im Winter als Straße.

Wir dösten vor uns hin, bis uns das Zuschlagen einer Fahrzeugtür aufschauen ließ. Wir sahen, wie der Blondschopf sich an den großen Rückspiegel des Lasters klammerte und dann waghalsig über die schmale Waggonabgrenzung in unsere Richtung balancierte. Als er unser Auto erreicht hatte, trommelte er ungeduldig an unsere Beifahrerscheibe. Markus kurbelte sie herunter.

»Kommt!« nuschelte der Blondschopf mit glasigen Augen. »Wir stoßen auf unsere Freundschaft an.« Der Fahrtwind wehte seine Wodkafahne ins Auto. Wir nickten und folgten ihm zum KAMAS, erstaunt darüber, wie schnell hierzulande Freundschaften geschlossen wurden. Ein weites Territorium und wenig Menschen. Wie sollte man sonst der Einsamkeit begegnen?

»Das ist Viktor«, lautete die Begrüßung des Vollbärtigen. Er zeigte auf den Ladafahrer, der seitwärts rückte, um uns Platz zu machen. Er schien auf uns recht selbstbewußt. Seine Augen zeigten keinerlei Regung. In der Fahrerkabine des Lasters blieb uns die Natur verborgen, denn die Fensterscheiben waren von außen mit Pappe abgedeckt.

»Warum habt ihr das bei eurem Wagen nicht auch gemacht?« maßregelte uns der Ladafahrer und sah uns mit stechendem Blick an. »Wißt ihr denn nicht, daß die Dorfkinder sich langweilen und mit dicken Steinen nach den Zügen werfen?« Wir zuckten die Schultern. Der Mann schüttelte unzufrieden den Kopf. Der Vollbärtige drückte jedem von uns ein gefülltes Wodkaglas in die Hand.

»Auf unsere neue Freundschaft«, tönte er. Auch er hieß Viktor. Sein Kollege, der Blonde, stellte sich uns als Wolodja vor. Die Männer schütteten den Alkohol wie Saft in sich hinein.

Wir nippten wieder einmal mit spitzen Lippen an den Gläsern und ernteten schallendes Gelächter.

»Nicht so«, sagte der Blonde mit einem Kollern in der Stimme und erzählte uns damit nichts Neues. »Bei uns trinkt man alles auf einmal. Egal, wie voll die Gläser sind.« Sein Kopf schwankte wie ein Metronom im Gleichklang mit den Schienenstößen.

Die Fernfahrer betätigten übermütig die Hupe. Markus und ich streichelten das Junge von Gina, das die Männer in einen Mantel gehüllt hatten. Es gähnte uns an. Wir füllten eine Schale mit Milch und hielten sie unter die kleine, schwarze Schnauze. Der Vollbärtige zog eine der Jacken über, die er und Wolodja vorhin von uns eingetauscht hatten.

»Die steht mir doch gut, oder?« fragte er uns und nickte sich selbst im Spiegel zu. Dann leerte er wieder ein Glas Wodka und stopfte sich anschließend ein Stück Weizenbrot in den Mund.

»Zum Aufsaugen«, versuchte er mit vollen Wangen zu erklären.

»Wer hat bei euch das Kommando?« warf Viktor, der Ladafahrer, unerwartet ein und musterte uns prüfend.

»Beide«, antwortete ich überrascht. Ihn schien das nicht zu beeindrucken. Sein Blick lastete wie ein Zementsack auf uns.

»Wir zwei sind auch die besten Freunde«, funkte Wolodja dazwischen und warf einen Arm um den Bärtigen. Der grinste zustimmend und begann zu plaudern: »Wir fahren seit Jahren die Strecke Minsk - Jakutsk. Sie ist unser Leben.« Die beiden transportierten Felgen. Hatten sie die in Jakutsk, ihrer Heimatstadt, abgeliefert, holten sie die nächsten. Ihre Familien sähen sie nur alle vierzehn Tage. Auf so einer langen Strecke, meinte der Bärtige weiter, wachse man zusammen. Und das Heimweh bekämpfe man mit Wodka.

»Am besten geht das auf dieser Zugfahrt«, betonte der kräftige Mann und nahm seinen Kompagnon freundschaftlich in den Schwitzkasten.

Langsam rumpelte der Zug durch die Dämmerung. Der Bärtige goß die letzten Tropfen Wodka in sein Glas. Dann warf er die zwei geleerten Flaschen auf den Fußboden. Viktor, von dem wir bisher nur wenig gehört hatten, verriet uns mit einem halbvollen Glas in der Hand, daß sein Hund Wanda sein bester Freund sei. Dieser begleite ihn, wo er auch hinfahre. Zu Hause in Tynda – bei Jakutsk – besitze der Mann eine kleine Kfz-Werkstatt. Doch gäbe es fast keine Materialien. Er müsse sie deshalb aus Irkutsk und Nowosibirsk herbeischaffen. Weiter erzählte er von seinem Sohn, dem er zum nächsten

Geburtstag ebenjenen Lada schenken wolle.

»Ich träume von einem Mercedeslaster«, lallte der Bärtige, etwas melancholisch, dazwischen. »Wieviel kostet denn so einer bei euch?« Seine halboffenen Augen sahen uns erwartungsvoll an. Markus nannte ihm eine sechsstellige Zahl, woraufhin sich der Mann fassungslos an die Stirn griff.

»Hast du das gehört, Wolodja?« Doch der schnarchte schon seit einer Weile vor sich hin.

»Hc, wach auf!« Der Bärtige packte seinen Kollegen derb an der abgewetzten Lederjacke und schüttelte ihn kräftig durch. Wie vom Blitz getroffen fuhr dieser hoch, griff dem Bärtigen zu dessen Überraschung an die Kehle und drückte zu. Dieser riß seine geröteten Augen auf und schlug seinem Freund wütend die Faust ins Gesicht. Daraufhin droschen sie wild aufeinander ein. Als wir dazwischen gehen wollten, hielt uns der Ladafahrer zurück.

»Laßt sie«, sagte er, so ruhig wie vor der Prügelei. »Sie haben zuviel getrunken. Das ist Rußland. Mit Alkohol im Blut werden Freunde oft zu Feinden. Sie liefern sich dann Rangkämpfe. Wie Wölfe.« Fragend schauten wir zu Viktor. Er verzog keine Miene, zuckte nur die Schultern, und als der Zug kurz darauf in einen schwach beleuchteten Bahnhof einfuhr, zog er uns an den Ärmeln aus dem Fahrerhaus.

Es war Nacht geworden. Nur der Halbmond und die Positionslichter des LKW sandten schwaches Licht aus. Wir fragten uns, ob sich die Fernfahrer wieder beruhigt hatten.

Ab und zu ließen wir den Motor unseres Wagens laufen und genossen die warme Luft aus den Heizungsschlitzen. Wenn sie uns entgegenströmte und wir auf die Anzeige unseres Thermometers blickten, das für draußen eine Temperatur von minus 22 Grad auswies, waren wir glücklich, nicht hinaus in die nächtliche Kälte zu müssen. Nur für Gina verließ einer von uns den Wagen.

Diesmal war ich an der Reihe, sie auszuführen, während Markus im Warmen blieb. Eisiger Wind wehte mir ins Gesicht. Ich tastete mich gebückt und breitbeinig voran, denn oft wanderte ein unerwarteter Ruck durch den Zug. Meine Blicke verloren sich in der Finsternis. Ich stellte mir vor, dort draußen allein zu sein und spürte einen Schauer über meinen Rücken laufen.

Auf einmal brüllte jemand. Erschrocken drehte ich mich zum KAMAS, aus dessen Richtung der Schrei gekommen war. Ich erkannte Wolodja, der an der geöffneten Beifahrertür hing, als wolle er sich hinausstürzen. Sogleich kam der Ladafahrer auf mich zu. Aufgeregt fragte ich ihn, was passiert sei. Auch Markus entstieg dem Auto. Gleichgültig, fast schon genervt, antwortete Viktor, daß der Bärtige beim Pinkeln vom Zug gefallen sei. Wolodja krallte sich noch immer an die Tür und schrie verzweifelt den Namen seines Kollegen in die Nacht.

Ungehalten schritt Viktor zu Wolodja und befahl ihm, auf die Plattform herunterzusteigen. Der tat wie geheißen, dann kamen beide zu uns und sagten kein Wort. Der Mond schien auf die Baumspitzen, die lange Schatten warfen. Hier lebten keine Menschen, nur Wölfe und Bären. Irgendwo da draußen war der Bärtige, während der Zug weiterratterte und wir hilflos herumstanden. Plötzlich hielten wir auf offener Strecke. Wolodja sprang über die Waggonabsperrung und landete neben den Schienen auf den Steinen, die knirschend unter ihm nachgaben. Dann lief er stolpernd an den Wagen entlang. Viktor sah ihm teilnahmslos, fast abwesend nach. Nur sein Atem verriet Leben in ihm. Er wandte sich uns zu, hielt einen Zeigefinger hoch und betonte mit Nachdruck: »Wenn die Miliz euch später fragt, ihr hattet keinen Kontakt zu den beiden«. Dann wies er nach vorn zur Signallampe, die rot leuchtete.

»Wenn Gelb kommt, gebt Bescheid«, sagte er, während er mit seinem Hund vom Waggon sprang. Danach hob der Mann einen kurzen, dicken Ast auf und warf ihn weit von sich. Sofort hechelte der große Wanda hinterher. Kümmerte Viktor der Unfall nicht?

Das Signal zeigte auf »Gelb«. Er aber war mit seinem Hund verschwunden.

»Viktor!« riefen wir mehrmals, so laut wir konnten. Sogleich hörten wir es keuchen.

»Helft mir mit Wanda!« befahl der Mann und hielt uns seinen gehorsamen Begleiter entgegen. Es war nicht einfach zuzupacken, wir konnten vor Kälte kaum unsere Finger bewegen. Die Lokomotive riß an den Waggons. Ein Quietschen hallte durch die Nacht.

»Wo ist Wolodja?« fragte ich Viktor, als er oben bei uns war.

»Ich habe andere Probleme als ihn«, erwiderte er und putzte sich den Rost von der Hose.

»Was soll das heißen?« fragte ich unwirsch und irritiert von seiner unbehaglichen Art, die wie der sibirische Winter war. Viktor sah mich lange an und erwiderte: »Ich habe dank Jelzin meine richtige Arbeit verloren!«

Wir standen uns eine Weile schweigend gegenüber, er ein wenig nickend, wir ein wenig kopfschüttelnd. Dann sagte er: »Ihr wißt noch nichts vom Leben«, wandte sich ab und spielte mit einer Hand an Wandas Ohren.

Wir setzten uns ins Auto. Durch die Frontscheibe beobachtete ich Viktor, der, wie es schien, einer Wolke zuschaute, die sich vor den halbrunden Mond schob. In diesem Moment erinnerte er mich an meine Großmutter. Meine Schwester und ich nannten sie hinter ihrem Rücken »Eisoma« ... Wir waren noch Kinder, als unser Großvater starb. Ich hatte ihn kaum lächeln gesehen und großen Respekt vor ihm gehabt. Meine Mutter hatte mir erzählt, daß er ihren Bruder nach einem Streich bestraft hätte. Und Strafe hieß Prügel. Meine Großmutter hätte ihrem Mann dabei über den Rücken geschaut und beschwichtigend gesagt: »Karl, schlag mir das Kind nicht tot.« Seitdem ich davon wußte, fürchtete ich mich erst recht vor ihm. Als wir eines Tages meine Großmutter besuchten, stand sie an der Badewanne und wusch Bettwäsche.

»Karl ist tot«, sagte sie in einem Ton, als wäre es nicht wahr. Später beobachtete ich sie bei der Beerdigung. Abgeklärt stand sie am Grab, ohne Tränen, ohne Klagen. Fortan lebte sie allein, was sie nicht zu stören schien. Wenn sie zu Besuch kam, wollten meine Schwester und ich sie zur Begrüßung umarmen. Zögerlich, als wäre es ihr eine Last, beugte sie sich zu uns herab.

Eines Tages erfuhr ich von meiner Mutter, warum Oma so war: Karl, dieser ernste, wortkarge Mensch, war ihr zweiter Mann gewesen. Den ersten, ihre große Liebe, hatte sie 1941 geheiratet und schon einige Wochen später, als sie bereits schwanger war, an die Ostfront verabschiedet. Noch vor der Entbindung hatte die Frau erfahren, daß ihr Mann in Rußland gefallen war. Über Nacht soll ihr Haar ergraut sein. Das Leben ist viel zu ungerecht und nicht für Gefühle gemacht, hatte sie manchmal gesagt.

Wieder fuhren wir in einen spärlich beleuchteten Bahnhof ein. Die wenigen Laternen warfen ihr Licht auf lange Schuppen und etliche Weichen, die sich etwas weiter im Dunkel verloren. Über den Bahnsteig wehte zerknülltes Zeitungspapier. Der Zug ächzte beim Bremsen. Drei uniformierte Männer liefen auf unseren Waggon zu und kletterten an ihm hinauf. Viktor war vor ihnen bei uns und flüsterte:»Denkt dran, was ich euch gesagt habe.« Wir nickten.

»Kontrolle!« riefen die Beamten und verteilten sich. Zwei von ihnen wollten unseren Wagen durchsuchen. Wir hatten die Fahrertür schon geöffnet, als Gina wild anschlug. Die Männer schreckten wie vor einem Monster zurück. Wir taten ratlos, als könnten wir die Hündin nicht bändigen. Die Uniformträger winkten verstört ab und gingen zu ihrem Kollegen, der sich den Lada vorgenommen hatte. Kurz darauf sprangen die drei in den Kies hinab und verschwanden zwischen abgestellten Waggons auf dem Nebengleis. Wir fragten Viktor, was das zu bedeuten hatte.

»Die Miliz ist sehr mißtrauisch«, sagte er. »Ein paar Rubel beruhigen sie.«

Am nächsten Morgen flog während der Fahrt ein faustgroßer Stein an das mit Pappe verdeckte Seitenfenster des Lada. Der halbwüchsige Junge, der geworfen hatte, lachte über unsere erhobenen Fäuste und lief ins Dorf zurück. Viktor zeigte auf die Pappe und nickte vielsagend. Wir besahen die Scheiben unseres Wagens, in denen sich die Sonne spiegelte.

›Gut, daß wir den Lada zuerst auf die Plattform gelassen hatten‹, sagten wir uns, als wäre so etwas nur vom Glück abhängig.

Wir waren bereits eineinhalb Tage auf den Schienen unterwegs und hatten knapp siebenhundert Kilometer zurückgelegt. Es dunkelte, als wir in Skoworodino einrollten. Hier begann die Straße nach Wladiwostok.

Als Ginas Fiepen über den Verlust ihres Welpen nachließ, verlor sich auch unser schlechtes Gewissen, und es schien, als ginge im Moment alles recht gut für uns.

Viktor diskutierte mit zwei Gleisarbeitern in ölverschmierten Overalls. Plötzlich fluchte er und verscheuchte die beiden.

»Banditen!« rief er ihnen hinterher und erklärte uns, daß die Burschen das

Abladen extra bezahlt haben wollten. Fast zur selben Zeit stiegen zwei dunkle Gestalten über die Waggonpuffer am Nebengleis. Wir erkannten eine der roten Jacken, die wir den Fernfahrern überlassen hatten. In ihr steckte – wir trauten unseren Augen nicht – der Bärtige. Neben ihm Wolodja. Arm in Arm schritten sie zu unserem Waggon und riefen übermütig, wir sollten schnell herunterkommen.

Das ließen wir uns nicht zweimal sagen. Selbst Viktor stieg hinab und begrüßte die beiden mit einigen Schulterklopfern. Wolodja lächelte vergnügt, der gefallene Bärtige sah gefaßt aus. Da stand er, als wäre er nie fortgewesen. Er hatte ein paar blutige Kratzer im Gesicht, humpelte auch, aber sonst schien er unverletzt.

»Eure Jacke hat mir das Leben gerettet«, verkündete er, hielt uns seine Hand hin und erklärte, daß ihn der Führer des nachfolgenden Zuges nur gesehen hatte, weil ebenjene Jacke das Scheinwerferlicht der Lokomotive reflektiert hatte. Wir waren gerührt, hätten den Kraftprotz am liebsten umarmt. Doch Wolodja war schon fleißig dabei.

»Er lebt!« jubelte er, und im Laternenlicht sahen wir seine feuchten Augen. Die Schlägerei schien vergessen. Überrascht schauten wir dem wortkargen und, wie wir dachten, selbstgefälligen Viktor zu, der zwischen gelblichen Grashalmen und Gleisbettschotter ein Empfangsmahl zubereitete. Er entzündete ein Feuer und kochte in einem zerbeulten Topf Kartoffeln. Dann zerschnitt er Speck und Brot in kleine Teile und legte sie auf ein sauberes Tuch.

»Worauf wartet ihr?« ließ er sich hören. Während wir schmausten, wärmten wir unsere Hände über dem heißen Wasser. In der Ferne pfiff eine Lok. Die Sterne funkelten, und die Nacht war wieder eisig. Was für eine verrückte Zugfahrt!

Früh am Morgen, noch vor Sonnenaufgang, fuhr Ronald den Toyota vom Waggon auf die Straße, parkte das Auto auf dem Bahnsteig und führte dann Gina aus. Viktor und Wolodja lösten derweil die Befestigungsdrähte vom LKW. Auch der Bärtige half humpelnd mit. Ich lag müde im Wagen, steckte im Schlafsack. Durchs Seitenfenster beobachtete ich die Männer bei der Arbeit. Abwechselnd bliesen sie in ihre Hände und zogen am kalten Draht. Ich sah aufs Thermometer, und als ich die zweistellige Gradzahl ablas, rutschte ich nur tiefer in den Daunensack.

›Ich könnte ihnen helfen‹, fiel mir ein. Ich verdrängte den Gedanken. Im Auto war mir wohler. Ich schloß die Augen und hörte von fern Hammerschläge.

Kurz darauf startete ein lauter Motor. Erleichtert äugte ich wieder hinaus: Der LKW fuhr auf die Straße, die Arbeit war beendet. Ronald und Gina ließen beim Einsteigen Eisluft ins Auto.

Wir folgten dem Lada und dem KAMAS bis zur Weggabelung Jakutsk-Wladiwostok. Dort angekommen, verabschiedeten wir uns von den Männern. Ich vermißte etwas von ihrer Freundlichkeit. Ronald klopften sie auf die Schulter, mir nicht. Jetzt, dachte ich, wäre ich gern ausgestiegen, um zu helfen.

Noch waren es fast dreitausend Kilometer bis Wladiwostok – und die hatten es in sich. Die ehemals gefrorenen Sandpisten hatten sich in schwer passierbare Schlammwege verwandelt. Wir beneideten die Insassen der hochachsigen Jeeps und LKWs, für die die Straßen kein Hindernis waren. Steckten wir mit dem Auto im Morast fest, fanden sich stets Helfer ein, die uns mit ihren Fahrzeugen aus dem Schlamm zogen. Beim Anblick unseres zerbeulten Vehikels jedoch, dessen Auspuff am Boden schleifte und dessen Reifen stark abgenutzt waren, wollte das Gelächter der Männer nicht verstummen. Sie dachten gewiß, wir seien verrückt. Ja, wir waren verrückt – und naiv dazu.

Während es tagsüber schon recht warm wurde, war die Morgenluft wie gefroren. Und mit ihr die Zeit. Nur wir schienen uns zu bewegen. Kein Mensch weit und breit, auch nicht auf den Dorfstraßen. Alles war wie von einem eisigen Hauch überzogen. Nur der weiße Rauch, der aus den Schornsteinen quoll, verriet Leben hinter den Holzbalken der bunten Häuser.

Im Laufe des Vormittags veränderte sich das Bild auf den Straßen. Kinder mit abgewetzten Schulranzen, Männer auf Pferdegespannen und Frauen mit Schlitten für den Einkauf waren unterwegs. Mit ihren dicken Fellschapkas und gefütterten Pelzmänteln waren die Menschen kaum voneinander zu unterscheiden.

Auch das Eis auf den Flüssen begann zu tauen. Da es über Sibiriens große Ströme kaum Brücken gab – außer jene für die Eisenbahn –, waren wir um eine Sorge reicher. Noch lagen die Fähren am Ufer vertäut, erst im Mai begann ihre Saison.

So standen wir am westlichen Ufer des Amur, diesem riesigen Strom im Südosten Rußlands, und wußten nicht, wie es weitergehen sollte. Bis uns ein Kraftfahrer anwies, ihm zu folgen. Abermals landeten wir auf einem Bahnhof, wieder rollte unser Auto auf einen Waggon. Dann, nach einigen Stunden, querten wir den Fluß über die Brücke der Transsibirischen Eisenbahn.

Nachdem wir zwischen Chabarowsk und Wladiwostok noch einmal den Tank gefüllt hatten, besaßen wir nur noch viertausend Rubel. Das reichte für zwei Flaschen Brause und ein ungesalzenes Mischbrot. Sozusagen unsere Henkersmahlzeit. Wir beneideten Gina, die sich an ihrem Trockenfutter sattfressen konnte.

Am nächsten Tag erreichten wir Wladiwostok, die Stadt am Goldenen Horn, über die Nikita Chrustschow gesagt hatte, sie sei das San Francisco des Ostens. Uns erschien sie wie ein grauer Moloch. Es nieselte, Nebel umhüllte die Schiffe im Hafen. Die Luft roch nach Algen und Fisch. Nur die vielen weißen Autos auf den Straßen setzten Lichtpunkte. All diese Mazda und Mitsubishi ließen uns von Japan, unserem nächsten Ziel, träumen. Der Lada, Moskwitsch und Wolga hingegen waren wir überdrüssig, und wir wünschten uns sehnlichst, rasch ein Schiff ins Land der aufgehenden Sonne zu finden. Wir fuhren zum Hafen und trafen auf einige Arbeiter, die Rost von einer Bordwand klopften. Ob ihr Schiff demnächst nach Japan auslaufen würde, wollten wir von ihnen wissen. Sie nickten, ohne uns anzusehen. Freudig stiegen wir die wacklige Gangway hinauf.

»Was wollt ihr?« tönte der bärenhaft wirkende Schiffsführer von der Reling zu uns herunter. Wir blieben stehen und riefen unseren Wunsch zu ihm hoch. »Kennt ihr das Gesetz nicht?« fuhr er uns an. »Fremde sind verboten.« Er machte eine abfällige Handbewegung und verscheuchte uns.

Auch bei den übrigen Kapitänen hatten wir kein Glück. Wir waren von Schiff zu Schiff getrottet, und mit jeder Absage wurde unser Gang schwerer, zogen sich unsere Mundwinkel weiter nach unten. Die einzige Möglichkeit, die man uns anbot, um nach Japan zu gelangen, war die Mitfahrt auf einem Kreuzfahrtschiff, für umgerechnet 2 300 Dollar.

›Wir hätten alle Welpen verkaufen sollen‹, schoß es uns durch die Köpfe. Dazu war es zu spät.

Als es Abend wurde und zu regnen anfing, liefen wir mit Gina ziellos an den Kais entlang. Wir traten in ölige Pfützen und sahen hinauf zu den dunklen, felsenartigen Bergen, die die Stadt umgaben und wie Gefängnismauern wirkten.

Wir setzten uns auf eine überdachte Treppe, die zu einem Flachbau gehörte. Die Eingangstür hing lose in den Angeln. Dahinter eine Menge Unrat. Ein grünes Schild, das neben der Tür an einem Nagel hing, verriet, daß dies einst ein Maklerbüro gewesen war. Wir durchstöberten unsere Jackentaschen, hofften, ein wenig Geld zu finden. Statt dessen tauchte Ronalds längst verlorengeglaubte Kreditkarte auf, die durch einen Riß ins Jackenfutter geglitten war. Die »Mastercard« war noch gültig, das dazugehörige Konto aber leider leer.

Dennoch standen wir etwas später vor einer Bankfiliale in der Nähe des Hafens und wollten die Karte benutzen. Wir traten durch die Glastür ins Geldhaus, schritten aufgeregt durch einen Flur, in dem sich ein grüngekleideter Soldat mit einem Maschinengewehr postiert hatte, und standen alsbald vor einem Fenster aus Panzerglas. Die junge Frau dahinter maniküre ihre Fingernägel. Sie schaute auf, lächelte püppchenhaft und erfragte unser Begehr. In der Hoffnung, daß sich Ronalds Kontosaldo noch nicht bis Wladiwostok heumgesprochen hatte, schoben wir die Kreditkarte unter der Scheibe hindurch und sagten: »Dreitausend Dollar.« Für Schiff und Nahrung sollte dies reichen.

Als die Angestellte den Betrag eintippte, wurde uns schwindlig. Bis jetzt hatten wir »nur« die Sorge unserer unbezahlten Wohnungsmieten. Nun aber beabsichtigten wir, neue Schulden zu machen. Um unser Gewissen zu beruhigen, schworen wir uns, das Geld in Tokio durch Arbeit zurückzuverdienen. Angesichts dessen tat uns die Frau hinter dem Panzerglas beinahe einen Gefallen.

»Höchstens sechshundert«, sagte sie mit verkniffenem Mund und lächelte von einem Moment zum anderen nicht mehr.

Als wir die Dollarnoten in den Händen hielten, machte uns plötzlich auch das wenige glücklich, denn – wir hatten Hunger.

Bald knurrten unsere Mägen nicht mehr. Was nichts daran änderte, daß wir in dieser Stadt gefangen waren. Unser neuer Geldsegen machte uns zwar satt, reichte jedoch weder für Japan noch fürs Aufgeben. Die letzte Chance dazu hatten wir auf dem eisigen Bahnhof in Tschernyschewsk gehabt. Für einen Augenblick bereuten wir den Entschluß, nicht umgekehrt zu sein, und wir begannen abermals an uns selbst zu zweifeln. Dann aber sagten wir uns: Was soll das Gejammer! Auf unserer nächsten Reise wollten wir schließlich ganz Afrika durchqueren.

Doch erst einmal saßen wir ratlos auf grünen Schalensitzen in der Wartehalle des Fährhafens. Wenn nicht rückwärts, mußte es vorwärts gehen. Nur fiel uns beim besten Willen nicht ein, wie. Zudem raubten uns lautes, schallendes Stimmengewirr und undeutliche Lautsprecherdurchsagen jegliche Konzentration. Um uns: Menschen, die auf ein Schiff warteten. Jeder von ihnen schien sich über uns lustig zu machen. Wir schauten wie durch Nebel. Wut grollte in uns. Auf die grinsenden, gähnenden Fratzen, die belegte Brote oder Süßigkeiten in sich hineinstopften. In unseren Ohren rauschte es. Der Gestank von Schweiß und billigem Parfüm erstickte uns fast. Wir sprangen auf, drängelten uns durch die Massen zum Ausgang, mußten Luft schnappen.

Statt dessen fanden wir uns in einer kleinen Spielhalle wieder. An den bunten Automaten lehnten Mädchen, so regungslos wie Pappfiguren. Sie trugen gelbe Röckchen und weiße Blazer. Angenehme Ruhe umgab uns, es duftete nach Hautcreme.

Langsam glätteten sich unsere Nervenstränge. Vom Eingang aus beobachteten wir eine junge Frau, die sich Löcher in die Jeans geschnitten hatte. Sie warf Münzen in einen Automaten. Dann zog sie einen Hebel. Es klingelte und klimperte. Sie ballte die Fäuste, hüpfte auf und ab und lächelte zu uns herüber. Sogleich investierte sie weitere Münzen – und gewann erneut. Auf einmal schien uns das Glück so erreichbar.

In der Nacht raubte uns die Erinnerung an das Fräulein mit der Glückssträhne den Schlaf. Ständig dachten wir an sie und auch daran, daß es nach einer Talfahrt wieder bergauf gehen müßte. Als wir Gina ausführten, entdeckten wir ein blaßrosa verputztes Gebäude, das Scheinwerfer anstrahlten. »Hotel Versailles — Casino open«, prangte in Neonschrift über dem Eingang. Wir liefen weiter, durch dunkle Seitenstraßen. In unseren Köpfen tauchte ein Roulettetisch auf. Wir konnten nichts dagegen tun, unsere Gedanken schienen sich verselbständigt zu haben. Nach einigen hastigen Überlegungen glaubten wir, uns ein Spielsystem erdacht zu haben. Wir waren überzeugt, daß es funktionieren würde.

Am nächsten Abend durchwühlten wir den Kofferraum nach anständiger Kleidung. Wir fanden Jeans und zwei Pullover. Auf den Hosen zeichneten sich kleine, vertrocknete Soßenflecke von Herberts Sauerbraten ab, die Pullover rochen muffig, und an den Turnschuhen haftete der Schlamm vom Hafen. Wir putzten sie, so gut es ging, mit Toilettenpapier sauber. Dann stopften wir die Sachen und unser Waschzeug in einen Plastikbeutel und begaben uns zum Hotel.

»Nicht vergessen«, sagte Ronald. »Dreimal Schwarz, dann Rot.«

»Oder umgekehrt«, fügte ich hinzu. »Und nicht übermütig werden.« Ronald nickte, war so aufgeregt wie ich.

Ein Hotelpage mit weinroter Uniform und Topfmütze riß, als er uns kommen sah, die Glastür auf und hieß uns auf englisch willkommen. Er zeigte uns den Weg zur Rezeption. Wir aber bogen zur Toilette ein. Dort standen wir nackt vor dem Kristallspiegel und putzten uns die Zähne. Dann wuschen wir uns – das erste Mal seit elf Tagen –, zogen unsere Kleidung über und sprühten uns mit einem Duftwasser ein, das jemand am Waschtisch vergessen zu haben schien. Zuletzt schmierten wir Gel in die Haare und lächelten uns im Spiegel Mut zu.

Wir stiegen in den Fahrstuhl. Als wir ihn verließen, schwebte uns Zigarrenqualm entgegen. Wir folgten den roten Teppichen. Eine Rezeptionistin mit blondgefärbtem Haar begrüßte uns, verkniffen lächelnd, als hätte sie Zitronensaft getrunken.

Plötzlich standen wir vor dem großen Roulettetisch. Um ihn herum saßen schmaläugige Herren in eleganten Seidenhemden und Bügelfaltenhosen. Ihre Jackets hingen über den Lehnen der Polsterstühle. Einige Männer trugen Goldkettchen. Andere hatten ihre Krawatten abgebunden und die obersten Hemdknöpfe geöffnet. Vor jedem der Spieler lag ein bunter Haufen Chips. Die Größe der Stapel variierte. Neben uns standen vier Russen. Einer von ihnen grub seine Hände in die Hosentaschen und atmete schwer. Sein Nachbar biß sich mit den Zähnen auf die Unterlippe. Die anderen verschränkten die Arme vor der Brust und schauten erhobenen Hauptes auf die rollende Kugel. Auch zwei Damen saßen am Tisch, rauchten Zigarillos und hüllten sich derart in blauen Dunst, daß wir ihre Gesichter kaum erkennen konnten.

»Nichts gilt mehr!« rief der Croupier auf englisch. Seine Worte schien niemand zu beachten. Im Gegenteil. Nun schmissen die Spieler erst recht mit den bunten Chips umher. Sie landeten – gewollt oder zufällig – auf oder zwischen den Zahlen. Ungeduldig wiederholte der Croupier seine Anweisung. Diesmal mit Erfolg.

»Vierzehn Rot«, verkündete er und verzog keine Miene. Ihm war egal, wer verlor oder gewann. Die Spieler dagegen fluchten leise, kneteten ihre Gesichter. Einer aber, ein Russe, stieß ein Siegerlachen aus und gab der Dame zu seiner Linken einen Kuß, indem er ihren Kopf wie einen Weinkelch an seinen Mund führte.

Auch wir wollten so strahlen wie dieser Mann. 580 Dollar – unser gesamtes Vermögen – hatten wir in Chips umgetauscht. Es war die verrückteste Idee, die uns je gekommen war. Wir wollten nicht darauf warten, bis wir das Geld verfressen hatten und sagten uns: Alles oder nichts.

Rot gewann bereits zum dritten Mal. Wir setzten zwei Zehndollarchips auf Schwarz. Im Mathematikunterricht hatten wir einst vom Wahrscheinlichkeitsgesetz gehört. Demnach war es äußerst wahrscheinlich, daß die Kugel nun ins Schwarze traf. Und wenn nicht, würden wir wieder auf Schwarz setzen – und zwar vierzig Dollar. Bei erneutem Pech achtzig Dollar. Bis zu zweihundert waren erlaubt. Also mußte für uns spätestens nach sechs Würfen die Farbe wechseln.

Und tatsächlich, vierzig Minuten später waren wir um 140 Dollar reicher. Uns wurde schwindlig. Wir glaubten, ein System entdeckt zu haben, das niemand kannte. Denn wir waren die einzigen im Salon, die den Farben vertrauten. Wir sahen uns in Japan ankommen, träumten von einem neuen Auto, das uns schnell ans Ziel und nach Hause bringen würde. Der Sultan von Brunei, zu dem wir ursprünglich wollten, um Unterstützung für die Afrikatour zu bekommen, konnte sein Geld ruhig behalten. Und den Frosch für Anita würden wir in einer goldenen Schatulle transportieren. Nur Anitas Mutter wollten wir unser System verraten, denn da, wo die beiden künftig Urlaub machen würden, gäbe es ja auch Casinos. Unsere Wünsche waren so bunt wie Seifenblasen in der Sonne ...

Wieder rollte die Kugel. Siegessicher setzten wir auf Schwarz. Doch Rot gewann. Wir hoben die Augenbrauen, plazierten nach unserem Plan doppelt soviele Jetons auf Schwarz. Rot, zum vierten Mal. Irritiert schoben wir acht Chips auf unsere Farbe – und verloren auch die. Wir schwitzten, bissen uns auf die Lippen, zuckten mit den Lidern, riskierten sechzehn Chips. Die Jetons sahen nicht aus wie 160 Dollar, wirkten eher wie Spielgeld. Die Kugel kreiste enger, rollte weiter ins schwarze Kästchen. Wir hielten den Atem an ... Schließlich hüpfte sie auf Rot.

Der Croupier nahm einen langen Stab, vermischte unsere Chips mit denen der anderen Verlierer. Die Welt um uns schaukelte. Wieder wurde zum Spiel gerufen. Erwartungsvoll schaute ich Ronald an, so wie er mich. Wir gelangten zu keiner Entscheidung.

»Nichts gilt mehr«, rief der Croupier. Da überkam es mich. Ich schmiß zwanzig Chips auf Schwarz. Einer blieb an meiner feuchten Hand kleben. Der Croupier sah strafend zu mir. Wild schüttelte ich den Jeton auf die anderen und sprang wie ein Reh zu Ronald. Dem traten die Augäpfel heraus, er starrte auf die Kugel. Ich schaute weg, äugte zur Rezeptionistin, die wieder säuerlich griente. Mein Herz hämmerte, ich wollte weglaufen, doch ich war wie gelähmt. Von fern hörte ich: »Rot!« Ronald setzte erneut. Wieder auf Schwarz. Ein Schrei blieb in meiner Kehle hängen. Ich zwängte mich an den Russen vorbei, durch die Stuhlreihen, starrte zu Ronald. Apathisch stand er da, als wäre ihm ein Geist erschienen. Ich drehte mich zum Spiel, wollte die Kugel wie ein Magier beeinflussen. Wie kindisch wir waren! Wäre dies alles nicht wahr gewesen, es hätte eine Komödie sein können.

»Rot!« Das Wort schallte wie ein Schießbefehl durch den Raum. Ich torkelte aus dem Casino zum WC, erbrach ins Klobecken. Mir war, als käme mir mein ganzes Innenleben heraus. Ich riß Papier von der Rolle, wischte mit zitternder Hand um meinen Mund. Ich ohrfeigte mich, wollte heulen. Wir hatten uns aufs Glücksspiel verlassen, einem System geglaubt.

›Machen das nicht Leute ohne Verantwortung?‹, dachte ich. Wie leicht es war, die Schwelle zu übertreten. Was war mit unserer Verantwortung für Anita? Wir hatten ein Versprechen einzulösen. Ich schämte mich, versteckte mein Gesicht in den Händen. Wie ein Kind, das unsichtbar sein will. Dann dachte ich an Dmitri aus Nowosibirsk und seinen Bruder, den Automechaniker, der die Reparaturkosten zurückgewiesen hatte. ›Für Anita‹, hatte er gesagt. Wenn der uns am Casinotisch gesehen hätte ...

Ich zog mich am Türknauf hoch, vermied, in den Spiegel zu blicken. Was hätte ich gesehen? Nichts besonderes, nur eine von zwei Nieten. Lediglich durch fremde Hilfe hatten wir Wladiwostok erreicht. Und ohne Anita hätte man uns kaum unterstützt. Ich sah ihre schwarzen Augen und die all unserer Helfer auf mich gerichtet. Sie schauten mich an, ihre Gesichter waren versteinert. Sie sagten kein Wort, schauten nur. Da rannte ich aus dem Waschraum, flüchtete vor mir selbst ...

Jemand tippte mir auf die Schulter. Es war Markus. Ich fühlte mich wie er, stand aber da wie festgewachsen.

Wortlos gingen wir zum Fahrstuhl, schleppten uns dann zum Wagen. Wir spürten kaum den Regen, der uns über die Gesichter lief. Freudig sprang uns Gina an, als wir die Autotür öffneten. Uns war es egal. Wir lagen auf den zurückgeklappten Vordersitzen, konnten nicht einschlafen. Von fern toste die Brandung des Ozeans, Wind rauschte in den Bäumen. Noch nie hatten wir jemanden mehr gehaßt als uns.

Es war zwei Uhr. Wir hielten uns am selbstgebrannten Wodka vom Bauern fest. Die Flasche war halbleer. Wir wollten uns betäuben, Hoffnung tanken. Doch unsere Köpfe blieben schwer.

Jemand schlug ans Fenster. Gina bellte. Vor Schreck verkippten wir ein paar Schlucke des Hochprozentigen. Grelles Licht flutete ins Auto, unsere Pupillen schmerzten. Im Fensterrahmen erschien ein Abzeichen mit der Aufschrift: »Miliz Wladiwostok«. Genervt kurbelten wir die Scheibe herunter.

»Ausweise, schnell!« schnarrte uns der Unsichtbare an. Wir sprangen aus dem Wagen und erkannten einen schlaksigen Polizisten. Er leuchtete uns von Kopf bis Fuß ab. Der Typ schien dafür geeignet, unsere Wut loszuwerden. Wir schnauzten ihn mit übelsten, deutschen Schimpfwörtern voll, unsere Stimmen überschlugen sich. Der arme Kerl schlotterte im Regen, schaute sich nervös um. Dann schleuderten wir ihm die Pässe hin. Sie landeten auf den nassen Gehwegplatten vor seinen Füßen. Er war kein Mensch für uns, er war Polizist. Privat vielleicht sehr nett, repräsentierte er in Uniform Rußland. Ein Land, von dem wir gründlich die Nase voll hatten, denn hier kamen wir auf die dämlichsten Ideen.

Blitzschnell hob er die Papiere auf, als könnten wir uns auf ihn stürzen. Dann blickte er abwechselnd in die Pässe und zu uns. Plötzlich drehten sich um mich die Bäume, das Auto, der Polizist. Ich registrierte, daß Markus wie eine junge Birke im Sturm schaukelte, dann strauchelte und neben dem Weg in den Schlamm fiel. Der Uniformierte hatte die Papiere aufs Autodach gelegt, war schnell verschwunden. Ich konzentrierte mich, um klar zu sehen. Markus hatte sich wieder hochgestemmt, glich einem besoffenen Rambo: böser Blick und mit Schlamm getarnt. Ohne sich abzuputzen, ließ er sich auf den Beifahrersitz fallen.

Obwohl mir speiübel war, drehte ich eine Runde mit Gina. Sie mußte nicht auch noch unter unserer tollen Idee leiden. Ich erreichte das verdammte Hotel und dachte grimmig: Da drin liegt unser Geld.

›Hätten wir gestern nicht gespielt‹, philosophierte ich im Suff, ›wäre der Laden heute kaum ärmer. Was wäre so schlimm daran, uns das Geld zurückzugeben?‹ Schon hoffte ich auf das gute Herz des Casinochefs ... Ich kehrte mit Gina zum Auto zurück, betrunken und verzweifelt.

Am Morgen erwachten wir jeder mit einem gewaltigen Brummschädel. Gern hätten wir geglaubt, alles wäre nur ein Alptraum gewesen. Aber als wir im Portemonnaie nachsahen, war es tatsächlich leer. So wie unsere Mägen leer und unsere Kehlen trocken waren. Und uns war nicht ein Rubel geblieben, um etwas dagegen zu tun. Das Wageninnere roch wie eine Schnapsbrennerei. Wir öffneten die Türen. Fischgestank verriet uns, wo wir waren. Dazu der Straßenlärm, die Nebelhörner der Schiffe. Wir schlossen die Türen wieder, kurbelten die Fenster etwas auf und zogen uns die Jacken über die Ohren.

Am Nachmittag kamen dunkle Wolken heran, und bald trommelte der Niederschlag auf das Dach, gegen die Scheiben. Das Regenwasser floß wie Tränen an ihnen herab. Stumm verfolgten wir ihren Weg. Ich dachte an meine nächtliche Idee, uns das Geld zurückzuerbetteln und erzählte Markus davon. Er meinte: »Mal sehen, ob's funktioniert.«

Ronalds Idee war absurd. Doch wir hatten nichts zu verlieren. Zum zweiten Mal betraten wir das Casino. In der Hand den Bürgermeisterbrief. Wir wollten Mitleid für Anita erheischen – und für uns gleich mit dazu. Das Personal saß am Pokertisch. Man unterhielt sich, las Zeitung. Ein Croupier stand einsam am Roulettetisch und warf die Kugel. Wir blieben beim Eingang stehen, hielten unsere Mitbringsel in den Händen und trauten uns nicht hinein. Ein geschniegelter Herr in weißem Hemd und schwarzer Hose wollte an uns vorbeigehen. Wir hielten ihn für einen Angestellten und baten ihn um unser Geld. Neugierig guckte er uns an. Dann lachte er.

»Ich dachte, ihr gebt mir einen Trostpreis«, sagte er und zog kräftig an seiner Zigarre. »Aber ich glaube, ihr verwechselt mich.« Ein stämmiger Mann mit kurzgeschorenem Haar nahte mit großen Schritten.

»Hier wird nicht gebettelt!« befahl er wie ein Terminator und schubste uns umher, als wären wir Gummipuppen.

›Nun verwechselt er uns. Was fällt ihm ein?‹, dachten wir empört. Schließlich hatte auch er an unserer gestrigen Dummheit verdient.

»He, hol den Chef!« fuhren wir ihn an und putzten uns wichtigtuerisch Pullover und Hosen glatt. Er winkte einen jungen Mann vom Pokertisch heran. Mit fragendem Gesicht kam er auf uns zu.

»Chef, die zwei Komiker hier wollen sie sprechen«, brabbelte das Kraftpaket im Stillgestanden.

»Zeigt, was ihr da habt«, sagte der Chef mit Mädchenstimme. Er hatte eine Adlernase, hervorstehende Augen und sprach recht gut Englisch. Wir klärten ihn auf. Da schob er uns sanft – je eine Hand auf unseren Rücken – zu einer Couch im Foyer. Wir setzten uns, er dazwischen.

»Ihr tut mir leid, ihr beiden, wißt ihr?« Da er so zärtlich sprach, dachten wir, er würde uns gleich einen Kuß geben. »Aber so ist das Spiel.« Er philosophierte lange über die böse Kugel, die nur wenigen ein Freund sei.

»Machen Sie eine Ausnahme.« Wir zupften an seinem Ärmel. »Geben sie uns das Geld zurück.« Natürlich krümmte er sich vor Lachen und wackelte dabei mit dem Kopf. Dann strich er über unsere Schenkel und stemmte sich an ihnen hoch.

»Ihr seid niedlich«, bemerkte er. »Aber auch etwas naiv.« Wieder prustete er los. »Hier habt ihr zehn Dollar dafür, daß ich mal wieder lachen konnte.« Er zückte den Schein und flanierte zum Pokertisch zurück. Im Lift mußten auch wir lachen. Wenigstens hatten wir uns mit dieser Clownsnummer einen Zehner verdient.

Drei Tage später standen wir vor einem Büro der Reederei, welcher das Kreuzfahrtschiff nach Japan gehörte. Heute sollte der Luxusliner auslaufen. Es war Mittagszeit. Aus der Kantine nebenan duftete es nach gebratenem Fisch. In unseren Bäuchen vermengten sich übersüße Limonade und trockenes Brot. Zu mehr hatte unser »Clownsgeld« in den letzten Tagen nicht gereicht. Nun wollten wir wieder betteln.

Wir klopften an die Bürotür, an der ein Schild mit der Aufschrift »Generaldirektor« hing. Ein wohlgenährter Herr im gepflegten Äußeren öffnete und musterte uns mit Augen, klein wie Murmeln. Wir erzählten ihm von unserem Leid. Er stand eine Stufe höher als wir und nutzte diese Stellung für einen würdevollen Blick.

»Umsonst kriegen Sie höchstens den Tod«, philosophierte er. »Aber für diese Anita erlasse ich Ihnen den halben Fahrpreis.« Sein Angebot überraschte uns. Wir wußten nichts zu erwidern. Bestimmt, glaubten wir, hätten ihn auch sechshundert Dollar in bar zufriedengestellt. Doch die hatten wir ja woanders angelegt. Wir fragten ihn, ob wir in Tokio bezahlen dürften. Woher wir dort das Geld bekommen sollten, war uns schleierhaft. Vielleicht fanden wir in dieser Stadt Arbeit – oder konnten untertauchen.

»Okay«, stimmte der Direktor zu. »Sonst behalte ich Ihr Auto.« Gut, dachten wir, daß er die dreckige, zerbeulte Kiste noch nicht gesehen hatte. Wir schenkten ihm ein vertrauensvolles Lächeln. Unsere Masken warfen Früchte.

»Verpassen Sie das Schiff nicht«, sagte er und schloß die Tür.

Das Schiff hieß »Michail Scholochow«. Ein kräftiger Steward führte uns in eine enge Kajüte mit zwei Doppelstockbetten und zwei Nachtschränken, auf denen je ein Glas Wasser stand. Auch eine Toilette und eine Dusche gab es.

»Steward Juri«, lasen wir auf dem Namensschild unseres Begleiters. Er hatte einen mächtigen Brustkorb und sehnige Arme. Seine Augen funkelten neugierig. Daß wir schon so viele Länder bereist hatten, beeindruckte ihn wenig. Für ihn war das Alltag. Nur unser Pedalritt um den Globus ließ ihn aufhorchen. Wir erzählten davon und genossen die Anerkennung des Stewards.

»Mit Fahrrädern?« staunte er und atmete glückselig durch. »Wo stehen sie denn?« Er trat aus der Kajüte und suchte mit den Augen den langen Flur ab.

»Das war unsere vorherige Reise«, sagten wir und schämten uns fast, ihm das neue Transportmittel zu nennen. Sichtlich enttäuscht kratzte sich Juri am Hinterkopf und stellte uns glücklicherweise keine Fragen über den Tourverlauf. Dafür bat er um Autogramme, die wir ihm auf den Handrücken schreiben sollten. Geschmeichelt erfüllten wir ihm den Wunsch.

»Spürt ihr das?« fragte er und zeigte aufs vibrierende Wasser in den Gläsern. »Das Schiff legt ab.«

Wir liefen an Deck, lehnten uns an die Reling und sahen Wladiwostok schrumpfen. Sechs Tage waren seit unserer Ankunft vergangen – und über sechs Wochen seit unserem Start aus Rostock. Wir fühlten uns befreit, diese Stadt, ja, dieses Land zu verlassen. ›Reisen gleicht einem Spiel.‹, sagte einst ein weiser Mann. ›Man verliert und gewinnt von der unerwarteten Seite.‹ Bisher hatten wir nicht nur im Casino verloren. Uns schien die Zeit für einen »japanischen Sieg« reif. Hoffnung war für uns wie ein Anker. Doch die Russen sagen auch, sie sei die Wiese, auf der Narren weiden ...

Durch die Lautsprecher ertönte ein Glockenspiel als Zeichen fürs Abendbrot. Wir sprangen von den Kojen und eilten ins Restaurant. Auf jedem Tisch stand eine größere Salatschüssel und eine Karaffe mit Wasser. Wir waren die ersten Gäste. Eine Kellnerin mit kastanienbraunem Haar wies uns unsere Plätze zu. Gleich bekamen wir Gesellschaft von einem kleinwüchsigen Mann in Jeans und Lackschuhen. Er hatte einen kantigen Schädel und ein flaches, faltiges Gesicht. »Ich bin Nikolai«, grüßte er und reichte uns beide Hände. »Ich lebe auf Kamtschatka. Ich will nicht angeben. Ich habe dort drüben eine Firma. Sie stellt die besten Fischkonserven weit und breit her.« Er küßte Daumen und Zeigefinger und formte mit ihnen ein »O«. Dann erhob er sein Wasserglas, als wollte er einen Toast auf sich selbst aussprechen und schwärmte: »Frei sein. Was für ein Gefühl!« Uns interessierten die Bockwürste, die nun serviert wurden, mehr.

»Ich habe meine Frau verlassen«, weihte uns der redefreudige Tischnachbar ein und nickte, süßlich lächelnd, einer rothaarigen Dame am anderen Tisch zu. Dann schnipste er mit den Fingern, erhob sich und flanierte zur ihr hinüber. Derweil schaufelten wir Kartoffelsalat in uns hinein. In diesen Tagen auf See schien die Welt für uns wieder in Ordnung zu sein.

Ginas »Kajüte« war unser Auto, das im Zwielicht des Laderaums parkte, wo es nach Öl und Moder stank. Die Hündin durfte den dunklen Schiffsrumpf nicht verlassen und den Wagen nur, wenn wir dabei waren. Tag und Nacht verschwammen für sie. Nur wir und sechs Kantinenwürstchen konnten sie für Momente trösten. Sie sprang uns an, leckte uns über die Gesichter. Kurz darauf entdeckten wir, daß der Fahrersitz völlig zerbissen war. Er sah aus, als wäre er explodiert. Erst wollten wir auf Gina schimpfen, doch dann besannen wir uns und begriffen, wie schlimm ihr dieses Gefängnis zusetzen mußte. Dennoch war es an der Zeit, daß sie uns besser folgte.

Im Gegensatz zu Markus hatte ich bereits als Kind einen Schäferhund. Na ja, nicht ganz, er gehörte meinen Großeltern, die auf dem Land lebten. Er hieß Gino, war sehr groß und scharf und galt als der Schrecken des Dorfes. Neben dem Gehöft von Oma und Opa wohnte eine Frau, die niemand leiden konnte; vielleicht, weil sie immer mit einer Flasche Korn umherzog. Eines Tages – ich war zwölf Jahre alt und zu Besuch bei meinen Großeltern – beobachtete ich die Frau, wie sie aus irgendeinem Grund über unseren buntgestrichenen Zaun stieg. Der große Gino war sofort zur Stelle und biß ihr in den Hintern. Die Frau schrie. Ich, der dies von der Terrasse aus gesehen hatte, lief zu Gino und hielt ihn zurück. Meine Großmutter eilte aus dem Haus und holte die Verwundete hinein. Ich ging hinterher und war irgendwie stolz auf Gino. Wie wachsam er gewesen war!

»Warte draußen!« rief mir Großmutter zu. Sie wollte der Nachbarin den Hintern verarzten. Von da an wünschte ich mir einen ebenso tollen Hund. Aber in einer kleinen Neubauwohnung, zusammen mit den Eltern ..? Nun hatte ich einen, hatte ich Gina. Zu Hause, in meinem Bücherregal, standen mittlerweile drei Hundebücher. Ich hatte gelesen, wie ein Hund lernt, aufs Wort zu gehorchen. Gina konnte bereits sitzen und liegen, wenn wir es befahlen, jedoch nicht auf Kommando angreifen. Sie sollte es lernen, denn die Reise war noch lang und unsicher. In einer Ecke des Laderaums hing ein Sandsack, den wir als »Angreifer« auswählten.

Es war der dritte Tag auf See. Markus und ich kamen aus dem Laderaum, gingen zum Treppenaufgang. Da sahen wir vier Arbeiter Fässer über Bord werfen. Auf den Behältern waren weiße Totenköpfe abgebildet. Wir erschraken, wollten die Männer aufhalten. Doch wir fürchteten, daß uns der Kapitän vorzeitig vom Schiff schicken könnte. Wir waren hier nur geduldete Gäste. So schwiegen wir und eilten an den Männern vorbei.

Am Abend desselben Tages fand in der Bar eine Tanzveranstaltung statt. Wir gingen hin. Das Personal hatte die Glühbirnen gegen bunte Lämpchen ausgetauscht, wodurch eine recht angenehme Atmosphäre entstanden war. Die Tanzfläche war noch leer. Drumherum standen weißgedeckte Tische mit je einer roten Kerze. Zum Sitzen dienten Klappstühle. Auf der Bühne entdeckten wir Keyboard, Akkordeon und Mikrofon. In einer Ecke sahen wir Nikolai, den Fischkonservenhersteller aus Kamtschatka, mit einer flotten Blondine im Arm. Sie saßen vor zwei Gläsern mit goldschimmerndem Inhalt. Nikolai zwinkerte uns zu, als wollte er sagen: ›Jungs, so funktioniert das‹. Wir grüßten zurück und setzten uns an einen der Tische.

Der Kellner nahte, stand erwartungsvoll vor uns und bekam von uns nichts zum Notieren. Der billigste Drink kostete mehr, als wir an Geld besaßen. Erstaunt entfernte sich der Stewart wieder.

Eine Drei-Mann-Band betrat die Bühne, begann, russische Folklore zu spielen. Als die Tanzfläche leer blieb, entlockten die Musiker ihren Instrumenten westliche Melodien. Das wirkte. Einige Männer und Frauen, darunter auch Nikolai und die Blondine, wiegten sich alsbald im Rhythmus. Eine Mädchengruppe setzte sich an unseren Nebentisch. Mir fiel eine schwarzhaarige Schönheit mit funkelnden Augen und gebräuntem Teint auf. In ihren hohen Stiefeln, die ihr über die Knie reichten, dem kurzen Höschen und der Wildlederjacke erweckte sie den Eindruck, als suche sie Kundschaft. Ihre Freundinnen allerdings steckten in Rollkragenpullovers und weiten Jeans.

›Wer wild ist, umgibt sich nicht mit Zahmen‹, ging es mir durch den Kopf. Der kleine Kamtschatka-Mann hatte mich angesteckt. Ich beschloß, das Mädchen anzusprechen.

Ich und schüchtern? Keineswegs. Allerdings hatte das, was uns in den letzten Wochen passiert war, auch an meinem Selbstbewußtsein genagt. Vielleicht half ein kräftiger Schluck ... Ich sah mich um und entdeckte auf einem verlassenen Tisch eine halbvolle Wodkaflasche. Ich stahl sie und eilte in unsere Kajüte. Markus, bleichgesichig vom schweren Seegang, wankte hinterher und bog ins WC ab. Ich kippte mir den Fusel in den Rachen. »Geklaut schmeckt's am besten« traf hierbei nicht zu. Der Reedereidirektor, Ginas Verzweiflung und unser schrottreifer Toyota verabschiedeten sich aus meinem Hirn, und ich träumte von wehenden, schwarzen Haaren und Lackstiefeln ...

Nach einer Weile kehrte ich in die Bar zurück, schritt zum Tisch der Mädchen und forderte die Gestiefelte zum Tanzen auf. Sie lehnte ab. Wie schnell ich verschwunden und wieder nüchtern war!

In der Kajüte fand ich Markus, kreideblass, mit Speiseresten im Bart. Sein klägliches Stöhnen nervte. Anstelle des Mädchens lag halbnackt er neben mir und brachte mich zurück in die ungewisse Realität dieser Reise.

Am nächsten Morgen beim Frühstück – sieben Wochen waren seit unserer Abreise im März vergangen – knabberte Markus lustlos auf einer Mischbrotstulle umher. Ich schlang soviel in mich hinein, wie es nur ging. Intuitiv wollte ich mir einen Vorrat anfressen. Wie recht ich tat.

JAPAN

1

»Welcome in Tokio«, schallte es aus den Lautsprechern. Es folgte eine Aufforderung an die Passagiere, sich in der Tanzbar zur Paßkontrolle einzufinden. Unsere Ausweise checkte ein rundlicher japanischer Zöllner in dunkelblauer Uniform. Er hatte lichtes Haar, das er sich ab und an mit den Fingern zurückstrich.

»Ihr Auto«, der Mann faßte sich an sein Ohrläppchen, »big problem. Wenn Sie in Japan damit fahren wollen, müssen Sie siebentausend Dollar für den Umbau bezahlen. Sonst dürfen Sie die Grenze nicht passieren.« Wir sanken auf die Klappstühle.

»Das ist ein japanisches Fahrzeug!« protestierten wir.

»Aber das Lenkrad ist links, und es produziert zu viele Abgase.« Der Beamte spreizte die Arme vom Körper und machte uns deutlich, daß er diese Vorschrift nicht erfunden hatte. Nachdem er unsere Geschichte von Anita und dem Frosch kannte, schaute der Zöllner noch wehmütiger drein, doch das Gesetz sei ihm heilig.

»Was soll das?!« schrien wir unbeherrscht. Diese Frage hätten wir uns stellen sollen. Dem Zöllner wackelte der Unterkiefer, seine Augen glänzten. Auch Mitleid war ein Weg, uns vom Schimpfen abzuhalten. Er schlug uns vor, zu unserer Botschaft zu gehen. Dieser Gedanke erschien uns wie ein Rettungsanker. Zusammen mit Gina stiegen wir die Gangway hinab. Hinter uns die laute Stimme des Generaldirektors:»Vergeßt mein Geld nicht!«

Wir hasteten über Stahlbrücken, die die vorgelagerten Inseln von Tokio mit der Stadt verbanden, zur U-Bahn. Wir hatten kein Geld, schon gar nicht für Fahrkarten. Bald merkten wir, daß wir sie scheinbar nicht brauchten, denn auf dem Bahnhof ertranken wir in einer Menschenmenge.

›Wären wir nicht hier, müßten wir auch nichts bezahlen‹, redeten wir uns ein. In Hiro-o, dem Botschaftsviertel, stiegen wir aus. Auf den Straßen roch es nach Benzin. Der Himmel war diesig, dennoch wärmten uns die Sonnenstrahlen und ermunterten uns, die Jacken auszuziehen.

Wir bogen von der Hauptstraße ab, liefen zu einem Park mit hohen, grünbelaubten Bäumen. Es duftete nach Rosen und frischgemähtem Gras. Aus den Bekleidungsshops roch es nach Leder und Parfüm, aus den Bäckereien nach frischen Brötchen und geröstetem Kaffee. Die sommerlich gekleideten Passanten bemerkten all dies scheinbar nicht. Sie eilten an den bunten Schaufenstern vorbei, während wir uns an den Düften nicht sattriechen konnten. Nur Gina erweckte die Neugier der Leute. Besonders die jungen Mädchen blieben stehen und machten große Augen. Manche fragten uns, ob sie die Hündin streicheln dürften. Daraufhin überlegten wir allen Ernstes, ihnen dafür ein paar Yen abzuknöpfen. Die deutsche Flagge auf dem Botschaftsgebäude betankte uns mit Hoffnung und brachte uns von diesem unsinnigen Gedanken ab.

An der Rezeption saß eine jüngere Japanerin, die ein deutsches Wörterbuch studierte. Als sie uns kommen sah, lächelte sie. Wir teilten ihr mit, daß wir den Botschafter sprechen wollten. Sie antwortete, er sei beim Kaiser. Sie könne uns jedoch eine Sekretärin vermitteln.

Wir setzten uns auf eine Ledercouch und warteten. Nach einer Weile kam eine beinahe zwei Meter große Frau durch die Glastür stolziert. Sie murrte, da die Tür nicht sofort von der Rezeptionistin geöffnet worden war. Wir standen auf. Die junge Dame mit den überlangen Beinen begrüßte uns mit einem »Hi«. Sie warf ihren Kopf nach hinten und fuhr sich mit den lackierten Fingernägeln durchs dauergewellte Haar. Ihre Augen wanderten meist an uns vorbei, hingegen nicht selten zu ihrer Armbanduhr. Instinktiv schütteten wir der Frau ohne Umschweife unsere Herzen aus. Dabei zog sie die dichten Brauen hoch und sog die stickige Botschaftsluft tief ein.

»Hätten Sie das nicht besser planen können?« schnarrte sie und entfernte mit spitzen Fingern einen Fussel von ihrem Kostüm. Auf den Vorwurf hatten wir gewartet. Und wieder konnten wir nichts erwidern. Sie erklärte uns, wie reibungslos ihr letzter Mallorca-Urlaub verlaufen sei. Daran sollten wir uns ein Beispiel nehmen.

»Fragen Sie doch Ihre AIDS-Organisation«, warf sie ein, und wir gaben zu bedenken, was deren Mitarbeiter sagen würden, wenn wir ihnen eine Rechnung für die Autoumrüstung präsentierten.

»Ich kann mich höchstens mal erkundigen«, meinte sie schließlich. Fast freuten wir uns über ihre vage Aussage. Doch viel Zeit blieb nicht. Das Schiff würde in zwei Tagen ablegen. Und wir hatten noch nicht einmal die Überfahrt bezahlt. Vielleicht wußte die Frau einen gutbezahlten Job für uns? »Ohne Arbeitserlaubnis?« Sie schien unsere Hoffnung zwischen den Zähnen zu zermalmen. »Und dann fangen auch die Feiertage an.« Japan, das Land, in dem sich die Menschen am wenigsten von der Arbeit erholen, war demnächst ein einziges Feriengebiet.

»Rufen Sie Ihre Eltern an«, schlug die Botschaftsdame schließlich vor und trat ungeduldig von einem Bein aufs andere. Sie konnte nicht wissen, wie Ronalds Eltern über diese Tour dachten. Damals, schon die Reisetaschen in den Händen, hatten wir der kopfschüttelnden Familie erwidert: »Extrakosten? Was soll schiefgehen?«

Der Telefonhörer lag schwer in der Hand. Am Leitungsende erklang die zitternde Stimme von Ronalds Mutter. Es war unser erstes Lebenssignal, nach fast zwei Monaten. Eigentlich wollten wir längst wieder zu Hause sein.

Auf dem Rückweg zum Schiff waren wir wie ausgebrannt. Jeder Schritt war ein Kraftakt. Am kommenden Morgen würden wir die Schiffspassage bezahlen können. Doch wir mußten uns und den besorgten Eltern eingestehen, noch nicht erwachsen zu sein.

2

Ausgerechnet das Auto, das uns so weit gebracht hatte, war nun ein Hindernis. Am Nachmittag hatten wir einen Plan gefaßt: Wir wollten den Toyota verschenken. Steward Juri wollte ihn über Lautsprecher anpreisen. Eigenlob hätte natürlich wenig Wirkung. Er sollte nur auf den sparsamen Diesel und den guten Motor hinweisen, die zerrissenen Sitze und zerbeulten Türen verschweigen.

»Niemand will euer Auto haben.« Juri zuckte die Schultern. Als wir kurz darauf in den Laderaum traten, konnten wir nicht glauben, was wir dort sahen. Vor uns parkten an die einhundert Autos. Weiße Mazda und Mitsubishi, wie jene in Wladiwostok. Unser Wagen stach wie ein Pickel heraus.

Um dem Zoll zu entfliehen, kam uns folgende Idee: In der Frühe wollten wir samt Gina und Gepäck vom Schiff verschwinden.

»Man wird schon wissen, wohin mit dir«, sagten wir zu unserem Auto und strichen über den matten Lack, dachten dabei an die versenkten Ölfässer mit den Totenköpfen.

Ronald und ich lagen bereits in den Kojen, als es kurz vor Mitternacht hart an die Kajütentür klopfte. Schlaftrunken öffneten wir. Vor uns stand Steward

Juri und ein Unbekannter in Uniform. Nach den Schulterpickeln mußte er ein russischer Offizier sein.

»Bitte?« fragten wir.

»Ihr Auto muß weg.« Der Fremde kam gleich zur Sache und wedelte mit dem Zeigefinger. Wir wußten keine Antwort, bereuten, noch an Bord zu sein. »Und ich dachte, ihr seid Helden.« Juri winkte enttäuscht ab. Ja, wir hatten selbst einmal geglaubt, Helden zu sein. Doch nun wären wir am liebsten im Boden versunken. Und das wäre noch nicht einmal schlecht gewesen.

»Bis morgen.« Die Blicke des Offiziers schienen uns durchbohren zu wollen. Die Männer wandten sich ab und schritten beinahe majestätisch durch den schmalen, rottapezierten Gang davon.

»Ihr Schweine!« brüllte ich ihnen nach und schlug die Faust gegen den Türrahmen. Im Grunde war ich nur auf unsere eigenen Schnellschußideen wütend. Doch um dies zu erkennen, fehlten mir Ruhe und Gelassenheit. Die Männer verschwanden im Nebengang, als hätte es mein Geschrei nie gegeben.

»Bist du verrückt?« zischte Ronald und zog mich in die Kajüte zurück.

»Wieso?« erwiderte ich gereizt.

»Vielleicht hätten wir noch eine Chance gehabt.« Ronald tippte mir an die Brust. »Jetzt ist sie verspielt.«

»Was für eine Chance?« Mein Herz schlug wild.

»Was weiß ich! Diskutieren, verhandeln.« Die Augen meines Gefährten wanderten umher, blieben an mir kleben. Ich schwieg, trottete zur Koje, wikkelte mich in die Steppdecke, schaute die Blümchentapete an und mußte mir eingestehen, nicht zum ersten Mal die Beherrschung verloren zu haben. Wie war es, als ich vor vier Jahren als »Putzfrau« in einem Hotel jobbte ..? Die Arbeit wurde nachts erledigt. Zusammen mit drei Kolleginnen bohnerte ich die langen Flure und reinigte die Pinkelbecken, während durch die geöffneten Fenster der Gesang einer Nachtigall zu hören war.

Einmal – ich schob die Bohnerwachsmaschine durchs Restaurant – knurrte mein Magen. Mein Stullenpaket lag zu Hause auf dem Küchentisch. Also schaute ich in der Restaurantküche nach. Dort war es dunkel, ich hörte den Generator summen, das Mondlicht fiel auf den Kühlschrank und auf eine Ablage, auf der eine Dose stand. Ich schüttelte sie. Es klapperte. Die Frauen pausierten derweil an einem der Gästetische und rauchten Zigaretten.

»Guck an, hier gibt's Eiswaffeln«, rief ich ihnen durchs Essenausgabefenster zu. Die Putzdamen lachten, während ich in eine Waffel biß. Am nächsten Tag sollte ich den Chef im Büro aufsuchen.

»Sie sind entlassen«, sagte er zu mir, ohne von seiner Aktenmappe aufzuschauen.

»Wieso?« fragte ich, mir keiner Schuld bewußt. Der Chef sah mich an und erhob seine Stimme: »Ich hasse Diebe!«

›Wie klug, die Putzweiber einzuweihen‹ schoß es mir durch den Kopf.

»Dann scheuern Sie doch ihre Klos allein!« erwiderte ich trotzig, schritt aus dem Zimmer und schmiß die Tür hinter mir zu ... Ich wollte mir damals, so wie vor dem Stewart und dem Offizier, einen gewissen Stolz bewahren. Aber wie, wenn ich auf meine Taten nicht stolz sein konnte?

»Handbremse lösen!« befahl uns der Offizier noch vor dem Frühstück. Durch die geöffnete Laderaumklappe flutete Sonnenlicht. Neben dem Staatsdiener standen ein paar Arbeiter mit kleinen Stahlrohren in den Händen. Sie warteten auf ein Zeichen, um die Autoscheiben einzuschlagen und die Bremse selbst zu lösen, sollten wir nicht kooperieren.

Im Wageninnern stank es fürchterlich. Überall lagen verschimmelte Joghurtbecher und leere, gammelige Würstchendosen. Gina hatte das Auto etwas umgeräumt. Ein Häufchen von ihr zierte das umgekippte Thermometer, mit dem wir einst Kälterekorde gemessen hatten. Nun war uns heiß um die Ohren, denn draußen erwartete uns kein Begrüßungskommitee. Der Motor stotterte beim Anlassen, dann verstummte er ganz.

»Schieben Sie!« drohte uns der Offizier durch den geöffneten Fensterspalt. Wir taten, was er sagte – wenn auch widerwillig. Vor der Laderaumklappe wartete der Zöllner, den wir bereits kannten. Er beobachtete dies alles mit Unbehagen, war es doch seine Aufgabe, unseren Wagen von Japans Boden fernzuhalten.

»Die Polizei ist unterwegs«, rief er, daß es von den gerippten Stahlwänden des Schiffes zurückhallte. Solch eine kraftvolle Stimme hatten wir von ihm, dem Schüchternen, nicht erwartet. Er offenbar auch nicht, denn gleich schaute er sich hektisch um. Immerzu feuerte uns der Offizier an: »Los! Schneller! Keine Kraft, was?« Dazu das Gelächter seiner Gehilfen.

»Hier!« riefen wir ihm zu und hielten inne. »Schieben Sie selbst.« Der Offizier fuhr seinen Hals wie ein Geier aus, stemmte die Fäuste in die Hüfte. Wir ließen den Wagen stehen und schritten an Land, während ihn die Arbeiter knurrend anschoben.

»Sehen Sie?« sagten wir zum Zöllner und dachten an seine Vorschrift. »Wir sind hier nicht schuld.« Er ließ seine Schultern sinken, als wäre ihm mit uns jegliche Hoffnung vergangen. Erst recht, als er unsere Hündin sah. Das Auto war nun nicht mehr das einzige Problem. Der Beamte nuschelte, Gina müsse auf dem Schiff bleiben. Ohne eine Sondergenehmigung könne sie dieses Land nicht betreten. Wie benebelt standen wir da.

»Mörder!« brüllten wir ihn an. »Du bist schuld, wenn Anita ohne Frosch stirbt!« Wir ahnten nicht, was unser unüberlegtes Geschrei im Kopf des Zöllners anrichtete. Dieser machte einige Schritte zurück und stützte sich wie geschockt, am Dach eines Autos ab.

Wir knieten vor Gina und drückten sie beschützend an uns, bis die bestellten Polizisten wie Ameisen auf uns zuliefen. Sie stellten uns vor eine seltsame Wahl. Entweder sollte die Hündin ins Tierheim oder wir ins Gefängnis. Dann aber hätten wir Gina trotzdem verloren. Um uns herum versammelten sich mehr und mehr Männer. Einer trat hervor und gab sich auf englisch als Tierarzt aus.

»Gebt sie mir.« Seine Stimme klang vertrauensvoll. »In zwei Wochen habt ihr sie wieder – wenn sie keine Tollwut hat.« Noch vor kurzem hätten wir dieses Angebot strikt abgelehnt. Nun war die japanische Quarantäne unsere Rettung.

Während der Zollbeamte noch immer wie angewachsen dastand, schlugen uns die Polizisten vor, das Auto einfach verschrotten zu lassen. Es würde »nur« 25 0000 Yen kosten, umgerechnet etwa zweieinhalbtausend Mark, und sei für uns der billigste Ausweg.

Wir gaben vor, nachdenken zu müssen, zogen uns zurück und setzten uns auf einen der Poller, an denen die »Scholochow« vertäut war. Unsere Köpfe lagen schwer in den Händen. Auf was hatten wir uns nur eingelassen? Wir konnten ja noch nicht einmal sechshundert Yen für ein Brot aufbringen. Wieder ein Anruf in die Heimat? Wir sahen auf, beobachteten zwei Russen, wie sie keuchend einen großen, verpackten Fernsehapparat die Gangway hinaufschleppten.

»Die könnten uns ruhig ein paar Rubel abgeben«, sagte Ronald und fuhr sich mit den Fingern durchs Haar. Dann schaute er mich an, als wäre ihm König Midas erschienen. Ich ahnte, was er vorhatte. Mir aber kam eine bessere Idee.

Bevor wir die reichen Passagiere anbettelten, konnten wir vielleicht mit einem Fernsehauftritt Geld verdienen. Wozu hatten wir Videos gedreht? Ein Autounfall in sibirischer Kälte, wodkatrinkende Russen, ein mongolischer Schneesturm und mittendrin wir, die Guinness-Buch-Rekordler. Das war bares Geld wert, ganz sicher.

3

Die U-Bahn rauschte nach Shibuja, der Medienhochburg Japans. Eingezwängt zwischen feingekleideten Herren und kurzberockten Damen brauchten wir keine Fahrscheinkontrolle zu befürchten.

In Shibuja erfragten wir den Weg. Es stellte sich heraus, daß Japaner scheinbar ungern ihre Unkenntnis zeigen. Offenbar wiesen sie uns lieber die falsche Richtung. Wir spürten es bald in den Beinen.

Irgendwann standen wir dennoch vor dem grauen Fernsehgebäude mit den riesigen Satellitenschüsseln und silberglänzenden Antennen auf dem Dach. Die Rezeptionistin trug ein rotes Blümchen im Haar. Sie schickte uns mit einem Arbeitslächeln zu einer kühlen Ledercouch.

Nach einer Weile schritt ein schlaksiger, weißer Mann auf uns zu. Hinter der schmalen Brille blitzten neugierige Augen. Er lächelte und legte sein bartumwuchertes Gesicht in Falten. Dann reichte er uns nacheinander die Hand. Im Fahrstuhl dudelte leise ein Beatlessong. Unser Gastgeber kam aus dem Ruhrgebiet, hieß Martin, arbeitete beim Deutschlandfunk und hatte ursprünglich vorgehabt, nur ein Jahr in Tokio zu bleiben. Mittlerweile waren daraus fünf geworden.

»Vielleicht werde ich hier für immer leben«, schwärmte er, als wir dem Lift entstiegen. »Eine liebenswert verrückte Stadt.« Die weitverzweigten Gänge glichen einem Labyrinth. Martin putzte im Gehen seine Brille und gestand uns, sich oft im Haus zu verlaufen, denn jedes Land der Welt hätte hier einen eigenen Sender. Prompt hatten wir uns im Stockwerk geirrt.

Wir fragten Martin, in welchem Fernsehkanal wir auftreten würden. Er lächelte und bot uns ein Radiointerview an. Das Fernsehen sei mit einem Sektenprozeß beschäftigt. Wir wüßten schon – der Giftgasanschlag auf die Metro-Station vor einem Jahr.

»Selbst die Beatles begannen mit einem Radioplausch«, ermutigte uns Martin. Wir erreichten ein gläsernes Studio.

»Macht euch keine Sorgen, falls ihr euch versprecht«, beruhigte er uns und rückte das Mikrofon zurecht. »Es ist nicht live.«

»Mit Interviews kennen wir uns aus«, ließen wir ihn voreilig wissen und dachten zurück an manchen öffentlichen Auftritt nach der Weltumradlung. Der Mann schmunzelte, als wollte er sagen: ›Dann kennt ihr meine Fragen noch nicht.‹

Wir nahmen auf dunkelblauen Drehstühlen Platz. Im Nebenraum saßen zwei Mädchen in unserem Alter. Sie winkten uns zu und schalteten die Tonbänder ein. Am Mikrofon leuchtete eine rote Lampe auf, es ging los.

Martin nannte unsere Namen und woher wir kamen. Dann fragte er: »Warum wollt ihr ausgerechnet den Sultan von Brunei besuchen?« Wir stockten. Sollten wir sagen, daß wir von dem Herrscher Geld für eine Afrikareise haben wollten? Wir fingen an zu stottern.

»Ein Frosch für Anita also«, verkündete der Moderator. »Dann seid ihr ja so etwas wie Helden.« Wir erröteten, dachten an den Casinobesuch und die toten Welpen.

»Was war euer bisher schönstes Erlebnis?« Jetzt war Ronald dran. Als ihm nichts einfiel, schoß es aus mir heraus: »Ulan-Bator«. Ich dachte ans Liebesabenteuer mit der schönen Mongolin.

»Warum?« forschte Martin. Sollte ich erzählen, ich hätte mich in eine Prostituierte verliebt? Ich sagte: »Wegen der schönen Natur.«

»Ulan-Bator?« Der Moderator stutzte. »Ist das nicht eine Stadt?« Ronald half mir: »Unser Freund wurde dort erschlagen.«

»Das war sicher kein schönes Erlebnis«, wunderte sich Martin und ahmte für die Zuhörer einen Kälteschauer nach. Uns wurde bewußt, daß wir noch nichts von dieser Reise verdaut hatten. Wie konnten wir cool sein? Für wirklich gute Antworten braucht man einen aufgeräumten Kopf.

Nach dem Interview sprachen wir Martin wegen unseres Honorars an. Er legte uns die Arme auf die Schultern und sagte: »So teuer könnt ihr doch nicht sein. Wie wär's mit einem Essen?« Kurz darauf empfingen wir in der Kantine des Hauses unseren Lohn: Sushi und Cola.

4

Am späten Nachmittag stiegen wir in Ginza, dem Hafenstadtteil, aus der U-Bahn. Dort sahen wir einen alten Bettler. Sein Gesicht – mager und schmutzverkrustet. Er saß auf dem Gitter eines Lüftungsschachts, aus dem warme Luft und Staub wirbelten. Die Haare des Bettlers waren verfilzt, hingen ihm wie verschmorte Elektrokabel ins Gesicht. Um ihn herum summten Fliegen. Vor seinen ausgelatschten Schuhen stand ein Pappschild mit japanischem und englischem Schriftzug: ›Zwei Wochen nichts gegessen.‹ Der Bettler bemerkte uns erst nicht, verschlang heimlich ein Stück Brot. Als wir vorbeigingen, versteckte er es hinter seinem Rücken und hörte auf zu kauen. Er streckte die Hand aus und hob die Augenbrauen. Wir zuckten die Schultern. Ob er uns glauben würde, wie wenig uns von ihm unterschied?

Man hatte unser Auto neben einen Maschendrahtzaun geschoben. Dahinter befand sich ein Restaurant, aus dem Harfenmusik zu uns drang. Der Geruch von gedünstetem Fisch zog herüber. Noch waren wir satt.

Die Schiffspassage hatten wir mit dem Geld von Ronalds Mutter bezahlt. Nun räumten wir die Kajüte und trugen das Gepäck zur Rezeption, nicht wissend, wie es weitergehen sollte. Noch einmal die Eltern anrufen? Sicher würden sie sagen: »Kommt sofort heim!« Plötzlich rückte unser Afrikavorhaben in weite Ferne. Wozu aber sollte all der Aufwand gewesen sein, wenn wir ausgerechnet jetzt aufgaben? Der Rückweg erschien uns weiter als das Ziel Brunei. Wir dachten an den Bettler und daran, daß ein Versuch, es ihm gleichzutun, uns nicht schaden konnte.

Die stupsnasige Stewardeß der »Michail Scholochow« las aufmerksam das ihr gereichte Papier, auf dem stand, daß wir Geld für Anita sammelten. Es auszusprechen vermochten wir nicht, denn wir fürchteten zu stottern und uns in unserer Lüge zu verstricken. Die Frau griff zum Mikrofon, um die Passagiere zum Spenden zu motivieren. Wir, die das nicht hören wollten, eilten auf die Toilette, verriegelten hinter uns die Türen.

Als wir auf den Klos saßen und uns die Ohren zuhielten, durchkroch uns Scham, die den Hals zuschnürte, im Magen drückte und bitter im Mund schmeckte, bitterer noch als nach unserem Casinobesuch. Dachten wir, die Durchsage wäre vorbei, nahmen wir die Hände von den Ohren. Doch schon hörten wir erneut die Bitte der Stewardeß, die klang, als wären wir Märtyrer, bereit, für den Frosch zu sterben. Wir zogen die Köpfe ein und malten uns aus, was geschehen würde, wenn die Passagiere herausbekämen, daß ihre Spenden für uns bestimmt waren, damit wir in Tokio nicht hungerten.

Nach einer knappen Stunde getrauten wir uns, die Toilette zu verlassen. Ein ziegenbärtiger Mann kam uns entgegen. Wir schlichen mit gesenkten Häuptern an ihm vorbei, fürchteten Fragen.

Die Stewardeß gab uns mit traurigem Blick zwanzig Dollar. Wahrlich kein Vermögen in der teuersten Stadt der Welt. Außer für uns.

»Ich bewundere Sie«, sagte die Frau verträumt. Wir lächelten hilflos und ersehnten den Abgang von Bord.

»Halt!« rief plötzlich eine energische Männerstimme auf russisch, als wir die Gangway hinabstiegen. Erschrocken drehten wir uns um, glaubten bereits, Polizeisirenen zu hören.

Es war der Kapitän, der da mit großer Sonnenbrille stand. Er nahm sie ab, steckte sie in die Brusttasche seines Hemds und stieg gemächlich die Stufen herab. Dann baute er sich vor uns auf und sah uns lange in die Augen. Mit klopfenden Herzen stellten wir das Gepäck auf die Stahltreppen. Der Kapitän ergriff unsere Hände und schüttelte sie. In unserer Aufregung bemerkten wir erst nach einigen Sekunden, daß wir zweihundert Dollar zwischen den Fingern hielten.

»Gott schütze euch!« verkündete er, setzte nacheinander seinen Daumen an unsere Stirnen und malte darauf Kreuze. Dann stieg er wieder aufs Schiff. Wir wollten ihm danken, doch wir brachten kein Wort heraus. Uns war zum Heulen. Gern wären wir das gewesen, wofür uns der Kapitän hielt.

Markus ging zum Auto, setzte sich auf den zerfetzten Fahrersitz und lehnte sich wie angeschossen zurück. Ich stand an der Kaimauer und starrte aufs glitzernde Wasser. Was hatten wir da getan, ein krankes Kind für ein paar Mahlzeiten vorzuschieben? Wie weit wir vom normalen Leben und von unserem »edelmütigen« Vorhaben entfernt waren.

»Ronald?« Überrascht drehte ich mich um und sah in die leuchtenden Augen des Barmädchens, von dem ich Tage zuvor einen Korb bekommen hatte. Anstelle des Lackhöschens und der Stiefel trug sie Jeans und Sandalen. Durch ihr Haar schimmerte die untergehende Sonne.

»Ich will mich verabschieden«, sagte sie. »Vergiß mich nicht.« Vewirrt von ihrer Wandlung brachte ich kein Wort heraus; gleichsam durchströmte mich Freude, und ich sog den Augenblick, in dem sich unverhofft unsere Lippen berührten, tief in mich ein – bis eine bedrohliche Frauenstimme von der Reling erschallte.

»Jekaterina!«

»Ich muß gehen«, flüsterte das Mädchen, lief die Gangway hoch, verschwand im Rumpf des beleuchteten Schiffes und ließ mich mit dem Gefühl zurück, diese Begegnung nur geträumt zu haben.

Ich saß mit Markus an der Kaimauer, wir schauten auf die kleinen Wellen, in denen sich die rötliche, langsam im Hafenbecken versinkende Sonne spiegelte. Eine Wolke zog wie ein Luftschiff über sie hinweg. Riesige Kräne warfen lange Schatten über den Asphalt. Ich dachte an das Mädchen, hatte noch den blumigen Duft ihres Parfüms an meinen Händen. Leichtfüßige Gedanken, eingebettet in die düstere Welt unserer dreisten Verlogenheit. Die erbettelten Dollar lagen wie verseuchtes Gestein in unseren Taschen. Am liebsten wollten wir das Geld wieder loswerden. Und wir taten es auf eine Weise, die wir noch bitter bereuen sollten.

Es war wieder eine unserer »tollen« Ideen. Wir gingen in ein Lebensmittelgeschäft, kauften eine Flasche Bourbon-Whiskey und kehrten zum Kai zurück. Dann schütteten wir das widerlich in Rachen und Magen brennende Zeug in uns hinein, als würde es uns von innen reinigen. In den Rausch, der langsam in uns aufstieg, verirrte sich eine unbändige Sehnsucht, nicht mehr allein am Kai zu sitzen, aufzustehen, loszuziehen, sich auf die Suche nach Gesellschaft zu machen.

Nach einer halben Stunde standen wir schwankend neben einem qualmenden U-Bahnschacht im Vergnügungsviertel Roppongi und sahen adrett gekleidete Herren in Sexkinos und Rotlichtbars verschwinden.

Es ging auf Mitternacht zu. Geblendet von Neonreklamen, die Vergnüglichkeit vorgaukelten, schlenderten wir die Hauptstraße entlang und kickten leere Coca-Cola-Becher und Mc-Donald's-Verpackungen aus dem Weg. Es duftete nach Rosen und Vanille. Prospektverteiler redeten in fließendem Englisch auf uns ein; Europäer, Amerikaner, Afrikaner, die sich auf diese Weise etwas dazuverdienen wollten. Sie wedelten mit bunten Zetteln, auf denen Frauen in Mieder und Strapsen abgebildet waren. Wir griffen zu. »Come and touch!« prangte in knallroten Lettern auf dem Faltblatt. Darunter der Name einer Bar. Der Whiskey bestärkte uns darin, sie aufzusuchen.

Der dunkelhäutige Einlasser war breiter, als uns lieb war. Er schien nur aus Muskeln zu bestehen, und sein schwarzer, engsitzender Anzug unterstrich das noch. Mit grimmigem Gesicht musterte der Mann unsere ausgetretenen Turnschuhe, die verwaschenen Jeans und die schmutzigen Strickjacken. »Kommt rein!« befahl er. Ehrfürchtig betraten wir das Gebäude. Die lange Wendeltreppe kam uns wie eine Lebensaufgabe vor. Beidhändig zogen wir uns am Geländer nach oben, konzentrierten uns auf jede Stufe und nahmen die vergoldeten Knäufe an der Balustrade als Zwischenetappen wahr.

Jener Einlasser hielt uns eine schwere Tür auf. Rockmusik schlug uns entgegen. Wir traten ein, zogen unsere Jacken aus und vermochten unsere Blicke nicht mehr von der Bühne zu lösen. Auf ihr rekelte sich eine lateinamerikanische Stripteasetänzerin im knappen Bikini an einer silberglänzenden Metallstange. Die Frau warf die schwarze Haarpracht nach hinten, riß sich das Oberteil von den melonengroßen Brüsten und wackelte mit ihnen, daß uns schwindlig wurde. Ohne Erbarmen schnitt sie ihren Slip mit einem Messer auf. Er glitt an ihren Schenkeln hinab, die sie nun zum Spagat spreizte. Darin verharrend, umtoste sie rauschender Applaus. Dann sprang sie von der Bühne, ergriff Geldscheine aus winkenden Männerhänden, die ihr dafür den Hintern tätscheln durften, und lief an uns vorbei, so nah, daß ihre Brustwarzen unsere nackten Arme streiften.

Der Raum drehte sich, im Reflex wollten wir ihr folgen. Doch zwei schwere Hände auf unseren Schultern hinderten uns daran.

»Hundert Dollar Eintritt!« Es war die uns bekannte Einlasserstimme. »Für jeden!« Flehend sahen wir zum Muskelmann auf. Er präsentierte uns seine Nasenlöcher. Mit tropfendem Zahn machten wir kehrt. Wer weiß, hätte es die Hälfte gekostet ...

Ronald und ich wandelten durch die nächtlichen Straßen, angerempelt von betrunkenen Männern, die uns gleich darauf, seltsam grinsend, um Entschuldigung baten. Ein Junge mit schulterlangem Haar blockierte uns den Weg und zeigte uns wieder so einen Werbezettel.

»Da gibt es Riesenspaß!« Sein Englisch klang hart und gebrochen, wie das der Russen. Für einen Moment vermuteten wir in ihm jemanden von der »Scholochow«. Schnell schritten wir weiter.

»Ich tue euch nichts«, rief er uns nach. »Ich bin Bosnier.« Fernsehbilder vom Krieg im ehemaligen Jugoslawien standen uns plötzlich vor Augen, wir blieben stehen.

»Ich komme aus Sarajevo.« Der Bursche näherte sich uns. »Ist ein hartes Leben dort, keine Arbeit, wo du auch hinsiehst. Ich ernähre von hier aus meine Familie, schicke Geld nach Hause. Das ist auch wie Kämpfen. Mein Vater war ein Kämpfer, ein Held. Er fiel im Krieg.« Fast klang es, als freute sich der Junge darüber. »Meine Mutter, die Verrückte, hat mich damals in den Keller gesperrt. Ich sollte nicht kämpfen. Jetzt ist der Krieg vorbei, und ich beweise meiner Mutter, daß ich auch kämpfen kann.« Er zeigte mit ausladender Armbewegung auf das Straßengeschehen. »Ich bin der beste Prospektausteiler, was?« Wir nickten, ohne es wirklich zu meinen. So also sah ein Bursche aus einem Kriegsgebiet aus: abgewetzte Lederjacke über den schmalen Schultern, zotteliges Haar, Augen, die uns hoffnungsvoll anblickten. Seine Waffe war sein Mundwerk, die Munition bestand aus bunten Zettelchen. Wir nahmen ihm einen ab, und ich dachte noch, daß jeder seinen eigenen Krieg führt. Gegen wen führten wir unseren?

Mit dem Flyer fanden wir den Weg zu einer Diskothek. Steinige Stufen führten in einen weinrot gekachelten Raum hinab. Die Ordner nahmen uns die Jacken ab und geleiteten uns zu einem Tisch aus Holzkisten.

»Vierzig Dollar«, sagte der Kassierer, ein Schwarzer mit bunter Strickmütze. »Für jeden.« War's der Whiskey, der lateinamerikanische Striptease oder nur ein »Scheißegal-Gefühl«? Wir bezahlten und verkauften damit die Großherzigkeit der Russen. Auf der Tanzfläche hüpften und schüttelten sich die jungen Leute, als wären sie vom Teufel besessen. Wir mischten uns unter sie. Zwischendurch füllten wir an der Bar unseren Alkoholpegel auf. Ich rauchte eine Zigarette nach der anderen. Irgendwann begann sich alles um mich herum zu drehen. Ich fiel in eine Palme. Vor mir schlanke, braune Beine. Ich starrte unter einen neongelben Minirock ...

Als es draußen schon hell war, fand ich mich auf der Straße vor der Diskothek in meiner eigenen Kotzlache wieder. Der moralische Tiefpunkt war erreicht.

In der U-Bahn zählten wir den Rest des Geldes. Die Spenden hatten sich in der Nacht halbiert ...

6

Wir warteten. Worauf? Auf eine Nachricht der Botschaft, auf Geld, darauf, was mit unserem Auto passieren sollte ...

Die Tage verstrichen. Wir versuchten, die Reise wie in einem Spiegel zu betrachten, schrieben Tagebuch und begriffen, was wir alles verbockt hatten. Was uns jedoch nicht davon abhielt, neue, verwegene Pläne zu schmieden. Je mehr das Geld zusammenschmolz, desto gestärkter waren wir in der Überzeugung, aus diesem Land unerkannt entkommen zu wollen. Dazu mußten wir erstens das Auto am Hafen stehen lassen, zweitens Gina aus der Quarantäne holen – wenn nötig entführen – und drittens ein Schiff in den Süden finden ...

Wir begannen mit Punkt drei.

Yokohama, einer der größten Umschlaghäfen der Welt, war siebzig Kilometer entfernt. Wir nahmen den Narita-Expreß, rauschten an Glastürmen und Reklamewänden vorbei.

In Yokohama löschten wir unseren Durst an einem Brunnen. Wir besaßen noch drei Dollar. Auf der Straße vor dem Bahnhof kam uns ein Clown auf Stelzen entgegen. Er schenkte uns einen Stadtplan, den wir in dieser Millionenstadt gut gebrauchen konnten. Zum Hafen waren es demnach fünfzehn Kilometer. Der Busfahrer wollte dafür unser gesamtes Vermögen. So gingen wir den Weg zu Fuß.

Der Hafen war so groß und unüberschaubar wie die Stadt selbst. Es dunkelte, als wir ihn erreichten. Wir hörten laute Hammerschläge und das Heulen der Transportmaschinen. Mächtige Krananlagen wuchsen vor uns in den Abendhimmel. Wir liefen über einen Abladeplatz, der mehrere Fußballfelder faßte, fühlten uns winzig wie Käfer. Angst überkam uns. Um uns herum kurvten mehrere, an die zwanzig Meter hohe Transporter, die riesigen Insekten ähnelten. Die Fahrer der Maschinen würden es kaum bemerken, wenn sie uns mit einem ihrer zahlreichen Reifen zermanschten oder einen tonnenschweren Container auf uns abluden. So schnell wir konnten, rannten wir unter einem solchen Eisenkoloß hindurch, spürten den Boden vibrieren und erschraken fürchterlich, als sich ein Stahlcontainer auf uns herabsenkte. Wir wollten ausweichen, prallten aber gegen einen bereits abgestellten Container. ›Schach matt‹, schoß es uns durch die Köpfe. Die noch schwebende Last ging so dicht vor unseren Nasen nieder, daß wir die Farbe der meterhohen Aufschrift »Mexico« fast riechen konnten. Die Magnete des Riesentransporters entluden sich, kurz bevor der Container den Asphalt berührte. Es rummste, daß unsere Ohren schmerzten. Das Insekt aus Eisen heulte auf und entfernte sich.

Mit Adrenalin in den Adern, das unsere Knie zittern und die Herzen arg pumpen ließ, zwängten wir uns aus dem entstandenen engen Gang und liefen über unzählige Kabel am Kai einem beleuchteten Schiff entgegen. Unter dem Namen »Ferdinand Marcos« lasen wir: »Philippines«. Von dort aus wäre es nicht mehr weit bis Brunei ...

Ein Matrose mit freiem Oberkörper lehnte sich über die Reling und qualmte verträumt eine Zigarette. Wir bestiegen die Gangway des Schiffs. Sie schaukelte unter unseren Schritten. Wir mußten uns beidhändig hochkämpfen. Oben angekommen waren unsere Handflächen ölgetränkt. Und so galt unsere erste Frage, die wir dem rauchenden Matrosen stellten, einem sauberen Lappen. Der kleine Philippiner lachte. Ihm fehlten einige Zähne. Er warf seine Kippe über Bord, stemmte die Arme in die Hüften und spazierte um uns herum. Dann teilte er uns auf englisch mit, daß er einen Lappen besorgen würde. Er schritt durch den eisernen Einstieg ins Innere des Schiffs. Sekunden später war er zurück und winkte uns, ihm zu folgen. Wir sollten in der Messe warten.

Dort gab es einen Fernseher, darüber ein hölzernes Christuskreuz. Neben der Mattscheibe grinste uns eine nackte Frau aus einem zerfledderten Erotikheft an. Auf den Tischen waren Brotkrümel verstreut. Die anwesenden dunkelhäutigen Männer pokerten offenbar. Einigen schwappte der Bauch über den Gürtel, andere waren sehnig oder spindeldürr. In ihrer Landessprache riefen sie sich wohl die Einsätze zu, lachten dabei schrill. Dann knallten sie ihre Karten auf den Tisch, als wollten sie Löcher in ihn schlagen. Es roch nach Käsefüßen. Obwohl wir Hunger hatten, verzichteten wir, als uns einer der Spieler vertrocknete Kekse anbot.

Der kleine Matrose tippte uns auf die Schultern und reichte uns das Stück eines zerrissenen Unterhemds. Als wir über unsere Finger wischten, fragten wir den Burschen nach dem Kapitän.

»Der ist auf der Jagd.« Der Kleine untermalte seine Worte, indem er seine Hüften und Arme entgegengesetzt vor und zurück bewegte. Dafür erntete er lautes Gejohle von den Spielern. Der Matrose zeigte in Richtung Stadt. Wir sollten am nächsten Morgen um neun Uhr wiederkommen und nach dem

»Boß« fragen. Mit schwachem Hoffnungsschimmer verließen wir das Schiff. Unten am Kai hätten wir wieder einen Lappen benötigt ... Der nächste Frachter lag zwar im selben Hafenbecken, jedoch auf der anderen Seite, was einen Kilometer Fußweg bedeutete. Auf den Kaimauern, an denen keine Schiffe angelegt hatten, saßen Angler neben ihren Autos und warteten geduldig auf einen Fang.

»Schade, wird keiner anbeißen«, sagte Ronald belustigt, zeigte zu den Fischern und erklärte mir, daß immer, wenn er früher mit seinen Kumpanen zum Angeln ging, alle ohne einen Fang nach Hause zurückkehrten. Es war wie ein Fluch, der durch Ronalds Anwesenheit die Fische von den Haken fernhielt. Auf einmal lachten wir. Doch schon im nächsten Moment beneideten wir die Angler. Gern hätten wir mit ihnen getauscht. Aber wir mußten weiter, in den Süden, nach Brunei, um den Tropenfrosch für Anita zu fangen. Vielleicht, so hofften wir, würde dies unsere bisherigen »Leistungen« wieder aufwiegen.

Das Schiff, das dem Philippinendampfer gegenüberlag, brachte uns auch kein Glück. Es sollte in zwei Tagen nach Taiwan auslaufen, eine Insel, auf der, so hatten wir gehört, strenge Quarantänevorschriften galten, strenger noch als jene in Japan.

Nach vier Stunden waren wir fast sämtliche Liegeplätze abgelaufen, auf beinahe alle Schiffe geklettert und hatten nichts weiter als Absagen erhalten. Unsere letzte Hoffnung war das philippinische Schiff und jener amerikanische Containerfrachter, der gerade unter Flutlicht beladen wurde. Er kam aus Washington. Wir staunten nur kurz darüber, waren müde vom Laufen. Wir trotteten unter hausgroßen Kabelkrananlagen, an denen noch gearbeitet wurde, hindurch.

Die Gangway zu diesem Schiff war recht nobel. Weder wackelte sie, noch wurden unsere Hände geölt. Ein Bursche mit Basecap und scharfgeschnittenem Gesicht stolperte bei dem Versuch, uns den Weg zu versperren, über einen unserer Rucksäcke, die wir bereits neben die Reling gestellt hatten. Der Mann fing sich am Geländer ab und fluchte leise und unverständlich.

»Verschwindet!« war das einzige Wort, das er nicht nuschelte. Davon unbeeindruckt fragten wir nach dem Kapitän. Der Seemann sah uns wütender als zuvor an, bis seine Gesichtszüge durch den unerwarteten Schulterklopfer eines plötzlich aufgetauchten Kollegen ins Überraschte wechselten. Dieser stand da mit freiem Oberkörper, die Arme, dicker als unsere Oberschenkel, die Bauchmuskeln, wie gemeißelt, und auf der hervortretenden Brust eine tätowierte US-Flagge. Er ließ sich von seinem viel kleineren, schmächtigeren Mitstreiter informieren, was wir wollten. Der gab fleißig Auskunft. Anstatt aber, daß der Bodybuilder danach seinen Mannschaftskameraden unterstützte, uns von Bord zu jagen, maßregelte er ihn, warum er uns nicht eintreten lasse, und wies uns dann wie ein Türdiener den Weg ins Innere des Schiffs. Er kam uns hinterher und lud uns zum Drink ein. Wir lehnten ab, wollten uns beim

Kapitän nicht mit einer Alkoholfahne vorstellen, regten einen Umtrunk nach dem Gespräch an. Der Muskelprotz lachte laut auf, nickte und zeigte uns die Treppe zur Kabine des Schiffsoberhaupts.

Wir klopften an seine Tür. Eine dunkle Stimme forderte uns zum Eintreten auf.

»Wer seid ihr und was wollt ihr?« fragte uns der hinter einem Schreibtisch sitzende Kapitän. Seine Leibesfülle war beachtlich. Wir antworteten und erkundigten uns, wohin sein Schiff fahren werde. Er besah uns von oben bis unten und sagte: »Singapur.« Wir begannen, glückselig zu lächeln. Von dort nach Brunei – ein Katzensprung. Wir traten näher an den Schreibtisch.

»Sir, ein krankes Mädchen wartet ...« Der Kapitän hörte regungslos zu, sein teigiges Gesicht ließ keine Veränderung erkennen, fast schien es, als zwinkere er auch nicht. Wir hielten unseren Vortrag und baten einkratzerisch um schmutzigste Arbeiten.

»Von mir aus, ja«, erwiderte der Mann. »Aber ich darf nicht. Die Reederei. Tut mir leid.« Im Grunde hatten wir nichts anderes erwartet. Es war eine Absage, wie die vielen zuvor. Dennoch wurde es uns erst in dieser Kapitänskabine bewußt, daß wir dieses Land ohne Geld nicht verlassen konnten – außer auf einem Schiff. Wir gaben das dem Mann zu bedenken und nervten ihn so lange, bis er überraschend aufsprang, die Faust auf den Tisch knallte und »Raus!« brüllte. Auch uns kochte das Blut hoch. Von ganz allein kamen die Flüche aus unseren Mündern. Dem Kapitän erschienen rötliche Flecke im Gesicht. Er atmete wie ein Stier und zwängte sich durch den an sich recht breiten Spalt zwischen Wand und Schreibtischseite, riß dabei Papier herunter und verlor uns nicht aus den bedrohlich funkelnden Augen. Wir machten, daß wir fortkamen.

Die Stahltreppen wollten kein Ende nehmen. Über uns schwere Schritte. Wir liefen am Eingang zur Messe vorbei, erblickten den Muskelmann, so wie er uns. Er schoß auf uns zu – die Drinks standen noch aus –, wir aber waren schneller als er, rannten zur Gangway, so schnell unsere Beine es zuließen, polterten die steilen Stufen hinunter, flitzten vorbei an den Hafenarbeitern und Anglern.

Neben einem dunklen Gebäude blieben wir stehen. Schniefend schauten wir uns um. Niemand folgte uns. Erschöpft ließen wir uns fallen, sahen wie durch Nebel die beleuchteten Fenster des Frachters aus Washington, hatten noch die Schimpftiraden unseres Wutausbruchs in den Ohren. Was war er anderes als ein Hilfeschrei. In der Ferne erblickten wir den Philippinenpott – nun wirklich unsere letzte Hoffnung.

Müdigkeit ergriff unvermittelt Besitz von uns. Wir hatten uns dermaßen verausgabt, daß wir nur noch ans Schlafen dachten. Es war ein Uhr. Wie Wildhunde streunten wir über den dunklen Asphalt, entdeckten einen mannshohen Holzstapel. Ein sicheres Bett, vor allem vor Ratten. Doch als unser Blut wieder langsamer floß, fröstelten wir in der Sommerkleidung, und der

Holzstapel blieb nur ein Holzstapel.

Wir erreichten die Hauptstraße. Eine Gruppe Motorradfahrer fegte auf Rennmaschinen im gelblichen Laternenlicht an uns vorbei. Dann herrschte wieder Stille. Ein Liebespaar trat aus einem dunklen Hauseingang und kicherte leise. Die beiden beachteten uns nicht. Wir standen an einer Hecke und besprachen eine Idee. Wir hatten eine überdachte, offenstehende Tür ins Visier genommen, die in ein Seemannshotel führte. Als wir hinter uns Schritte hörten, huschten wir in den Eingang.

Von der ersten Etage fiel Licht auf die Treppenstufen. Eine Tür wurde geöffnet. Verzweifelt suchten wir ein Versteck, flüchteten in einen dunklen Raum und verfingen uns in feuchten Bettlaken. Getöse auf dem Flur. Jemand schien etwas abgestellt zu haben. Schritte treppaufwärts. Dann wieder Ruhe.

Wo sollten wir schlafen? Der Betonboden des Wäscheraums war naß und kalt. Wir schlichen zurück auf den Flur, lauschten. Eine Uhr tickte, sonst war es still. Wir zogen die Schuhe aus, stiegen leise die Stufen hinauf. Der erste Stock. Hinterm Empfangstisch las jemand Zeitung, hielt sie dabei vors Gesicht. Wir nutzten die Gelegenheit und huschten vorbei, hinauf in die zweite Etage. Weiche Auslegware dämpfte unsere Schritte. Nachdem wir die dritte Etage passiert hatten, standen wir vor einer verschlossenen Dachbodentür. Der Treppenabsatz davor sollte unser Nachtlager werden.

Es war kurz vor zwei Uhr, als wir uns hinlegten. Der Absatz war nur einen Meter breit und zwei Meter lang. Wir mußten uns mit der halben Länge begnügen, sollte man uns nicht vom unteren Stockwerk aus entdecken. Schulter an Schulter lagen wir auf dem Rücken, lehnten die Beine wie Besenstiele an die Wand und versuchten einzuschlafen. Wir schreckten auf, als ein, zwei Etagen unter uns plötzlich Gelächter ertönte, Türen geöffnet und wieder zugeschlagen wurden. Auf dem Dachboden ließ der Wind eine Flasche rollen. Wir zwängten uns noch enger zusammen. Unsere Mägen knurrten, wir sehnten uns nach den Keksen der pokerspielenden Philippinos. Auch froren wir. Die Kälte durchdrang unsere Shirts. Ronald beschloß, eine Decke zu besorgen und schlich nach unten. Er blieb so lange weg, daß ich unruhig wurde. Dann kam er, mit einer großen, schwarzen Rolle unterm Arm. Als er sie ausbreitete, kicherten wir: Es war ein riesiger Fußabtreter mit der Aufschrift »Welcome«. Er hatte vor der Rezeption gelegen. Die Person mit der Zeitung war gerade nicht am Platz gewesen ... Wir zwängten uns unter die Matte. Staubflocken setzten sich auf unsere Gesichter, doch uns wurde wärmer. Irgendwann krächzten Raben vom Dachboden, so laut, daß wir beteten, niemand würde kommen, um nachzusehen, was da los sei.

Um fünf Uhr morgens weckte uns ein Tablett, das offenbar vollbeladen zu Boden fiel. Staubsauger erklangen, Türen knallten, Putzfrauen schnatterten. Wir zogen unsere Köpfe unter den Abtreter. Bald herrschte wieder Ruhe.

Als wir erneut erwachten, fühlten wir uns halbwegs ausgeruht, waren nur noch etwas träge. Ein Blick auf die Uhr änderte das: Es war zwei Uhr nachmittags. Der Philippinokapitän! Wir warfen den Fußabtreter von uns, sprangen auf, polterten die Treppen hinunter. Unsere Blasen drückten, wir fanden eine Toilette, liefen hinein. Ich stieß mir den Kopf am hölzernen Türsturz, und das, obwohl ich kleiner als Markus bin. Wutentbrannt schlug ich mit der flachen Hand dagegen. Das Fensterglas darüber löste sich aus dem Rahmen und zersprang am Boden. Das war meine besondere Art, dem Hotel für die Übernachtung zu danken. Lieber hätte ich mir eine Ohrfeige verpassen sollen. Doch das mußte ich erst noch lernen.

Der kleine Matrose stand wieder an der Reling und rauchte eine Zigarette. Wir reichten ihm die Ellenbogen, um seine Hände nicht zu ölen. Er führte uns ins Schiffsinnere und einige Treppen hinauf zum Kapitän. Dieser war ein schlanker, grauhaariger Mann mit schulterlangen Locken. Scheinbar war er der einzige auf dem Schiff, dessen Oberkörper ein Hemd umhüllte. Wir erklärten ihm unsere Misere.

»Jungs«, sagte er, kam auf uns zu und knuffte uns in die leeren Bäuche, »ich kann euch helfen.« Er schien nachzudenken, schritt durch die Kabine und verschränkte die Hände auf dem Rücken.

»Das wäre ja ausgezeichnet, denn ...«, doch der Kapitän stoppte unser freudiges Gerede, indem er einen Zeigefinger hob.

»Tausend Dollar pro Nase«, ergänzte er sein Gesagtes und setzte ein Pokerlächeln auf.

Wenig später standen wir wieder am Kai, vor dem Philippinenpott. Unsere Nerven lagen bloß. Wir begannen zu brüllen, so laut wir konnten. Die Psychologen nennen so etwas Urschreitherapie, für die Angler und den kleinen Matrosen waren wir dagegen schlichtweg verrückt. Jedenfalls schüttelten sie die Köpfe, was uns nicht kümmerte. Heiser, aber seltsam ruhig, baten wir den Himmel, uns ein Zeichen zu geben. Nichts geschah. Vor uns, auf dem heißen Betonboden, lag einsam ein Fleck Vogelkacke. War diese Reise ebensowenig wert? Und unsere Zukunft? Hatten wir wirklich geglaubt, von Abenteuern leben zu können?

Wir suchten nach Schatten, setzten uns unters Dach eines Frachtschuppens, als wollten wir uns vorm Himmel verstecken. In diesem Augenblick »starb« die Afrikareise. Sie war nicht besser geplant als diese Tour. Wir sehnten uns nach Routine, nach Teeduft aus der Küche, selbst nach dem Klingeln des Weckers, vor allem aber nach einer Aufgabe, die wir erfüllen konnten. Welche, wußten wir nicht. Wir wußten nur: diese Reise überforderte uns. Denn wir hatten außer unserer Dummheit die Selbstüberschätzung, Naivität und manchmal sogar Unverfrorenheit im Gepäck. Seltsam, wir wollten einem kranken Kind helfen, doch bisher hatte es uns mehr geholfen als wir ihm.

Am Abend streunten wir ziellos die Harumi-Dori-Avenue, eine der Haupt-straßen Tokios, entlang. Die untergehende Sonne spiegelte sich in den Glasfassaden der Bürotürme. Unsere letzten drei Dollar hatten wir vor eini-gen Stunden in einen Cheeseburger investiert, den wir uns brüderlich geteilt hatten.

Wie ein Magnet zog uns ein kleines Restaurant an, aus dem es nach gegrill-tem Steak duftete. Wir preßten unsere Nasen an die Scheiben. Dahinter saßen die Gäste vor großen, gefüllten Tellern. Sie bemerkten uns, starrten zurück, bis wir uns wegdrehten. Als wir noch einmal hineinschauten, hingen ihre Köpfe wieder über den Tellern. Wir erkannten im Fenster unsere Gesich-ter und ihren Ausdruck, der dem des Bettlers auf dem U-Bahnschacht glich. Wir wollten schnell abhauen. Aber dieser Duft! Die Tür stand offen. In der Küche klapperte Geschirr. Eine Mahlzeit für einen Abwasch? Als uns ein Kellner über den Weg lief, gaben wir ihm per Handzeichen unseren Wunsch zu verstehen. Sein Abwinken kannten wir nur allzugut.

Über dem Fischmarkt – er gilt als der größte der Welt – lag eine beklem-mende Stille. Unsere Gedanken flogen viele tausend Kilometer westwärts, zu bunten Fischerbooten, dem alten Leuchtturm, dem Geruch von Algen und Tang in den Gassen ... Daheim war jetzt Mittagszeit.

Wir blieben auf einer Stahlbrücke stehen, schauten aufs Wasser und ver-suchten, der Angst in uns ein wenig Hoffnung beizugeben, wußten aber nicht, womit. Die Sonne verschwand hinter den Häusern, hinterließ kurze Schat-ten. Ein flunderähnliches Passagierschiff, auf dem Musik gespielt wurde, zerschnitt das dunkle Wasser. Die Passagiere wiegten sich im Rhythmus der Zupfinstrumente. Bunte Lämpchen blendeten uns. Eine Welt, der wir ferner fast nicht sein konnten.

Wir schlossen das Auto auf. Ein Trost war der kommende Schlaf – und eine Tüte Hundefutter. Gierig wie sonst Gina schlangen wir die harten, salzigen Brocken herunter und stellten uns dazu den Duft aus dem Restaurant vor ...

8

Ausgerechnet die Deutsche Botschaft, von der wir nichts erwarteten, hatte eine Überraschung für uns. Wir erfuhren davon per R-Gespräch.

»Ich habe Geld für Sie«, schnarrte die Sekretärin durch den Hörer. Und wenig später war selbst sie, diese unterkühlte Person, sprachlos, so schnell waren wir bei ihr. Neben ihr stand ein Mann, viel kleiner als sie. Er hatte eine ausgeprägte Halbglatze und trug eine große Silberbrille. Die beiden Bot-schaftsmitglieder empfingen uns wie eine Delegation, reichten uns sogar die Hände zum Gruß. Der kleine Mann war der Konsul.

»Nun können wir uns freuen.« Er strich sich über seinen kleinen Wohlstandsbauch, als machte auch ihn die frohe Nachricht satt.

Unsere Heimatstadt hatte 2 300 Mark überwiesen. Aber wie sollten wir uns freuen? Wußten wir doch, was man uns nun sagen würde. Unser Auto konnte schließlich nicht ewig am Hafenzaun parken, sollte für dieses Geld verschrottet werden.

Während die Sekretärin uns dies mitteilte, zuckte ein Grinsen über ihre Lippen. Wir erfuhren auch, daß die Botschaft ein paar Freunde bei einem Verschrottungsunternehmen hätte. Auf unsere Bitte, bei der Firma einen Preisnachlaß zu erfragen, ernteten wir Entsetzen.

»Um Himmelswillen.« Die Sekretärin blies ihre gepuderten Wangen wie eine Unke auf. »Wir müssen auch an unsere Aufträge denken. Es reicht doch, wenn Sie diese Sorge los sind!«

»Aber wie sollen wir den Frosch besorgen?« fragten wir kleinlaut.

»Nun hören Sie sich das an«, brauste sie mit Blick auf den Konsul auf, der still danebenstand. »Die wollen zum Sultan und schieben ein krankes Kind vor.« Jeder hat seine eigene Meinung von Egoismus. Der unsrige schien von der schlimmsten Art. Dennoch war es bloße Verzweiflung, die uns antrieb.

»Sie sehen hungrig aus«, sagte der Konsul zu uns. Wir müssen dagestanden haben, als wären all unsere Muskeln verkümmert. »Ich habe was für Sie«, fuhr er fort, dann sprintete er mit seinen kurzen Beinen, die von einer Tuchhose bedeckt waren, die Treppen hinauf und ließ uns mit der Sekretärin allein, die nun eitel schwieg und mit verschränkten Armen am Empfang lehnte. Nach einer Weile kehrte der Konsul mit einer gefüllten »Edeka«-Tüte zurück.

»Hier, nehmen Sie!« Er überreichte uns den Plastiksack wie einen Pokal. »Meine Erdbebennahrung Ich gehe nach Deutschland, muß das Zeug loswerden.«

Da war es um uns geschehen. Wir flitzten mit dem Beutel davon und riefen, bevor wir den Ausgang passierten, unseren Dank durch das Foyer.

9

Endlich waren wir am Auto angekommen. Obwohl wir in den letzten Tagen kaum etwas gegessen hatten, bewegten uns – trotz des Proviants vom Konsul – ganz andere Gedanken. Wir lehnten die Tüte ans Hinterrad, liefen zum Kai, starrten auf die glitzernden Wellen. Wie schnell mochte ein Auto bis zum Grund sinken?

Wir warteten, bis die Nacht hereinbrach. Unsere Mägen waren inzwischen mit Würstchen und Bier gefüllt. Eine eigenartige Erdbebenvorsorge.

Der Himmel war bewölkt. Um uns Finsternis. Wir lauschten in die Stille, schauten uns um, sahen nicht viel, spürten, wir waren allein. Selbst das sonst geöffnete Hafenrestaurant hatte geschlossen. Ein Zeichen?

Unterwegs im Osten Polens.

Viele Rentner sind die Verlierer der Perestroika.
Oft müssen sie betteln. Noch können wir etwas geben.

*In der Nähe von Omsk überschlagen wir uns mit dem Wagen.
Hier unsere sibirische Rettungsmannschaft.*

Tankstelle hinter Nowosibirsk.

Kiosk in Ulan-Bator.

Endstation Tschernyschewsk? Die Fernfahrer Viktor und Wolodja (v.r.) ermöglichen uns die Weiterfahrt Richtung Wladiwostok.

Besonders die japanischen Mädchen sind verrückt nach
Gina, möchten sie streicheln. Da wir kein Geld mehr haben,
überlegen wir, ihnen einige Yen dafür abzuknöpfen.
Wir lassen es jedoch bleiben.

Händler in Bandar Seri Begawan, der Hauptstadt Bruneis.

*Ah Long und seine Frau (r.) in Brunei. Mit ihnen fängt Markus
den Frosch für Anita. Daneben Freunde des Paars.*

Der Imbißverkäufer in Colombo.

Wir trampen entlang des Karakorum-Highways durch Pakistan.

Polizei in Pakistan: „Ihr habt eure Autos, wir unsere Waffen.

*Kasachische LKW-Fahrer werden unsere Freunde. Das Foto entstand
kurz vor unserem versuchten Grenzdurchbruch nach Kasachstan.*

Per Taxi von Ürümqi zur chinesisch-kasachischen Grenze.
Wir sind am Ende unserer Kräfte.

Die Lady aus Chorgos bewahrt uns vorm Verzweifeln.

Wir räumten das Gepäck aus dem Toyota, lösten die Handbremse und schoben ihn an. Die Polizisten irrten: Dies war die billigste Variante, das Auto loszuwerden. Wir würden sagen, es wurde geklaut, und die 2 300 Mark gehörten uns. Bis zum Hals schlugen unsere Herzen, vor Freude und Angst. Wir näherten uns dem Hafenbecken, zwei Meter, einen ... Rumms! Unsere Köpfe knallten gegen die Heckscheibe. Ronald fluchte. Lauter war ich, denn mir blutete die Nase. Wir rannten zum Beckenrand – und begriffen: Die Pollerabstände waren um einige Zentimeter zu schmal für das Auto. Allmählich glaubten wir an eine Verschwörung. Wie konnten wir soviel Pech haben? Einen Moment später aber war dies unser Glück.

»Hallo?« hallte es plötzlich von den alten, vergessenen Containern neben dem Eingangszaun her. Eine Flasche rollte über den Betonboden. Die Wolken gaben den Mond wieder frei. Auf den Hochhäusern blinkten rote Positionslichter. Wie erstarrt standen wir am Wasser.

»Wer ist da?« riefen wir in die Nacht. Wir sahen die Umrisse einer sich nähernden Person, vermißten Ginas Wachsamkeit, ihr lautes Anschlagen. Wir blickten zum Auto vor den Pollern, das unseren mißglückten Plan verriet ... Der Umriß gab eine blaue Uniform preis. Der Zöllner! ›Jetzt sind wir dran‹, war unser erster Gedanke.

Wider Erwarten sprach der Gesetzeshüter mit bebender Stimme: »Ich brauche Ihre Hilfe.« Nun erkannten wir sein Gesicht und die geröteten Augen. Er konnte unser Gepäck am Zaun sehen, die zusammengedrückte Stoßstange am Poller, meine blutige Nase ... Doch was tat er? Er schluchzte und lehnte sich ans Auto, das schon längst im Wasser hätte verschwunden sein sollen.

»Niemand mag mich«, seufzte der Zöllner. »Und jetzt bin ich ein Mörder.« Wir wichen zurück, doch dann wurde uns klar, daß wir ihn so bezeichnet hatten, als er uns Gina wegnehmen wollte. Wir erwiderten, daß wir uns im Grunde genommen ebenso einsam fühlten wie er und die Beschuldigungen nur unsere Ausweglosigkeit beschrieben hatten. Verwundert machte er eine Schluchzpause. Dann aber ging es wieder los. Seine Eltern seien schon lange gestorben. Er sei 47 Jahre alt, habe keinen wahren Freund und sei noch nie mit einer Frau ausgegangen.

»Verreisen Sie manchmal?« fragten wir ihn und hofften, er würde nicht zum Gepäck sehen. Er schüttelte den Kopf und behauptete, Tokio nie verlassen zu haben. Auf diesen Gedanken sei er noch nie gekommen. Für uns schier unglaublich, wollten wir doch seit Tagen nichts wie raus aus dieser Stadt.

»Seltsam.« Er zeigte auf das Lichtermeer der Stadt. »Millionen Menschen.« Dann schaute er uns fragend an. »Ob die sich auch so verlassen fühlen wie ich? Und Sie zwei? Sie auch?« In Anbetracht der Situation wünschten wir uns im Augenblick nichts sehnlicher. Dennoch tat uns der Zöllner leid, und wir versuchten, ihm einen Tip zu geben.

»Sie sollten mal Urlaub machen, in ein Flugzeug steigen, über den Ozean fliegen, weit weg von hier.« Er schwieg. Gemeinsam sahen wir zum Himmel, an dem der Mond wieder hinter den Wolken verschwand.

»Ein schöner Gedanke«, flüsterte der Mann und nickte. »Vielleicht«, sagte er wenig später zum Abschied, »sind Sie meine ersten Freunde.« Er lächelte und verschwand im Dunkel.

10

Am nächsten Morgen packten wir das, was uns wichtig erschien, in die Rucksäcke. Den Rest ließen wir im Auto, das es bald nur noch als koffergroßen Metallwürfel geben würde. Es stand wieder am Zaun, als sei nichts passiert. Sein Anblick ödete uns an. Die Hafenluft, die wir seit fast zwei Wochen atmeten, schien uns zu ersticken. So fuhren wir zum achtzig Kilometer entfernten Flughafen Narita, in dessen Quarantänestation Gina untergebracht war.

Der Zug war überfüllt, die Menschen wollten ihre freien Tage im Grünen genießen. Um aber Wälder und Reisfelder zu erspähen, mußten sie mindestens siebzig Kilometer aus dem Zentrum hinausfahren.

Der Tierarzt, der Gina sozusagen vor der Polizei gerettet hatte, sortierte einige Hefter in seinen Aktenkoffer, als wir sein Büro im Flughafen betraten. Er sah uns und zeigte auf seine Armbanduhr. In fünf Minuten habe er eine Sitzung über Katzenallergien zu leiten. Für uns sei er erst wieder am nächsten Tag zu sprechen. Er schnappte sich einen Filzstift vom Schreibtisch und malte uns den Weg zu Ginas Gehege auf einen Briefumschlag.

Der Arzt verschwand und ließ uns mit einem Problem zurück: Wie die zwanzig Kilometer zum Gehege bewältigen, wenn dorthin nur ein »betrugssicherer« Bus fuhr? Es war früher Nachmittag. Ein Fußmarsch machte heute keinen Sinn mehr.

Wir setzten uns in die Wartehalle des Flughafens. Unsere Mägen knurrten. Als wir den restlichen Erdbebenproviant aus dem Rucksack kramen wollten, schoß es uns in die Köpfe: Der Beutel lag noch im Auto.

Ein dicker Japanerjunge setzte sich neben uns. Fast, als wollte er uns ärgern, knisterte er mit einem halbvollen Naschbeutel, zog einen Keks mit Marmeladenüberzug heraus, betrachtete ihn ausgiebig und zermalmte ihn dann zwischen den Zähnen. Er tat, als sähe er uns nicht, beobachtete uns aber aus den Augenwinkeln. Schon spielten wir mit dem Gedanken, ihm die Kekse zu entreißen. Doch unser Hunger war dafür noch nicht stark genug.

Wieder begann eine Nacht. Die 14. in Japan und die 62. der Reise. Wir blieben im Wartesaal und lagerten die Füße auf den uns gegenüberliegenden Sesseln. Der Hunger verstärkte sich. Neben unseren Sitzen stand ein Papierkorb. Wir durchsuchten ihn nach Eßbarem, fanden aber nur leere Verpackungsreste.

Kurz vor Mitternacht verschloß der Wachdienst die Eingangstüren des Airports. Wer auf den bequemen Gummisesseln übernachten wollte, mußte dem

Personal sein Flugticket zeigen. Wir versuchten es mit der Referenz des Rostokker Oberbürgermeisters. Der Wachmann, der sich mit einem Kopfnicken zu uns gehockt hatte, war irritiert, konnte keine der drei Übersetzungsvarianten des Schreibens lesen. Wir verwiesen auf das Stadtsymbol des Briefkopfes. Da nickte der Wachmann fleißiger als vorher und ließ uns in Ruhe.

Nicht nur wegen unserer knurrenden Mägen fanden wir keinen Schlaf, sondern auch wegen zwei Arabern. Sie telefonierten und redeten so laut wie am hellichten Tag. Ein Job für den Wachdienst. Man tippte den Männern leicht auf die Schultern und hielt die Zeigefinger vor die Lippen. Dies geschah mit einer derartigen Reserviertheit, daß wir glaubten, die Araber würden das Personal auslachen. Statt dessen befolgten sie den Rat des Ordnungsdienstes, und es kehrte wieder Stille ein.

Nicht lange, denn nun waren wir die Ruhestörer. Wie wir uns auch drehten, in unseren Bäuchen gluckste und knurrte es. Und die Wachmänner schauten schon zu uns.

Dann aber lehnten sie sich in ihren Plastikstühlen zurück und – wir trauten unseren Augen nicht – hielten ein Nickerchen. Sie hatten ihre Mützen tief ins Gesicht gezogen und die Arme vor der Brust verschränkt. Im Fernsehen hatte es früher eine Serie über die Flughafenpolizei Tokio gegeben. Szenen wie diese waren nicht vorgekommen.

Wir setzten uns auf und grübelten. Sollten wir uns was zu essen besorgen? Die Gelegenheit war günstig. In Japan heißt es:»Diebe ruhen nie, Wächter ab und zu.«

»Was sind schon ein paar Schokoriegel?« sagten wir uns. Damit gaben wir nicht zum ersten Mal unsere Ehrlichkeit auf. Die Rolltreppen standen still. Wir wieselten auf Zehenspitzen die Stufen hinauf. In der zweiten Etage sahen wir einen Süßwarenladen mit einem Rollgitter vor dem Eingang. Das Flutlicht des Flugplatzes schien fahl durch die großen Hallenfenster, sonst war es finster. Die Abfertigungsschalter wirkten wie Kulissen, und man konnte sich kaum vorstellen, wieviel Menschen dort am Tag angestanden hatten. Unsere Schritte hallten auf den Fliesen, obwohl wir vorsichtig auftraten. Rasch zogen wir die Schuhe aus und stellten sie neben die Rolltreppe.

Der Besitzer unseres auserkorenen Ladens schien ein Herz für Diebe zu haben. Unsere Hände paßten leicht durch die Gitterstäbe, und wir mußten uns nicht anstrengen, die Schokoladenriegel aus dem Regal zu greifen.

Plötzlich Schritte, die sich näherten. Sofort ließen wir unseren»Schatz« fallen, rissen die Hände aus dem Gitter, schlichen in Richtung Rolltreppen.

»Stop!« Der Ruf blieb nicht ohne Wirkung. Uns schien das Blut in den Adern zu gefrieren. Eine Taschenlampe blendete uns. Energisch klingende, japanische Worte. Wir sahen eine Uniform, einen Schlagstock, ein fülliges Gesicht, das ohne Pause auf uns einredete. In unserer Not zeigten wir auf unsere Hosenschlitze, kniffen die Beine zusammen, verzerrten die Gesichter. Auf einmal schwieg der Mann und zeigte ein Stockwerk tiefer auf eine schwach beleuchtete Toilettentür. Unmerkbar atmeten wir auf und eilten zu den Rolltreppen. Dort täuschten wir ein Stolpern vor und ergriffen unsere Schuhe.

Was wir in der Nacht nur vorgegaukelt hatten, übermannte uns am Morgen. Wir sprinteten förmlich zur Toilette.

Während wir an den Urinalen standen, bemerkten wir überrascht, daß in einem der Becken eine Hundert-Yen-Münze schwamm. Selig lächelnd fischten wir sie heraus und fanden: Geld stinkt nicht.

Das Fundstück entsprach bedauerlicherweise dem Preis von nur einem Schokoriegel. Doch es war gut genug für einen neuen Plan.

Unser Süßwarenladen hatte geöffnet. Zwischen den Regalen herrschte gähnende Leere. Die Leute drängten sich lieber im Souvenirgeschäft schräg gegenüber. Uns war das recht. Zudem hatte unser Laden auch die für unseren Zweck am besten geeignete Kasse, denn sie stand versteckt hinter den Regalen. Wir schlenderten zu jenem mit »Snickers« und »Kit-Kat«, unterhielten uns und täuschten ab und zu ein Auflachen vor. Dadurch fielen wir nicht auf, denn Diebe halten normalerweise ihre Klappen. Ronald tat, als suche er etwas in meinem Rucksack. Er zog seine Finger wieder heraus und ließ ihn offen. Kurzer Blick nach links und rechts, ein Tarnhüsteln, Ronalds Hand voller Schokoriegel, die im Rucksack landeten ... Von den einhundert Yen kauften wir einen »Kit-Kat«, wofür sich die hohlwangige Kassierin bei uns mit einem Lächeln bedankte.

Nie hatte uns etwas besser geschmeckt als diese Süßigkeiten. Wenn's doch auch so einfach wäre, Flugtickets zu klauen ... Wir saßen neben einem Reisebüro. Uns kam die Idee, uns die Billetts »auszuborgen«.

»Wir schicken ihnen das Geld aus Deutschland«, versprachen wir dem Reiseverkäufer, der uns im Büro gegenübersaß. Dieser sprach Englisch, war noch recht jung und offenbar ein Spaßmacher. Während uns die Sache sehr ernst war, jonglierte er mit drei Apfelsinen und sagte: »Schafft ihr's mit sieben, schenke ich euch die Tickets.« Dann fing er die Früchte nacheinander auf, warf zwei davon in einen geflochtenen Korb, der auf der Fensterbank stand und schälte die dritte ab. Als er sie verspeist hatte, sprang er aus seinem Ledersessel auf.

»Hat mich gefreut, euch kennenzulernen.« Er kniff keck ein Auge zu und reichte uns seine Visitenkarte. Ronald schob sie ins Portemonnaie, wobei der Verkäufer die »Mastercard« entdeckte.

»Und was ist damit?« fragte er und zeigte auf sie. Als wir das leere Konto erwähnten, winkte er ab und wies zu den Flugschaltern hinterm Bürofenster.

»Geht hin und holt euch die Tickets«, meinte er wie selbstverständlich. »Wozu heißt das Ding Kreditkarte?«

Wir machten es, wie er gesagt hatte, zweifelten aber an seinen Worten, lächelten über sie. Bis uns die Dame am Schalter von »Singapore Airlines« die

Billetts für den Flug nach Brunei herüberschob. Doch selbst da war's unfaßbar. Wie hypnotisiert sahen wir auf die Startbahn und malten uns den Segen aus, Japans Boden endlich zu verlassen.

Als wir in das Büro des Tierarztes platzten, stand dieser, bestens gelaunt, wie es schien, vor laufender Fernsehkamera. Ein Assistent wies uns an, leise zu sein, dies sei eine Livesendung. So blieben wir an der Tür und warteten. Wir verstanden nicht, was genau der Tierarzt sprach, wohl aber, worum es ging. Während er sich einer schwungvoll-seidigen Gestik hingab, zeigte er auf einige Hunde und Katzen, die ihm wie einem Dompteur zu Füßen lagen. Unter ihnen Gina – mager, mit hervortretenden Rippen und krausem Fell! Sie erkannte uns, sprang auf, ohne Rücksicht auf die Liveschaltung. Wir drückten sie an uns, liebkosten sie, streichelten ihren dünnen Körper – uns war zum Heulen. Was hatten wir ihr angetan, sie auf diese Reise mitzunehmen? Wut stieg in uns auf, als wir den Tierarzt beäugten, der ihr, so glaubten wir, nichts zu fressen gegeben hatte und sich jetzt vor der Kamera in Szene setzte. Wir erhoben uns und schritten auf ihn zu.

»Sie Tierquäler!« schnauzten wir ihn an und zeigten auf Gina, die, anstatt zu leiden, uns vor Freude fast umwarf. Auch dem Arzt schien das Interview nun zweitrangig. Er verteidigte seinen Ruf in unserer Tonlage. Was uns einfallen würde, der Hündin ginge es doch gut. Sie habe ihr Winterfell verloren, na und? Seine Handbewegungen waren nicht mehr seidig. Der Kameramann postierte sich indes breitbeinig vor uns und übertrug den Wortkrieg in die Wohnzimmer Japans. Ihm schien die Situation recht zu sein. Als die Sendezeit endete, bedankte er sich bei uns. Wir und der Arzt standen verdutzt vor ihm, hatten uns einen Fernsehauftritt anders vorgestellt.

Ohne um Erlaubnis zu fragen, öffneten wir eine Dose Hundefutter, die auf dem Schreibtisch stand. Das Fleisch kippten wir in einen Napf mit dem lächelnden Abbild eines Bernhardiners. Gina verschlang die Brocken wie nach einer Hungerkur. Wir streichelten ihr Fell, als könne es davon nachwachsen.

»Warum habt ihr sie nicht besucht?« maßregelte uns der Tierarzt, der sich etwas beruhigt hatte. »Wißt ihr nicht, daß Hunde kaum fressen, wenn sie ihr Herrchen vermissen?« Ja, wir wußten das, hatten nur nicht gewußt, wie wir täglich die Distanz von achtzig Kilometern hätten überwinden sollen.

Für den Flug mußte Gina in einem tragbaren Hundekäfig untergebracht werden.

»Behaltet ihn und macht keinen Ärger mehr.« Der Tierarzt klopfte auf die Box. »Seid froh, daß euer Zöllner die Rechnung für die Quarantäne bezahlt hat.« Wir glaubten unseren Ohren nicht. Wollte uns der sensible Zollmann auf diese Weise zeigen, daß ihm die Angelegenheit mit Gina leid tat? Dabei hatten doch wir so viel gutzumachen und wußten nicht, wie. Wir bedankten uns für die Hundebox und entschuldigten uns für unser Benehmen.

»Ist schon gut« erwiderte er. »So ein Tier kann einem ans Herz wachsen.«

Er hielt uns die Tür auf und sah uns noch nach.

Als wir am Check-In standen, nahte ein schwarzgekleideter Mann im Laufschritt und sprach nebenher in ein Funkgerät. ›Der ist für uns bestimmt‹, ahnten wir, bereits geschult darin, neuerliches Ungemach zu wittern. Der Mann bremste seinen Lauf an Ginas Transportbehälter ab. Sie bellte. Die Passagiere zuckten zusammen und bedachten uns mit vorwurfsvollen Blicken.

»Hunde«, sagte der Neuankömmling kurzatmig, »dürfen nicht in unser Flugzeug. Nicht nach Singapur und nicht nach Brunei.« Niedergeschlagen und für ein Wortgefecht zu schwach setzten wir uns auf die Gepäckwaage. Der Angestellte hielt uns ein Papier, ein bedrucktes Gesetzblatt aus Brunei, entgegen. »Man könnte Ihren Hund dort erschießen.« meinte er. Schweigend erhoben wir uns und trotteten zu den Polstersesseln am riesigen Aussichtsfenster. Dort standen einige Menschen und sahen einer startenden Boeing nach. Für einen Moment mußten wir an eine Flugzeugentführung denken ... Wieder näherte sich der Angestellte mit dem Funkgerät.

»Am besten buchen Sie Ihre Tickets um«, sagte er im freundlichsten Englisch, als er vor uns stand. Er führte uns zu einer Weltkarte, die neben der elektronischen Anzeigetafel hing.

›Warum sehen wir uns das überhaupt an‹, fragten wir uns und gaben das dem Mann schulterzuckend zu verstehen.

Später, am Abend, standen wir allein vor der Karte, waren zuversichtlich und hatten wieder einmal einen Plan ...

Am folgenden Abend flog Ronald mit Gina nach Sri Lanka; ein Land, das offenbar kein Geld für Quarantäneärzte besaß. Dort sollte mein Freund auf mich warten, bis wir gemeinsam durch Indien übers Festland nach Hause trampen würden. Zunächst aber wartete ich auf mein Flugzeug nach Brunei, mit der Hoffnung, den Frosch zu besorgen und den Sultan zu treffen. Eine Aufgabe, der ich mit einem lachenden und weinenden Auge entgegensah; lachend, weil wir abermals ein Schlupfloch durch unsere eigens heraufbeschworenen Probleme gefunden hatten; weinend, weil ich allein war und mich auf dieser Reise, die wir vor neun Wochen in Rostock so zuversichtlich begonnen hatten, verlorener denn je fühlte. Ich wußte nicht, wann ich Ronald und Gina wiedersehen würde, noch nicht einmal, ob. Wir hatten nur die Gewißheit, in den nächsten Tagen nicht hungern zu müssen, denn der Flug nach Sri Lanka war billiger als der nach Brunei. Wir hatten Geld zurückerhalten und die fünfzig Dollar brüderlich untereinander aufgeteilt.

Ich saß am Bullauge der Boeing, schaute auf die Startbahn, auf die ein Gewitterregen niederging und schluckte an einem Kloß im Hals. Doch als der große Flieger abhob, wuchs meine Hoffnung. Bald schwebten die schwarzen Gewitterwolken unter mir, und ich hatte das Gefühl, meine Angst wie das, was wir getan und erlebt hatten, zurückzulassen.

SRI LANKA

1

Kurz vor Mitternacht verließ ich den schwach beleuchteten Flughafen von Colombo. Als ich ins Freie trat, schlug mir feuchte Hitze entgegen, die mir den Atem nahm. Ein Thermometer, das an einer ausgeblichenen Säule hing, zeigte auf 28 Grad. Die Skala reichte bis »60«. Ich öffnete das Türchen der Hundebox. Gina sprang mit all ihrer Lebenslust heraus und leckte mir übers Gesicht. Die Mitarbeiter der Gepäckaufbewahrung hoben den Behälter für mich auf. Irgendwie ahnte ich, daß wir ihn noch einmal brauchen würden.

Ich stand an der Bushaltestelle, die von einer schiefen Straßenlaterne bestrahlt wurde und überlegte, zu Fuß in die dreißig Kilometer entfernte Stadt zu gehen. Ich hatte mehr Zeit, als mir lieb war, und das Fahrgeld konnte ich gewiß noch anderweitig gebrauchen. Mein Blick fiel auf meine Beine, an denen die Radlerhose schlaff herabhing. Noch vor einigen Wochen hatte sie stramm gesessen. Ich schnallte mir den schweren Rucksack auf. Die Riemen schnürten sich schmerzhaft in meine Schultern. Ich trottete, bucklig wie ein altes Männlein, die Palmenallee entlang. Plötzlich – Hundegebell. Gina spitzte die Ohren, sträubte die Nackenhaare. Fünf zerzauste Straßenköter rannten auf uns zu. Meine Knie begannen zu flattern, geschwind sammelte ich vier faustgroße Steine auf, während Gina unruhig auf mein Kommando wartete. Mit voller Wucht schmiß ich die Steine auf die Meute, traf. Die Köter schienen nicht beeindruckt, waren fast bei uns. Auf einmal lief Gina ohne Befehl auf sie zu, stürzte sich auf die ersten zwei. Überraschend ergriffen die Tiere die Flucht ...

Stolz streichelte ich danach meine Hündin. Doch bald sollte es schlimmer kommen. Ich ging mit ihr unruhig die schwach beleuchtete Hauptstraße entlang. Fliegen umsummten mich. Es stank nach Kot und Urin, links und rechts von mir eingefallene Holzhütten mit Dächern aus Stroh und Pappkartons, schiefen, türlosen Eingängen und teils zugenagelten Fenstern. Irgendwo weinte ein Baby. Die Straßen waren menschenleer. Nur ein dürrer alter Mann saß regungslos vor einer der Behausungen auf der Erde. Er trug ein graues Tuch um die Hüften, seine Haut war ausgetrocknet und faltig, die Arme, fast so dünn wie meine Daumen, das Haar, schlohweiß, die Augen, hervorquellend, ins Nichts starrend. Begleitet von einem leisen Singsang, zeigte er mir seine ausgebreitete Hand.

›Beachte ihn nicht‹, sagte ich mir, um meine wenigen Dollar zusammenzuhalten. Doch was, wenn ich wie er ... Ich legte fünfzig Cent in die Hand des Mannes, der daraufhin den Kopf senkte und die Münze mit seinen spinnenbeinartigen Fingern fest umschloß. Plötzlich ertönte neben mir eine Hupe.

Irritiert drehte ich mich um, sah einen Mazda, dessen Beifahrerscheibe heruntergekurbelt wurde. Im Fenster erschien der kahle, braungebrannte Kopf eines mittelalten Mannes.

»Hello, weißer Junge«, sprach er mich mit tiefer Stimme auf englisch an. »Ich kann dich mitnehmen.« Das war Musik in meinen Ohren. Als ich mit Gina auf der Rückbank des Wagens saß, warf ich einen Blick zurück. Der Alte war verschwunden. Daß mein Chauffeur mit mir von der Hauptstraße abbog und über einen holprigen Weg in den Dschungel fuhr, wollte mir nicht gefallen. Ich zog Gina dichter zu mir heran. Die Lichtkegel der Autoscheinwerfer sprangen über riesige Palmen und Lianen. Der Fahrer sagte kein Wort.

Nach einer Weile standen wir vor einem hohen Maschendrahtzaun mit hölzernem Eingangstor. Ich suchte nach einer Erklärung, was ich hier sollte. Der Mann öffnete das Tor, fuhr den Wagen auf einen Parkplatz und schaltete den Motor ab. Derweil hatten sich meine Augen an die Dunkelheit gewöhnt, und ich erkannte zwei lange, zweistöckige Spitzdachhäuser.

»Willkommen in Boystown«, sagte der Fremde. »Du kannst hier übernachten.« Erleichtert entstieg ich mit Gina dem Mazda und hörte die fremdartigen Laute des Dschungels. Die Hündin spitzte die Ohren und umkreiste mich aufgeregt. Als auch der Mann ausgestiegen war, stellte er sich mir als Priester Philipe vor.

»Hier schlafen meine Söhne«, sagte er und breitete die Arme zu den Hütten aus. »Es sind Jungs in deinem Alter. Sie brauchen eine Hand auf ihrem Weg zu Gott.« Er sah mich durchdringend an.

»Du bist doch auch katholisch, oder?« fragte er. Ich nickte, erleichtert, es zu sein. Wir gingen zu einem weißen Gebäude.

»Und, mein Sohn?« ließ er sich abermals hören. »Womit verdienst du dein Brot?« Mit seinem gebügelten Hemd und der Goldrandbrille machte er nicht den Eindruck, als interessierten ihn Abenteuertouren.

»Ich bin Schlosser«, entgegnete ich und log dabei noch nicht einmal. Schließlich hatte ich diesen Beruf einst erlernt, ihn allerdings nur ein paar Wochen ausgeübt. Mein eigentliches »Metier«, das Reisen, verschwieg ich, um nicht den Schlafplatz zu riskieren. Der Priester fand anerkennende Worte: »Recht so. Das lernen meine Söhne hier auch.«

Das weiße Haus besaß riesige Gazefenster.

»Dein Schlafplatz«, sagte der Mann, öffnete eine hohe Tür und wies bedeutend mit der Hand hinein. Im Dunkel erkannte ich ein Bett, einen Schrank, einen Waschtisch und einen kleinen Eßtisch mit zwei Stühlen. Der Priester schloß von draußen die Tür. Bevor ich schlafen ging, stellte ich Gina eine Schüssel mit Leitungswasser hin und streichelte ihren Fellkopf. Von der weichen Matratze aus sah ich den Mond, dessen weiches Licht auf dem Mobiliar des Zimmers lag. Ich fragte mich, ob ihn in diesem Moment auch Markus anschaute. Dabei kam ich mir etwas albern vor, begriff aber, daß Tausende trennende Kilometer aus Freunden Brüder machen können.

BRUNEI

1

Das Flugzeug befand sich im Landeanflug. Durchs Fenster sah ich auf eine Traumwelt: goldene Kuppeldächer, Palmenhaine, undurchdringbare Wälder. Das erdige Wasser eines Flusses ergoß sich in den hellblauen Ozean. Nur die Ölbohrinseln weit vor der Küste paßten nicht in das friedliche Bild, glichen fremdartigen Wesen, bereit für den Angriff aufs Paradies. Neben mir saß ein molliger Geschäftsmann. Er las in einer Börsenzeitung, die er wie zum Schutz vors Gesicht hielt.

»Wie sehen die Frösche hier aus?« fragte ich ihn aus einer Smalltalklaune heraus und klopfte vorsichtig an die Gazette. Sein Kopf stieg wie ein Ballon hinter ihr auf.

»Bei Allah, was weiß ich?« entgegnete er mit hochgezogenen Brauen. Er schlug die Zeitung zu, legte sie auf den Schoß und besah abschätzig meine kurzen Hosen.

»Ich hab auch lange Jeans im Gepäck«, glaubte ich den Moslem beruhigen zu müssen.

»Gut«, erwiderte er, fast bedrohlich.

Die Boeing kam auf der angeblich längsten Landebahn der Welt zum Stehen. Wenig später nahm ich an der Gepäckausgabe meinen Rucksack entgegen. Im klimatisierten Flughafengebäude konnte man sich die Sauna-hitze vor der Tür nicht vorstellen. Als ich heraustrat, schlug es mir fast die Beine weg, und ich hatte Mühe, sie mit der Last auf dem Rücken zu bewe-gen. Schweiß tränkte mein Shirt, in dem ich in Japan noch gefröstelt hatte. Ich tauschte mein übersichtliches Reisebudget in Brunei-Dollar um. Von den Scheinen lächelte mich der Sultan an. Nun, da ich fast vor seiner »Haustür« stand, in diesem Land angekommen war, für dessen Erreichen wir womöglich auch unsere Seelen verkauft hätten, wurde mir bewußt, was für ein Nutten-gang es war, das Staatsoberhaupt um Geld anzubetteln. Ich versuchte, mir Mut zuzusprechen, nicht schon vor dem Versuch einzuknicken, redete mir ein, daß ich ohne des Sultans Hilfe Brunei nicht wieder verlassen konnte. Die Zweifel am einst so zuversichtlich begonnenen Vorhaben, dem reichsten Mann der Welt zu begegnen, blieben.

Vielleicht lag es daran, daß ich allein war. Gemeinsam mit Ronald hätte ich meine Grübeleien rasch mit unserer fragwürdigen Moral erstickt. Einzig der Gedanke an Anitas Frosch munterte mich auf. Von einem gelungenen Fang träumend stieg ich in den kostenlosen Shuttle-Bus, der mich in die City brachte.

Die Größe der Hauptstadt wollte nicht zu ihrem langen Namen passen: Bandar Seri Begawan. Ein Spaziergang, und sie war durchquert. Moscheen mit vergoldeten Dächern und verfallene Hütten standen dicht beieinander. Dazwischen Bankfilialen aus aller Welt. Arbeiter in weißen Gewändern schleppten volle Obstkisten zu den Hintereingängen kleiner Läden. Eine schwarze Stretchlimousine zerschnitt mir den Blick darauf. Der Wagen hielt an einer Kreuzung, die von strohhütetragenden Frauen in Overalls gefegt wurde.

Ich ging die verkehrsreiche Hauptstraße »Jalaan Sultan« entlang. Aus den Restaurants drang der Geruch von Knoblauch und Chili. Dann gelangte ich zu einem hohen Maschendrahtzaun, der ein Villenviertel von einem Park mit kurzgeschorenem Rasen und zurechtgestutzten Laubbäumen trennte. Schmale Wege, begrenzt von goldschimmernden Laternen, führten durch das Grün. Vor einem haushohen, verzierten Eingangstor, das zwei bewaffnete Wachmänner flankierten, blieb ich stehen. Über die Straße hinter dem Tor spannten sich unzählige Lichterketten. Am Horizont funkelte ein geschwungenes Dach in der Sonne, das einer Hügellandschaft aus Gold ähnelte.

Ich näherte mich einem der Soldaten, fragte, ob das der Palast des Sultans sei. Der Wachhabende blickte stur geradeaus, nickte kurz. Er trug ein hellblaues Hemd mit Schulterstücken und schmaler Scherpe sowie hellbraune Tuchhosen mit weißem Gurt und einem Halfter, in dem eine Pistole steckte. Der Schirm der dunklen Mütze warf einen Schatten auf das bubihafte, von einem gepflegten Schnurrbart dominierte Gesicht des Mannes. Ich hatte schon den oft bemühten Bürgermeisterbrief in den Händen, hielt ihn dem Soldaten entgegen und bat um einen Termin beim Sultan. Jedes meiner Worte schien mir von kindlicher Naivität. Der Wachtposten sah mich an und unterdrückte offensichtlich einen Lachanfall.

»Selbst wenn du der Kaiser von China wärst«, erwiderte er mit bebendem Kinn, »ohne Einladung kommst du hier nicht rein.« Nichts anderes hatte ich erwartet. Vor Stunden, in Japan, ja, da hatte ich noch geglaubt, zum Sultan durchgewunken zu werden, da hatte ich vermutet, daß allein unser, mein weiter Weg einen Empfang rechtfertigte. Jetzt war alles anders, war alles real. Ich stand noch eine Weile bei der Wache, wußte nichts mit mir anzufangen.

»Geh zu deiner Botschaft«, sagte der Mann mit dem Schnurrbart und bat mich weiterzugehen. Das tat ich, motiviert von seinem Vorschlag.

2

Nachdem ich wieder talwärts zur Innenstadt gegangen war, stand ich vor einem vierstöckigen Bürogebäude. Neben vielen Firmen hatte dort auch die Deutsche Botschaft ihren Sitz.

Im Warteraum standen fünf Kunststoffstühle. Als ich meine müden Beine entlasten wollte, rief man mich zum Botschafter. Er hatte eine hohe Stirn und staubgraues Haar. Als er mich sah, versuchte er ein Lächeln.

»Setzen Sie sich«, sagte er und wies auf den kleineren der zwei Sessel. »Hab von Ihnen gehört.« Er zeigte nordwärts, Richtung Japan. »Sie wollen einen Frosch, gut«, setzte er fort. »Aber den Sultan treffen ...?« Er ließ seinen Kopf wie auf einer Spiralfeder wippen. Dann stand er auf, schritt zum Fenster, zog die Gardine zurück und winkte mich heran.

»Da wohnt er«, säuselte der Botschafter, als ich neben ihm stand. »Ach, was heißt wohnt. Er thront.« Er zeigte auf das geschwungene Palastdach, das, auf einem Hügel stehend, aus dem grünen Walddickicht herauswuchs. »Eintausendzweihundert Zimmer, Garagen für eintausendsiebenhundert Autos.« Der Botschafter sog nach Luft. »Er besitzt eine umgebaute Boeing, für die er siebenhundertfünfzig Millionen Dollar bezahlt hat.« Solche Rechnungen, meinte mein Gegenüber, begleiche der Sultan aus der Portokasse, denn er verdiene im Monat soviel wie eine Million gutbezahlte Arbeiter zusammen. Mein Landsmann wußte immer mehr Beispiele aufzuzählen. Und erst, als sein Telefon zum dritten Mal klingelte, setzte er einen Punkt hinter die Ausführungen.

»Kennen Sie den Sultan persönlich?« wollte ich wissen, als er nach kurzer Zeit den Hörer wieder aufgelegt hatte. Mein Gesprächspartner nickte, als täte ihm diese Frage gut. »Dann können Sie mir helfen?« Meine Hoffnung prallte an einer seiner Handflächen ab, die er mir abwehrend entgegenhielt.

»Verlangen Sie nichts Unmögliches von mir.« Er zog die ergrauten Brauen dichter, nahm einen Stapel Briefe in die Hand, winkte mir damit und sagte: »Ich habe noch sehr viel zu tun.«

Daraufhin gab ich ihm einen Brief mit der Bitte, ihn zur Deutschen Botschaft auf Sri Lanka zu faxen. Wenigstens war das nicht unmöglich. In der Hoffnung, daß Ronald meine Zeilen bald lesen würde, dankte ich dem Repräsentanten und verließ sein Büro.

Ich saß an diesem späten Freitagnachmittag schon etwa eine Stunde auf der Treppe vor dem Botschaftsgebäude und konnte mich nicht erinnern, wann je mir Stufen so steinig erschienen waren. Die Haustür wurde aufgestoßen. Der Botschafter und eine blonde Dame im kurzen Leinenrock kamen lachend heraus. Als sie mich sahen, verstummten sie.

»Mein Gott«, bemerkte der Staatsmann. »Wo werden Sie schlafen? Draußen ist es sehr gefährlich.« Ich zuckte die Schultern. Da fuhr ein weißer Mercedes vor, die beiden Leute stiegen ein und winkten mir besorgt zum Abschied.

3

Als der Abend kam, saß ich am Ufer des braunen Flusses, den ich vom Flugzeug aus gesehen hatte. Motorboote zerschnitten das Wasser. Taxifahrer winkten mir, ich sollte einsteigen. Neben mir ein Obstverkäufer, der mir für ein paar Cents zehn Bananen überließ, die klein wie meine Finger waren.

Was hielt mich noch in dieser Stadt? Der Sultan erschien mir weiter entfernt als bei unserem Aufbruch aus Rostock. Ich beschloß, den Ort zu verlassen, Richtung Westen zu trampen, aus dem Gefühl heraus, Sri Lanka und damit Ronald näherzukommen.

Ich stand an der Fernstraße nach Tutong. Auf mein Winken hielt ein bulliger Geländewagen. Staub stieg auf. Ein jugendlicher Chinese war bereit, mich in die nächste Stadt mitzunehmen. Ich warf den Rucksack auf die Rückbank und setzte mich neben den Fahrer. Fr trug ein rotweißes T-Shirt und abgewetzte Jeans, an denen etwas Sand klebte. Er reichte mir die Hand und sagte auf englisch, daß ein Händedruck viel über einen Menschen verrate. Nach seinen Worten war ich es wert, mitgenommen zu werden. Dann stellte er sich als Ah Long vor. Während der Fahrt bemerkte er, daß ich vertieft auf die kleinen Villen am Straßenrand schaute.

»Der Sultan schenkt jeder Familie solch ein Heim.« Und wenig später konkretisierte er: »Wenn sie den Koran verehrt.«

»Und?« fragte ich. »Hat er dir auch so ein Haus geschenkt?«

»Nein. Ich bin Buddhist.« Stolz zeigte er auf ein Hakenkreuz, das vor uns am Rückspiegel umherschaukelte. Ich verstand nicht und sah den Jungen auch so an.

»Ah, du kommst aus Deutschland.« Er faßte mir an den Arm. »Keine Sorge. Das ist eine Swastika, ein Sonnenrad. Für uns ist das ein Zeichen des Lebens.« Während ich darüber nachdachte, brachte mich die kalte Luft aus den Schlitzen der Armaturen zum Frösteln. Die Klimaanlage lief auf der höchsten Stufe. Das Auto besaß keine Heizung, dafür einen Drehschalter für mehr oder weniger Kälte.

»Was ist dein Beruf?« wollte ich von Ah Long wissen. Er griff in eine Ablage neben dem Schaltknüppel, entnahm ihr eine Visitenkarte und gab sie mir. Das kleine, weiße Kartonpapier bildete gemalte Bagger und Kipper ab.

»Ich leite eine Baufirma«, erklärte er und zeigte auf seine schmutzigen Jeans. Ich erfuhr, daß er vor wenigen Jahren von China nach Brunei umgesiedelt war. »Nichts als Schwierigkeiten macht dir dieses Land.« Er kramte nervös nach einer Zigarette. »Sagst du deine Meinung, bist du nichts. Es sei denn, du sagst das angeblich Richtige.« Die Länge seines Glimmstengels schmolz rasch. »Ich bin einundzwanzig. Ich weiß doch selbst, was richtig ist und was nicht. Deswegen bin ich doch hierhergekommen, raus aus China.«

Hinter Tutong, an einer Imbißbude, die aus rostigen Autowrackteilen bestand, stieg ich aus. Zum Abschied sagte mir Ah Long, daß er mich gern wiedersehen würde.

»Meine Frau und ich haben gern Gäste«, rief er durch das Grummeln des laufenden Motors zu mir ins Freie. Ich bedankte mich, ließ die Tür ins Schloß fallen und winkte dem davonfahrenden Ah Long nach.

Von der Bude stiegen bläuliche Rauchschwaden in den Himmel. Der Duft von gegrilltem Hühnerfleisch vermischte sich mit Müllgestank, der von einer nahen Halde herüberzog. Brunei schien nicht nur ein reiches Land zu sein.

Bald kam ein laut klappernder Laster die hügelige Straße hinauf. Der alte Mercedes war vollbeladen und schwankte stark. Er bremste, und ein Mann, der mir bis zum Bauchnabel reichte, lud mich ein mitzukommen. Ich stieg zu. Der Liliputaner stellte mir seinen hageren Kollegen vor. Dieser war, wie Ah Long, Chinese und hieß Chang. Er kaute eine Prise Tabak und spie ihn kurz darauf durch den geöffneten Fensterspalt.

Der Kleine saß in der Mitte. Ich sollte ihn Philipe nennen, gab er mir mit wilder Gestik und ein paar Brocken Englisch zu verstehen. So erklärte er auch, daß man ihn eigentlich Goliath nennen würde. Der Grund seines Spitznamens: Er hatte vier Frauen – und die wollten versorgt werden. Dabei zeigte er auf seinen Hosenschlitz und hielt dann seine Hände weit auseinander. Die meiste Zeit aber fuhren wir wortlos durch die hügelige Landschaft Borneos und hörten dem lauten Brummen des Motors zu.

An der Grenze zu Malaysia, nahe der Küste, überquerten wir mit einer Fähre den Baram, der sein braunes Wasser dem Ozean zuführte. In der Ferne sah ich die bedrohlich wirkenden Bohrinseln.

Wir durchfuhren Mira, eine ziemlich schmutzige Stadt. Danach umgab uns wieder Natur. Mancherorts war der Regenwald bis an den Horizont abgeholzt. Das andere Extrem waren die hohen, lianenverhangenen Bäume, die keinen Blick ins Innere des Urwalds zuließen. Während einer Pinkelpause vernahm ich zum ersten Mal die Geräusche der tropischen Wildnis.

Als sich die Sonne hinter einen Palmenhain zurückzog, wurde es angenehm kühl. Mein Gefühl der Einsamkeit war verschwunden. Ich kam mir frei vor und hatte plötzlich den Drang, immer weiterzufahren. Tage-, wochenlang. Die Welt war ein Paradies. Ich atmete die Luft, die durchs geöffnete Fenster in die Kabine strömte, tief ein. Sie roch nach Gräsern und Erde. Es war wie ein Rausch. Und ich freute mich so sehr, am Leben zu sein, wie lange nicht.

Es war bereits nach Mitternacht, als wir in einem Dorf hinter Bintulu eine Rast machten. Die Grillen zirpten. Meine Begleiter spendierten mir einen Teller Nudeln mit gegrilltem Hähnchenfleisch und eine eisgekühlte Coca-Cola. Gewiß sahen sie nicht wie die Brüder des Sultans aus; ihre T-Shirts hatten Risse, die Turnhosen waren fleckig, und ihre Füße steckten in abgeschabten Jesuslatschen. Die Einladung der Männer bedeutete mir deshalb sehr viel, nicht nur, weil ich solchen Hunger hatte.

Wir saßen unter mannshohen Marlboro-Schirmen, lauschten den exotischen Klängen aus der Musikbox und schmausten mit großem Appetit. Philipe zwinkerte einem Mädchen zu, das Kohle in die heiße Glut der Grillherde nachlegte. Sie schenkte ihm ein Lächeln. Da sprang er auf, stolzierte an den vollbesetzten Sitzbänken zu der fuchsäugigen Schönheit und forderte sie zum Tanz auf. Philipe warf seine Locken zurück und umtänzelte das Mädchen mit reichlich Schwung in den Hüften. Seine Augen funkelten im Licht des Grillfeuers. Die Auserkorene lachte kess, warf einen Blick auf die Hähnchen und folgte wie ein Showgirl seinen schnellen Schritten. Ich erkannte den kleinen Philipe nicht wieder, war erstaunt, wie gekonnt er mit seiner spontanen Art dem Zwergenwuchs trotzte. Chang, der neben mir saß, lachte nur und schüttelte den Kopf. Dann hob er seinen Arm und zeigte Philipe die Uhr. Dieser drückte dem Mädchen einen Kuß auf die Wangen und kehrte dann zu uns zurück.

Wir fuhren bis zum frühen Morgen gen Süden. An einer »Shell«-Tankstelle in Sibu erklärten mir die beiden, daß sie am Ziel ihrer Reise seien. Ich war sechshundert Kilometer von Bandar entfernt. Chang betankte den LKW, dann verabschiedete er sich und fuhr allein zum Betriebshof, um den Laster abzustellen. Philipe, der bei mir geblieben war, schlug mir vor, mit ihm ein Hotel zu suchen. Wegen meines schmalen Geldbeutels winkte ich ab. Der Kleine jedoch ergriff meine Hand und zog mich mit sich.

In den dunklen, schwach beleuchteten Straßen stank es nach vergammeltem Fisch. Mülltonnen lagen umgekippt neben den schäbigen Häusern. An einer Wand stand im grellen Rot: »Fuck you«. Darunter lag ein alter, bärtiger Mann auf einer zerschlissenen Decke. Der Wind füllte einen Plastikbeutel mit Luft und ließ ihn wie einen Ballon aufsteigen. Über einem finsteren Eingang flackerte ein Neonschild mit der Aufschrift »Hotel«. Philipe und ich gingen hinein.

Es roch nach feuchtem Holz. Die Rezeption glich einem Tierkäfig. Hinter dem Metallgitter, an einem zerkratzten Schreibtisch, saß ein grauhaariger, bebrillter Mann im Unterhemd, der sich eine Pfeife stopfte. Er schaute uns mit geröteten Augen an.

»Siebzehn Ringgit pro Zimmer«, sagte er gelangweilt und beschäftigte sich wieder mit der Pfeife. Er entzündete den Tabak, und ein süßlich-holziger Duft erfüllte den Raum. Hilflos sah ich zum kleinen Philipe, in der Hoffnung, er würde mit mir kehrt machen und mich dort schlafen lassen, wo auch er schliefe. Der Kleine aber zückte seine Brieftasche und legte dem Pfeifenraucher das Geld für mein Zimmer hin. Ich versuchte zu protestieren, Philipe winkte ab. Währenddessen nahm der alte Mann wortlos die Ringgit auf und angelte vom Stuhl aus einen Schlüssel vom Bord. Er schob ihn zu uns über den Schreibtisch und zeigte den Gang entlang. Philipe reichte mir die Hand und sagte, er müsse nun eine seiner Frauen besuchen. Dann schaute er mich an, als bemitleide er mich, ohne weibliche Gesellschaft einschlafen zu müssen. Ich wußte nicht, wie ich ihm danken sollte, umarmte ihn kurzerhand, wobei wir wegen des Größenunterschieds ins Torkeln gerieten. Dann löste er sich, winkte mir noch und war verschwunden.

Das Zimmer hatte die Größe einer Abstellkammer. Ein Bett und ein Waschbecken, das war's. An den Wänden entdeckte ich Telefonnummern und Bleistiftzeichnungen, die Frauen mit gespreizten Beinen darstellten. Es stank nach Urin. Als ich das Fenster öffnete, fühlte ich mich wieder so einsam wie auf den Stufen der Botschaft. Nur ein Betrunkener, der draußen ein Lied krächzte, leistete mir mit seiner Stimme Gesellschaft.

Ich drehte den Wasserhahn auf und ließ kühles Wasser über mein Gesicht laufen. Dann schlug ich die fleckige Bettdecke zurück, legte mich auf die quietschende Matratze und versuchte einzuschlafen.

SRI LANKA II

Am nächsten Morgen erwachte ich aus einem Alptraum: Markus, auf einer Dschungellichtung, zerfleischt von einem Löwen. Ich riß die Augen auf. Vor dem Priesterhaus brüllte tatsächlich ein Löwe. Ich rannte zum Fenster, riß die Gardine zur Seite und erblickte ein großes Gehege, durch dessen Gitter vier dunkelhäutige Jungs große Fleischbrocken steckten. War ein Happen auf der Seite der Löwen angekommen, sprangen die Jugendlichen sofort zurück.

Es klopfte an der Tür. Ich öffnete. Vor mir stand ein dunkelhäutiger, jedoch weißhaariger Mann in Kellneruniform.

»Sir, Ihr Frühstück«, sagte er vornehm und reichte mir ein gefülltes Tablett, auf dem ein Teller mit gebratenem Fisch und Reis sowie eine bauchige Kanne Tee standen. Unwillkürlich erinnerte ich mich, vor allem wegen des weißhaarigen Schwarzen, an Uncle-Bens aus der Werbung. Umnebelt vom Essensduft lächelte ich ihn dankbar an. Für Gina hatte der »Uncle« einen Napf mit rohem Fleisch dabei.

Als der Mann fort war, verschlangen Gina und ich das Mahl wie zuvor die Löwen die Fleischbrocken. Erst während wir schmausten, fiel mir auf, wie nobel wir wohnten. An den weißen Wänden hingen goldfarbene Leuchter und Gardinenstangen mit langen, seidenen Vorhängen. Der Teppich war flauschig und glich frischgefallenem Schnee. Was für ein Kontrast zu meiner nächsten Nacht.

Ich ging mit Gina nach draußen, hoffte auf einen gutgelaunten Priester und eine weitere Nacht in seinem Reich. Auf einem Rasenplatz erkannte ich ihn. Wie tags zuvor trug er ein weißes Hemd und eine schwarze Leinenhose. Er war dabei, den Morgenappell zu beenden. Die etwa 250 Jungs – die Söhne des Priesters – begannen, kleine Gruppen zu bilden. Der Mann erkannte mich und winkte mich zu sich. Als ich neben ihm stand, rief er in die Menge: »Meine Söhne. Hier seht ihr einen ausgelernten Schlosser. Das soll auch euer Ziel sein.« Ich merkte, daß ich errötete, denn ich war vor diesem Beruf bisher nur davongerannt. Die Jungs und der Priester aber glaubten in mir ein Vorbild zu sehen. In diesem Augenblick wünschte ich mir, ich wäre tatsächlich eins.

Die Sonne brannte mir auf dem Nacken, als ich mich zusammen mit dem Priester auf eine Bank setzte. Gina hatte es gut, legte sich darunter in den Schatten und mußte sich nicht von Fragen löchern lassen.

»Ich muß sie streng erziehen«, sagte der Geistliche, zeigte auf seine Söhne und zündete sich eine Zigarette an. Wieder brüllten die Löwen. Zwei Jugendliche hatten sie in ein Nebengehege getrieben, um den Hauptkäfig zu reinigen. Der Priester zog an der »Marlboro« und blies den Rauch über meinen Kopf. »Die Löwen machen meine Söhne selbstbewußt«, meinte er zufrieden.

»Machst du Urlaub auf Sri Lanka?« fragte er, nachdem wir eine Weile geschwiegen hatten. »Erholst dich vom Arbeiten, was?« Er schmunzelte. Ich erzählte von Anita, den Sultan verschwieg ich.

»Warum«, unterbrach er mich, »habt ihr dem Mädchen nicht lieber das Geld gegeben, was ihr für diese Reise verbraucht?« Ich wußte nichts zu erwidern. Was sollte ich sagen? Daß wir uns die Tour ganz anders vorgestellt hatten? Der Blick des Priesters hatte sich verdunkelt. Er drückte seine Zigarette an einer Stahlschraube der Bank aus und warf die Kippe neben sich in den Mülleimer. Dann begab er sich von dannen.

Einige Stunden streunte ich mit Gina durch den Dschungel und dachte über die Worte des Mannes nach. Gemeinsam mit Markus hätte ich mich gewiß über den Vorwurf des Priesters hinweggetröstet. Allein aber mußte ich mir eingestehen, daß unser Verhalten einer Flucht gleichkam. Der Priester hatte recht. Wir waren egoistisch. Diese Reise sollte vor allem uns dienen.

Am Nachmittag kam der Gottesdiener auf mein Zimmer. Von einem plötzlichen Besuch sprach er, der diese Nacht meine Unterkunft benötigen würde. Der Priester wollte Gina und mich in die Stadt fahren, wo ich mir ein Hotel nehmen sollte.

»Ich werde im Freien schlafen müssen«, sagte ich, in der Hoffnung, er würde seine Meinung ändern. Doch er schwieg.

In Colombo setzte uns der Priester vor einem großen, rötlichen Sandplatz ab, auf dem an die zwanzig Jungs Cricket spielten. Hinter dem Platz breitete sich das Meer aus, und ich sah zum ersten Mal im Leben den Indischen Ozean. Sein Rauschen sollte mir noch lange in den Ohren klingen. Der Priester hupte zum Abschied nur kurz.

Ich setzte mich auf eine Steinmauer, die den Sandplatz von der Straße abgrenzte. Gina beobachtete mit scharfem Blick einige Raben, die sich ohne Scheu neben uns auf der Mauer niedergelassen hatten. Die Sonne fiel auf meinen Rücken. Es war später Nachmittag. Der Verkehr zischte an mir vorbei. Etwa hundert Meter weiter hatte sich ein Soldat hinter einem Haufen tarnfarbener Sandsäcke postiert. Ich begriff nicht, was das zu bedeuten hatte, fürchtete vielmehr die herannahende erste Nacht der Einsamkeit. Ich begann, Gina von meinen Sorgen zu erzählen. Sie gähnte mich an, müde von der Hitze. Auf der anderen Straßenseite entdeckte ich eine überdimesionierte Werbetafel, die ein Flugzeug abbildete. »Airlanka – Wir fliegen Sie nach Hause«, stand in grellen Lettern darüber. ›Wenn es so einfach wäre‹, dachte ich.

Am Abend gab ich Gina Unterricht in Gehorsamkeit, indem ich sie auf Raben hetzte. Die Hündin war meine Überlebensgarantie. Die Sonne versank im Ozean, und die Straßenlaternen versendeten fahles Licht. Ich suchte das rote Sandareal nach einem Schlafplatz ab. Im Schatten der Steinmauer zu nächtigen erschien mir am sichersten. Ich kickte zerdrückte Colabüchsen und Plastiktüten beiseite und legte mich in den Schlafsack. Dunkelheit schwappte über mich. Ich fühlte mich beschützt von ihr und gleichzeitig unsagbar verlassen. In der Ferne erkannte ich einige Leute, die am Meer saßen und den Samstagabend genossen. Von weitem hörte ich Musik, in die sich das Rauschen des Ozeans mischte. Es war angenehm warm, und die Sterne begannen zu funkeln. Es hätte ein schöner Urlaubsabend sein können.

Der Boden war hart. Kieselsteine drückten sich durch die Daunen in die Haut. Gina lag neben mir, mit einem Seil an den Rucksack gebunden. Ich grübelte, wann Markus vor mir stehen würde.

Als mich der Schlaf überfiel, schreckte mich das wilde Gebell von Gina auf. Drei Typen standen vor mir. Sie hatten Schnapsflaschen in den Händen und fummelten grinsend an ihren Hosenschlitzen ...

BRUNEI II

1

Am Morgen weckte mich das Gezänk zweier Männer vor dem Hotelfenster. Mein Kopf schmerzte. Im Schlaf war ich mit dem Schädel an ein Heizungsrohr gestoßen. Ich saß auf der Bettkante, überlegte, was ich hier, in Malaysia, eigentlich tat, und daß es das Beste wäre, nach Brunei zurückzukehren. Was ich dort sollte, wußte ich freilich auch nicht recht, denn einen Frosch konnte ich hier wie dort wie sonstwo auf Borneo fangen. Immerhin aber, und das gab mir die nötige Motivation, um das Hotel, die Straße, die Stadt zu verlassen, erwartete mich in Bandar eine Einladung von Ah Long, dem Burschen aus China.

Die Sonne röstete mich, als ich durch die Straßen des Ortes zog. Bald hatte ich einen fürchterlichen Sonnenbrand auf den Schultern. Die Rucksackriemen schnürten sich in die Brandblasen. Die Einheimischen starrten mich an, als absolvierte ich ein Astronautentraining. Nur drei Kinder mit freien Oberkörpern hatten Wichtigeres zu tun und durchwühlten eine Mülltonne. Auf den Straßen kämpften Luxuslimousinen hupend gegen überfüllte, klapprige Busse an. Die Luft roch nach Abgasen und verfaulten Abfällen. Manchmal aber verwöhnten mich Delikatessenläden mit dem Duft von Kaffee und Tabak. An einem blaßbunten, mit Kreide beschmierten Kiosk kaufte ich eine Tafel Schokolade. Auch eine Melone leistete ich mir. Doch auch sie konnte meinen Durst nicht löschen. Es reizte, in eine Gaststätte zu laufen und sich auf dem WC am Leitungswasser zu laben. Aber mir graute vor einer Vergiftung, und ich opferte lieber ein paar Münzen für ein Mineralwasser.

Sibu lag hinter mir. Vor mir die Straße nach Bintulu, die geradewegs durch den Regenwald führte. Von dort vernahm ich das wilde Geschrei von Affen. Ein weinroter Ford kam den Hügel herabgebraust. Kaum, daß ich den Daumen ausgestreckt hatte, quietschten die Reifen. Eine getönte Seitenscheibe öffnete sich, und ein junger Mann meines Alters nickte mir zu.

Kaum, daß ich hinter mir die Tür geschlossen hatte, wurde ich in den Sitz gepreßt. Wie im Zeitraffer flogen die Bäume an uns vorbei. Statt eines Kennenlerngesprächs drehte mein Chauffeur am Knopf des Radios und holte aus der Soundanlage den Maximalpegel heraus. Ich spürte den Baß im Sitzfleisch. »Bist noch sehr jung, was?« überschrie ich die Musikwolke und dachte an Ah Long. Auf dieser Insel schien es alltäglich, möglichst jung reich zu sein.

»Alt genug«, rief mein Fahrer und schaute mich lässig an. In seiner Spiegelbrille sah ich mein hochrotes, von der Sonne verbranntes Gesicht.

»Schau mal«, meinte er und hielt mir ein in Englisch verfaßtes Dokument unter die Nase. »Macht mich heute um eine halbe Million Ringgit reicher. Bei Geschäften bin ich schon ein alter Hase.« So, wie er das sagte, schien es, als hätte er kein Flaumhaar, sondern ergraute Bartstoppeln im Gesicht. Ich sollte mir den Vertrag ruhig durchlesen. Als Chef einer Importfirma würde er schließlich nur legale Papiere unterzeichnen. Für einen Moment stieg Neid in mir auf. Ein Bruchteil seines Verdienstes hätte mich nach Sri Lanka, oder besser, gleich nach Hause gebracht. Ich überlegte ernsthaft, den jungen Millionär darum zu bitten. Doch dazu kam ich nicht, denn wir rasten in eine scharfe Kurve. Vor uns – ein umgestürzter Bus. Autoreifen quietschten, alles drehte sich. Ich dachte an Sibirien, riß die Hände vors Gesicht.

Wir standen. Uns war nichts passiert, doch um uns herum hörten wir es wimmern und stöhnen. Sieben, acht Männer und Frauen lagen auf dem Asphalt. Jemandem sickerte Blut aus dem Kopf. Wir stürzten aus dem Wagen. Sogleich drückten uns drei Weißkittel zur Seite. Nun sahen wir auch den Krankenwagen, auf dem Blaulicht rotierte. Ein Kind weinte. Sein Oberkörper klemmte zwischen einem verbogenen Fensterrahmen. Ich rannte in seine Richtung, ging in einer Helferschar aus weinenden Frauen und durcheinander redenden Männern unter. Einer zeigte auf mein T-Shirt. Offenbar brauchten sie es zum Verbinden. Schnell zog ich es aus. Auch mein Fahrer entledigte sich seines Designerhemds. Die Helfer nahmen seins. Lag's an mir, dem Weißen oder an meinem stinkigen Shirt?

Man riet uns weiterzufahren, damit wir nicht länger die Straße blockierten. Hinter dem Ford hatte sich bereits ein Stau gebildet. Wortlos rollten wir weiter Richtung Bintulu. Ich war nicht erstaunt, daß mein Fahrer nun recht wenig Gas gab und mit beiden Händen das Lenkrad hielt. Diese Erfahrung hatte ich ihm voraus. Immerzu schüttelte der junge Mann den Kopf, den keine Spiegelbrille mehr zierte.

»Wie schnell alles vorbei sein kann«, sagte er. Er sprach leise, und ich verstand ihn, nicht nur wegen des abgeschalteten Radios.

Es dämmerte. Seit vier Stunden versuchte ich vergeblich, ein Auto anzuhalten. Mit jedem vorbeifahrenden Wagen hob ich den Daumen lustloser. Noch hatte ich die Hälfte der Strecke nach Brunei vor mir.

Frischer Westwind war aufgekommen, schob dicke Regenwolken heran. Mit ihnen kam die Finsternis, und ich war mir sicher, die Nacht durchnäßt im Freien verbringen zu müssen. Bintulu lag vierzig Kilometer hinter mir. Um mich herum: dichter Dschungel. Große Regentropfen klatschten auf meine verbrannte Haut. Von fern grollte Donner. Auf dem Rucksack sitzen zu bleiben war unsinnig, und in den Wald traute ich mich nicht. Mir blieb ein Fußmarsch ohne erkennbares Ziel.

So einsam also konnte man sein. Es schien, als hätten selbst die Autos vor dem Unwetter Schutz gesucht. Stille um mich, nur das monotone Geräusch des Regens begleitete mich. Ich spürte die Rucksackriemen auf meinen Schultern und fühlte mich unendlich verloren. Die dunklen Bäume rückten näher, die Fremde erdrückte mich. Ich versprach mir, meinen Arsch nie mehr von zu Hause fortzubewegen, sollte ich dort jemals wieder ankommen ...

Hinter mir – ein Zischen. Erschrocken drehte ich mich um, sah Scheinwerfer. Mit unglaublichem Eifer und wahrer Leidenschaft bewegte ich meine Arme. Vergeblich, schien mir. Doch da leuchteten Bremslichter auf, dann die weißen Lämpchen des Rückwärtsgangs. Neben mir wurde die Beifahrertür aufgestoßen. Ich hörte die weiche Stimme eines jungen Malayen.

Wenig später fand ich mich fröstelnd in einem Einfamilienhaus wieder und tropfte mit meiner nassen Kleidung das Parkett voll. Der Fremde eilte mit Feudeln herbei, rieb sie behutsam, fast zärtlich, über den Boden. Er lächelte zu mir auf, bot mir Tee an und schaute ständig auf seine Uhr. Warum, verstand ich erst später.

Er überließ mir sein Bad, ich nahm eine heiße Dusche. Die Handtücher waren mit Blümchen bestickt, alles wirkte besonders aufgeräumt und sauber. Putzen schien ein Hobby meines Retters zu sein.

Als ich, mit einem Handtuch um die Hüften, aus dem Bad kam, schenkte er mir einen aufmerksamen Blick. Allmählich fühlte ich mich etwas unbehaglich. Schlüssel klapperten an der Haustür. Mein Gastgeber machte ein Gesicht, als hätte er das Zischen einer Kobra vernommen. Er zeigte auf mich, dann aufs Nachbarzimmer, was ich zunächst nicht verstand. Da war es auch schon zu spät. Ein junger Mann stand mit offenem Mund in der Zimmertür. Mein Helfer sprintete zu ihm, versuchte zu erklären. Ich fühlte mich »in Flagranti« ertappt.

Endlich begriff der Neuankömmling, was ich wirklich hier zu suchen hatte. Dann teilten sie mir im Wohnzimmer einen überaus flauschigen Teppich zu, auf dem ich die Nacht verbringen konnte. Als ich dort lag, dankte ich dem Himmel, daß ich nicht unter ihm schlafen mußte.

Voller Schrecken sprang ich aus meinem Schlafsack, versuchte, Gina loszu-binden.

»Hab dich nicht so«, lallten die trunkenen Gestalten. »Wir lieben blonde Jungs wie dich.« Sie kippten Schnaps in ihre Mäuler. Einer von ihnen ent-blößte seinen Penis und rieb ihn.

»Haut ab!« brüllte ich und zeigte auf Gina. »Sonst beißt euch die da!« Der mit dem »Rohr« schien unbeeindruckt. Er griff mir an den Oberschenkel.

»Gina, faß!« schrie ich und stieß den Kerl hart von mir. Erschrocken tor-kelte er beiseite. Gina sprang ihn an, biß in seinen Arm. Schmerzvolles Brüllen. Ängstlich schauten seine Kumpels zu, wichen zurück. Ich bekam Mut, rief die Hündin zurück. Der Verletzte winselte, preßte eine Hand auf seine Wunde. Dann verschwanden die drei, so schnell, wie sie vor mir aufge-taucht waren.

Es läßt sich mit klopfendem Herzen kein Schlaf finden. Ich hielt Gina im Arm, war glücklich, sie bei mir zu wissen und beruhigte mich langsam. Dann aber wanderten meine Gedanken zu Markus, und ich fragte mich, was er, ohne die Hündin, bei solch einem Überfall machen würde.

Als ich erwachte, schien mir die letzte Nacht wie ein Alptraum. Ich erhob mich, denn die frühe Sonne brannte und blendete mich, trieb mir den Schweiß aus den Poren, die den feinen roten Sand eingefangen hatten. Ich brauchte ein Bad.

Am Strand türmten sich gewaltige, spitze Gesteinsbrocken, die das Errei-chen des Wassers zu einer Herausforderung machten. Ich schlüpfte in ein Paar Badelatschen, die ich im Flughafengebäude von Colombo gefunden hatte, und kletterte über das Hindernis. Ich wurde zum Spielball der Bran-dung, krallte mich an den Steinen fest und mußte nicht lange warten, bis eine große Welle nahte und mich abduschte.

Ich freute mich auf ein Frühstück. In einem Supermarkt fand ich rohes Rindfleisch für Gina und etwas Kuchen für mich.

Nachdem wir uns gestärkt hatten, zog ich mit der Hündin zur Deutschen Botschaft. Dort nahm ich frohgelaunt das Fax von Markus entgegen und ver-schlang jedes Wort. Daß es ihm gut ging, erschien mir wichtiger als Frosch und Sultan. Die pausbackige Nachrichtenüberbringerin aus der Botschaft flö-tete: »Daß das jetzt nicht ständig so geht!« Sie zeigte auf das Schreiben. Ich überhörte ihr Gesagtes und bat sie, nun meine Zeilen für Markus zu ihren Kollegen nach Brunei zu faxen. Da stemmte sie die Hände in die Taille, erwi-derte: »Überfordern Sie uns nicht, wir haben Wichtigeres zu tun« und ließ mich ohne Abschiedsgruß am Eingang stehen. Ich mußte zur Post gehen und dort für 120 Rupien, umgerechnet drei Mark, meine Nachricht versenden.

Danach machte ich mich auf zur Indischen Botschaft, besorgte Visaanträge. Indien – das hieß Festland, hieß gewissermaßen, den Heimweg unter unsere Füße nehmen zu können. Die Meerenge zwischen Sri Lanka und Indien? Sie dürfte leicht und billig per Fähre passierbar sein. Hoffnung breitete sich in mir aus – welche die Botschaftsangestellte mit dem roten Punkt auf der Stirn sogleich arg schrumpfen ließ: Im Norden Sri Lankas würde ein Bürgerkrieg toben. Man könnte das Gebiet nur überfliegen. Eine Hiobsbotschaft, denn meine Kreditkarte war mittlerweile abgelaufen. Mir blieb nichts übrig, als der Versuch, das Geld zu verdienen. Ich grübelte, was ich tun, wen ich fragen konnte.

Da erinnerte ich mich meiner Jahre am Konservatorium, wo ich gelernt hatte, Akkordeon zu spielen. Was lag näher, als in die Tasten zu greifen? Ich dachte auch an meinen Onkel, der sich als Straßenmusikant nebenbei so manchen Hundertmarkschein verdient hatte.

Ich suchte ein Musikgeschäft, um mir ein Akkordeon zu leihen. Scheinbar aber gab es in Colombo nur Gewürzhändler, Teppich- und Touristenläden. Dazu die Hitze, der Rucksack und die hechelnde Gina, die mich oft mit der Leine in den Schatten zog, wo es manchmal einen Springbrunnen gab. Unterwegs durch die belebten Einkaufsstraßen war mir, als hätte ich einen Tiger neben mir. Die Leute erschraken, sprangen zur Seite, Frauen rissen ihre Kinder am Arm hoch, als würde Gina sie auffressen wollen. Später erzählte man mir, daß hier mancher durch einen Straßenköter zum Invaliden gebissen wurde und Hunde überdies als unrein gelten.

An den Wegrändern, zwischen stinkenden Müllhaufen, lagerten Bettler. Ihre Kleidung bestand aus zerschlissenen Lumpen. Erwartungsvoll streckten sie den Passanten ihre Hände entgegen. Als ich, der Weiße, vorbeiging, entwickelte manch einer Überkräfte, erhob sich, folgte mir und zog an meinem Shirt. Gina knurrte. Für die Bettler schien ich ein König zu sein. Zu Hause – mit den paar Münzen – wäre ich selbst ein Bettler gewesen. Ich wußte nicht, ob ich stur geradeaus starren oder die Kreaturen mideidsvoll betrachten sollte. Als ich die knochigen Hände wegschob, war mir unwohl. Was als dies aber sollte ich tun; wie konnte ich wissen, wieviele Tage ich noch in Colombo ausharren mußte?

Endlich – ein Musikladen. Ein Verkäufer lief mir mit einem Lutscher im Mund entgegen.

»Nur zwanzigtausend Rupien«, tönte der Mann und zeigte auf ein kleines Akkordeon aus Indien. Ich, der andere Absichten verfolgte, versuchte, bei ihm Mitleid zu erheischen. Dazu hatte ich mir meine Radlerhosen höher gekrempelt, um meine abgemagerten, knochigen Beine besser zur Schau zu stellen. Als der Verkäufer erfuhr, was ich wirklich wollte, nahm er seinen Pfefferminzlutscher in die Hand und sagte belustigt: »Borgen? Wo denkst du hin?« Er trat näher an mich heran. »Und selbst wenn.« Er zog mich ans Schaufenster und zeigte auf einen verkrüppelten Mandolinenspieler am Straßenrand.

»Seit einer Stunde spielt der schon«, flüsterte mir der Verkäufer ins Ohr,

»und hat nicht zwei Rupien eingenommen. Was glaubst du, würden die Leute dir, einem weißen, wohlgenährten Jungen geben?«

Verlassen saß ich mit Gina am Strand und beobachtete – wie schon zwei Abende vorher – die Sonne, die sich in den goldglänzenden Wellen verabschiedete. Jemand hatte mir erzählt, die schönsten Sonnenuntergänge würde man auf Sri Lanka sehen. Ich empfand beim Anblick tiefe Wehmut. Wieder erzählte ich Gina von meinem Kummer. Ihr wedelnder Schwanz war ein schwacher Trost. Wäre Markus bei mir gewesen, hätte ich gewiß nicht bemerkt, was er mir bedeutete. Wie oft waren wir aneinandergeraten. Schließlich sind wir grundverschieden. Was für mich ein Witz ist, kann Markus verletzen. Obwohl auch er ein Spaßvogel ist ... Da war vor einigen Jahren ein sonniger Junitag. Wir spielten am Strand von Warnemünde mit der Segelscheibe. Plötzlich entschied sich Markus, früher als geplant aufzubrechen. Verärgert fragte ich ihn nach dem Grund. Er antwortete, daß er beinahe vergessen hätte, seine Mutter zu besuchen.

»Dein Vater ist auch da?« fragte ich und meinte nicht seinen leiblichen, der verstorben war, sondern den neuen Mann der Mutter. Markus kam auf mich zu und zischte: »Mein Vater ist tot.«

»Ja«, erwiderte ich überrascht. »Aber das ist dein neuer.«

»Du Eisblock!« fauchte er. »Ich habe nur einen Vater.« Er schüttelte den Sand aus den Sachen, stopfte sie in den Rucksack und schritt ohne ein Wort von dannen ...

Ich hatte geglaubt, durch meine Armeezeit ein harter Bursche geworden zu sein. Nun saß ich allein am Strand von Colombo, und für einen Moment war mir, als würde Markus nie mehr zurückkehren.

BRUNEI III

Da war ich wieder in Bandar Seri Begawan, stand abseits der Jalaan-Sultan-Straße, im Schatten einer Moschee. Zuletzt hatte mich der Fahrer eines klapprigen VW-Busses mitgenommen. Erst schwieg er beharrlich, doch dann, hinter der malayischen Grenze, erwachten seine Stimmbänder, und hätte er seinem Monolog ein wenig Englisch beigemischt, wäre sein Wortschwall vielleicht auch für mich interessant gewesen.

Ich drehte die Visitenkarte von Ah Long zwischen den Fingern und schritt zu einer Telefonzelle.

»Bleib, wo du bist«, klang es aus dem Hörer. »Ich hole dich ab.« Ich setzte mich auf einen Bordstein und wartete. Auf einmal erklang durch einen Lautsprecher ein Hüsteln vom Turm der Moschee, und ein Muselman begann sein Gebet. Seine Stimme schallte über den Vorplatz und zeigte mir abermals, wie fern ich der Heimat war.

Eine Hupe übertönte den Sprechgesang. Es war Ah Long, der mir aus dem geöffneten Fenster seines Jeeps zuwinkte. Nachdem wir seine Frau, eine zwanzigjährige Malayin, von einem Supermarkt abgeholt hatten, fuhren wir zum Haus des Paars. Es lag vor den Toren Bandars, inmitten von Palmen und einem Blumenmeer. Dort standen auch die Sultansgeschenke, jene weißen Minivillen. Und tatsächlich: Als ich durch die Zäune blickte, entdeckte ich in weiten, weißen Gewändern Leute, die keinesfalls mandeläugig waren. Ob sich Ah Long und seine Frau mit den Nachbarn gut verstünden, wollte ich wissen. Ein Schulterzucken war die Antwort.

»Wir haben uns«, sagte Ah Long und nahm seine Frau in den Arm. Sie lächelte ihn an und nickte. Sie trug ein weites Kleid. Nicht als Glaubensbekenntnis, wie sich noch herausstellen sollte.

Zum Abendbrot servierte sie gebratene Garnelen und eine seltsam fettig schmeckende Frucht. Dazu gab es ein Froschkonzert vom nahen Teich.

»Wenn die Sonne untergeht, brauchen wir das Radio nicht einzuschalten«, witzelte der junge Chinese. Ich erzählte den beiden von Anita und meinem Plan mit dem Frosch. Meine Gastgeber hörten aufmerksam zu, dann strich sich die Frau über ihren Bauch und sagte:»Hoffentlich wird es ein gesundes Kind.« Ah Long lächelte:»Das ist uns wichtiger als alles andere.«

Nach dem Abendbrot durfte ich für meine Kleidung die Waschmaschine nutzen, auch für jene Sachen, die ich am Leib trug. Ah Long hatte mir eine Trainingshose und ein T-Shirt ausgeborgt. Beides saß wie angegossen, nur fehlte der Kleidung die Länge.

SRI LANKA IV

Gina und ich hatten uns wieder zu unserem staubigen Schlafplatz neben der Mauer geschleppt. Hunger plagte mich, und auch der Hündin hätte eine weitere Futterration gutgetan. Das rohe Fleisch und der klebrige Kuchen waren längst verdaut. Erst morgen wollte ich Nachschub besorgen.

Die dritte Nacht auf Sri Lanka brach an. Als ich im Schlafsack lag, fiepte es. Ich schaute um mich, erschrak vor dem ausgewachsenen Exemplar einer Ratte. Mir schauderte. Im Reflex gab ich Gina einen Wink. Was folgte, hatte ich nicht für möglich gehalten, hatte ich bisher nur Katzen zugeschrieben: Die Hündin durchbohrte das Tier mit den Zähnen, wirbelte es umher und ließ es fallen. Der Nager schleppte sich zwei Meter über den sandigen Boden, bis er wie ein Stein zur Seite kippte. Gina als Allzweckwaffe in meinem Dascinskampf als Straßenkind. Im Gegensatz zu uns hatte sie noch nicht versagt.

1

Am nächsten Morgen wähnte ich mich für Sekunden zu Hause. Ein Traum und das weiche Bett hatten dafür gesorgt. Doch fühlte ich mich fast ebenso wohl, als ich mich erinnerte, wo ich wirklich war. Anscheinend mildern auch Annehmlichkeiten das Heimweh.

Als Ah Long zur Arbeit in die Stadt fuhr, nahm er mich mit und setzte mich vor der Deutschen Botschaft ab. Am Vortag hatte sie wegen eines deutschen Feiertags geschlossen. Da man auch die des Gastlandes berücksichtigte, gehörte etwas Glück dazu, einen Öffnungstag zu erwischen.

Der Pförtner schien den Grund meines Besuchs zu kennen. Wie selbstverständlich reichte er mir das Fax aus Sri Lanka durch den Sprechschlitz. Als ich im Warteraum Ronalds Zeilen las, wurde mir zwischen den kühlen, sterilen Wänden der Botschaft mehr als zuvor bewußt, daß es von mir abhing, wie lange mein Freund in Colombo ausharren mußte und wann wir unseren Heimweg fortsetzen konnten. Gleichfalls fühlte ich mich in dieser Stadt, diesem Land gefangen, wie mit Ketten an den Füßen, und meine Gedanken kreisten wild durcheinander. Ich sah mich Arbeit suchen, zum Hafen gehen, nach einem Schiff gen Westen fragen, und dann war da noch eine, wie ich fand, recht abwegige Idee, die ich zunächst verwarf.

Mein Grübeln wurde durch das Öffnen der gläsernen Tür zum Warteraum zerschnitten. Ein Chinese in buntgemustertem Hemd und verwaschenen Jeans trat ein und durchschritt das Zimmer fast so, als würde er schweben. Ständig flüsterte der Mann etwas vor sich hin. Noch war mir nicht bewußt, welche Bedeutung er bald für mich haben sollte.

»Bist du auch einer von denen?« fragte er mich in exzellentem Englisch, zeigte auf die Wand, hinter der meine Landsleute arbeiteten, und sah mich verärgert an.

»Nein, nein«, antwortete ich, fast froh, der Botschaft nicht anzugehören. »Ich komme nur aus demselben Land.« Der Mann nickte erleichtert und zerknüllte ein bedrucktes Papier. Ich erfuhr, daß er Paul hieß und eine Baufirma leitete. Vor einiger Zeit hatte er den Tip bekommen, für die Häuserdächer Aluminium anstelle von Beton zu verwenden. Das Material wollte er unbedingt aus Deutschland importieren. Dort, so meinte er, würde man hervorragende Qualität produzieren.

»Nur die da«, Paul zeigte wieder zur Wand, hinter der eine Schreibmaschine tackerte, »behandeln einen, als wolle man einen Asylantrag stellen.« Man hatte ihm in der Botschaft statt einiger Hinweise und Adressen ein Formular gegeben. Er entfaltete das angesprochene, soeben zerknüllte Papier wieder und las wie zum Hohn eine Frage davon ab: »Welche Haarfarbe haben Sie?« Belustigt schüttelte er den Kopf und strich sich über die Stirnglatze. »Dabei habe ich kaum noch welche.«

»Und was machst du hier?« fragte er mich. »Wollen sie dir auch nicht helfen?« Natürlich erfuhr auch er, wie so viele vor ihm, was mich nach Brunei verschlagen hatte. Paul legte seinen Kopf schräg, grub eine Hand in die Hosentasche, fischte eine Brieftasche heraus, zückte aus ihr einen Hundertdollarschein und schob ihn über den Tisch zu mir.

»Nimm nur«, ermutigte er mich. »Für uns Chinesen ist es Tradition, anderen zu helfen.« Noch einmal blickte er zur Wand, hinter der das Tackern der Schreibmaschine verstummt war. Ich konnte nicht glauben, was da vor mir lag. Paul sagte, daß er nun wieder an die Arbeit müßte. Für einen Moment reizte es mich, mir von ihm auch das Fluggeld nach Sri Lanka zu borgen. Doch ich schwieg und tat gut daran, wie sich noch zeigen sollte.

Abends, vor Ah Longs Haus, fing ich mit meinen Gastgebern so erstaunlich schnell einen Frosch auf ihrer Wiese, daß ich darüber fast enttäuscht war. Die weite Reise für eine Minute Jagd. Ah Longs Frau schenkte mir eine durchsichtige, verschließbare Plastikschale, das neue »Haus« des Frosches. Ich füllte sie mit etwas Gras und Wasser auf. Dann beobachtete ich den kleinen, unruhigen Burschen und war wieder enttäuscht. Seine Haut glänzte nicht, wie erwartet, in schillernden Farben, sie war einfach nur graubraun. Doch seinen Wert bestimmten wir – vor allem Anita.

2

Drei Tage vergingen. Ich hatte, wie in Japan, nur einen Wunsch: das Land so schnell wie möglich zu verlassen. Zehn Wochen waren wir nun unterwegs. Es schienen mir mindestens zwanzig zu sein. Auch in Brunei, einem der reichsten Länder der Welt, gab es keinen Job, mit dem ich mir in ein paar Tagen das Geld für ein Flugticket hätte verdienen können. Abermals sprach ich bei der Deutschen Botschaft vor, bat um einen Vorschuß. Man erwiderte, ich sollte gefälligst meine Mutter anrufen und mich endlich selbst um meinen Kram kümmern. Überdies bekamen Ah Long und seine Frau an diesem Tag per Telegramm eine Einladung nach Singapur zugestellt, was hieß: Ich war wieder ein Kind der Straße. Und all die Furcht, die in den letzten Tagen ein wenig verflogen war, durchflutete mich nun wieder. Ich mußte eine Entscheidung treffen.

Meine einzige Chance war, mit meiner Mutter zu telefonieren, die ich im Grunde kaum kannte. Ich wußte, daß sie wegen ihres Asthma seit Wochen Invalidin war, selbst nicht viel Geld hatte, und daß mich ein Anruf bei ihr stets Überwindung gekostet hatte. Da sollte ich nun mit ihr sprechen und sie um Geld bitten? Geld, für das sie wahrscheinlich einen Kredit aufnehmen müßte? Geld, das mich in ihrer Schuld stehen ließe, für die sie später einen

Besuch nach dem anderen von mir einfordern konnte, ohne zu fragen, ob auch ich das wollte? Oder schlimmer noch: Was, wenn sie mir nicht half, ich auf Wochen oder Monate in diesem Land gefangen bliebe ..? Ich war drauf und dran, am Münzfernsprecher vorbeizugehen, als ich mir plötzlich ein Herz faßte und den Hörer ergriff. Daheim war es neun Uhr morgens.

»Killermann?« Sie war es.

Einige Minuten später – der Hörer hing wieder auf der Gabel – war mir ungewohnt leicht ums Herz. Freilich lag es auch daran, daß ich von ihr Geld erhalten und in wenigen Tagen im Flugzeug nach Colombo sitzen würde, aber die Selbstverständlichkeit ihrer Zusage, die Wärme in ihrer Stimme, ihre Sorge um mich, das war etwas, das ich nicht von ihr kannte, ich nicht für möglich gehalten hatte. Mußte ich dafür erst in diese mir fremde Welt reisen ..?

Ich war sehr gesprächsfreudig, nur hatte ich niemanden zum Zuhören, hatte nur dieses leere Blatt Papier, das vor mir lag und über das nun mein Kugelschreiber jagte. Dann war der Zettel vollgeschrieben, obwohl ein paar Zeilen genügt hätten, um Ronald mitzuteilen, daß wir uns in zwei, drei Tagen wiedersehen würden.

Post und Botschaft hatten bereits geschlossen. Ich eilte zu einem Hotel. Auf dem Weg dorthin erschienen mir die fremden Menschen wie alte Bekannte. Nachdem ich den Brief mit Unterstützung des Concierge gefaxt hatte, glaubte ich, daß nun auch Ronald, wo immer er in Colombo stecken mochte, beruhigt den nächsten Tagen entgegenschauen konnte ... Ich hätte die richtige Nummer wählen sollen.

»Markus!« schallte es hinter mir durchs Foyer, als ich zum Ausgang schritt. Ich drehte mich um und sah in das freundliche Gesicht von Paul, dem Chinesen aus der Botschaft. Er trug einen Maßanzug, der seinem Schwebegang Souveränität verlieh.

»Was macht das Aluminium?« fragte ich.

»Es hat auch ohne die Botschaft geklappt. Gleich habe ich ein Geschäftsessen deswegen. Und du bist mein Gast.« Paul spendierte mir sogar zwei Hotelübernachtungen. Ich glaubte wirklich, das Glück auf meiner Seite zu haben und daran, daß ich damit bald auch Ronald anstecken würde.

Nach zwei Tagen traf das Geld meiner Mutter per Expreßüberweisung auf der »Hongkong-Bank« ein. Ich verabschiedete mich von Paul und gab ihm als Geschenk das, was ich gerade in der Hosentasche hatte: eine mongolische Münze. Wir hofften, uns nicht das letzte Mal gesehen zu haben.

Eine Stunde später händigte mir eine Mitarbeiterin von »Thai-Airways« das Flugticket nach Colombo aus. Gegen einen Frosch an Bord hatte sie nichts einzuwenden. Auch nicht gegen zwei. Denn mein Lurch teilte seine Plastikschale fortan mit einem zweiten Artgenossen. Ein Tierhändler hatte mir einen grünlichen geschenkt, als ich bei ihm »Froschfutter«, ein Fisch- und Fliegenkonzentrat, gekauft hatte. Der Händler hatte mit mir gewettet, sein Tier würde durchhalten, meins nicht. Ich versprach, ihn nach meiner Heimkehr zu informieren.

Da stand ich nun an der Bushaltestelle Richtung Flughafen und dachte daran, daß ich den Sultan und sein Geld nicht gebraucht hatte, um Brunei zu verlassen. Erst recht nicht brauchte ich ihn für die Afrikareise, denn sie hatte ich längst abgeschrieben.

Am Horizont tauchten Scheinwerfer auf. Unzählige Motorräder mit Blaulicht am Heck. In den schwarzen Schutzhelmen der Polizisten spiegelte sich die Sonne. Im Mttelfeld fuhr ein vergoldeter Rolls-Royce. Ich glaubte zu träumen. Neben dem Fahrer saß der Sultan! Wahrlich, es war das Gesicht, das ich von den Dollarnoten und gerahmten Portraitbildern, die überall in den Geschäften hingen, kannte. Der Sultan blickte zur Seite, blickte zu mir. Ich hob meine Hand, winkte, wartete auf sein Erwidern, in der verrückten Vorstellung, er würde von mir, von Ronald und Gina, von Anita und dem Frosch, von unserer haarsträubenden Reise durch Asien wissen. Der Rolls-Royce mit dem Sultan, der wieder nach vorn sah, schwebte vorbei. Und mit ihm – wie eine motorisierte Ameisenarmee – die zweite Hälfte der Polizeitruppe.

Auf einmal hatte ich eine Idee, die mir unter all unseren bisherigen wahnwitzigen Ideen als die sinnvollste erschien. Ich holte Umschlag und Briefbogen aus dem Rucksack und schrieb dem Sultan, vergaß auch das Spendenkonto der Kinder-AIDS-Hilfe nicht und legte ein kleines, selbstgemaltes Bild von Anita ins Kuvert.

›Mal sehen, wieviel er für kranke Kinder übrig hat‹, dachte ich und klebte den Brief zu. Dann lief ich zum Palast, übergab das Schreiben einem Wachmann und versicherte mich durch sein dreimaliges »Ja«, daß der Brief dort ankäme, wo er hinsollte.

Am darauffolgenden Tag, nach zehn Tagen auf Borneo, bestieg ich das Flugzeug. Ich hatte kaum Zweifel, daß Ronald und ich in zwei Wochen wieder zu Hause sein würden. Brunei, meinte ich, war ein Wink des Schicksals, daß sich auch die schlechtesten Dinge zum Guten wenden können. Nie hätte ich gedacht, daß das nur eine Atempause war.

SRI LANKA V

1

An jedem der letzten acht Tage war ich zur Deutschen Botschaft getippelt und hatte mich nach einer Nachricht von Markus erkundigt. So auch an diesem Tag. Das Kopschütteln des Pförtners ging mir allmählich auf die Nerven, die bereits sehr dünn waren. Mein Geld war gänzlich aufgebraucht, und ich hatte die Aussicht auf einen Job in dieser Stadt, in der es scheinbar mehr

Arbeitslose als Arbeitende gab, aufgegeben. Zudem sorgte ich mich um Gina, deren Rippen sich bereits deutlich unter dem Fell abzeichneten. Ich konnte mich darauf einstellen, nichts zu essen, sie nicht.

Meine Haut war so rotbraun wie der Sand, auf dem ich jede Nacht schlief. Obwohl ich mich jeden Tag in irgendeinem Hotelwaschraum säuberte, wurde ich den Schmutz, der sich tief in meine Poren gefressen hatte, nicht los. Es war noch hellichter Tag, als ich mit Gina zurück zu meinem Schlafplatz trottete. So wie andere in ihre Wohnungen heimkehrten, suchte ich mein Fleckchen Erde neben den Rattenlöchern auf.

Ich landete auf dem Bandaranaike-Airport, Colombo. Als ich der Maschine entstieg, war mir, als witterte ich bereits Ronald und Gina. Der Bus ins Stadtzentrum fuhr in einer Stunde. Zum Warten war ich zu aufgeregt. Ich winkte ein Taxi heran, ein Dreirad mit Motor. Man nannte es »Tuck-Tuck«. Bald begriff ich, warum. Von meinen achtzig Dollar versprach ich dem Chauffeur fünf. Drei mehr als für den Bus. Ich streckte meinen erhitzten Kopf aus dem Innern des knatternden Gefährts und ließ ihn vom Fahrtwind umfächern.

»Besitzen Sie zu Hause ein großes Auto, Sir?« rief mir der Taxilenker durch den Motorlärm zu. »Einen Mercedes vielleicht?«

»Was?« Ich wollte seinen Worten nicht folgen, war mit meiner Vorfreude beschäftigt. Der Fahrer schwieg eine Weile.

»Wo werden Sie wohnen, Sir? Im Holiday Inn?« begann er von Neuem. Ich schüttelte abwesend den Kopf.

»Das ist ein gutes Hotel, Sir.« Der dünnbärtige Chauffeur drehte sich während der Fahrt zu mir um. »Ich kann Sie hinbringen.« Ich lächelte künstlich und sah ihn tadelnd an.

Er kutschierte mich zur Deutschen Botschaft, wo ich zu dieser Stunde Ronald erwartete, so, wie ich es ihm geschrieben hatte.

»Zwanzig Dollar«, trompetete der Fahrer. Ich zeigte ihm einen Vogel und gab ihm die vereinbarten fünf. Der Chauffeur sprang vom Sitz.

»Gib mir mehr«, schnauzte er und zog an meinem T-Shirt. »Du bist weiß. Hast viel Geld.« Seine Gier ließ Wut in mir aufblitzen. Ich ergriff den speckigen Hemdskragen des Mannes und zog ihn näher zu mir heran.

»Selbst wenn ich mehr hätte«, flüsterte ich drohend, »würde ich es dir nicht geben.« Später wurde mir klar, daß wir vom Sultan – freilich im netteren Ton – ähnliches hatten verlangen wollen. Der Fahrer zappelte wie ein Fisch am Haken und drehte hilfesuchend den Kopf. Als ein Sicherheitsbeamter aus dem Wachhäuschen trat, ließ ich den Chauffeur los. Wie ein Blitz war er verschwunden.

Der Portier der Botschaft teilte mir mit, daß vor einer Stunde ein blonder Junge mit Hund hiergewesen sei, um sich nach einem Fax zu erkundigen. Verwundert fragte ich, ob mein letztes nicht angekommen sei, so, als existierte die Botschaft nur für die Korrespondenz zwischen Ronald und mir.

»Hier gehen jeden Tag hunderte Faxe ein«, meinte der Portier. »Dein Freund will morgen wiederkommen.«

Verwirrt stand ich auf der Straße, trottete dann ziellos über die Galle-Road, die Hauptstraße Colombos. Die Mittagshitze trieb mich zum Strand. Dort setzte ich mich auf einen gespaltenen Stein. Ich vernahm das Schreien der Möwen, das Brausen der Brandung, sah die mächtigen Wellen ans Ufer rollen, spürte die leichte Meeresbrise im Gesicht und wie sie meinen Schweiß trocknete. Ob Ronald unser Treffen vergessen hatte? Oder die Zeit? Unpünktlichkeit war eine Spezialität von ihm ... Ein warmer Maimorgen vor zwei Jahren kam mir in den Sinn. Der Tag, an dem unsere Weltumradelung begann. In der Nacht hatte ich unruhig geschlafen, wollte nun endlich starten. Als ich Ronald abholte, blieb uns noch eine Stunde bis zur Abfahrt, bei der uns Freunde, Verwandte, Sponsoren und die Presse erwarteten. Mein Gefährte öffnete die Wohnungstür in kurzer Unterhose und gähnte mich an. Ich protestierte, erinnerte ihn daran, daß wir noch zur Bank mußten, um Travellerschecks abzuholen.

»Keine Panik«, gab sich Ronald gelassen, streckte sich erst einmal ausgiebig, ging dann in die Küche, mixte Milch und Kakao in eine Tasse und schlürfte genüßlich den Trunk.

»Oh, die Zeit hat Flügel bekommen«, meinte er nach einem Blick auf die Uhr. Wir hetzten zu dem von uns selbst gesetzten Termin und kamen fünf Minuten zu spät. Die Sponsoren klopften unruhig auf ihre Armbanduhren. Ich, der die Verträge ausgearbeitet hatte, durfte mir anhören, daß Firmenleute ungern warten ...

Ich verließ den Strand Richtung Hauptstraße, wollte die Leute nach einem blonden Jungen mit Hund befragen. Mir kam ein grinsender alter Mann entgegen. Er hob den Zeigefinger und präsentierte mir eine Liste mit Unterschriften. Auch ich sollte mich – zusammen mit einer kleinen Spende – dort eintragen.

»Für kranke Kinder«, sang er und zog die Augenbrauen hoch. Ich spendete einen Dollar und unterschrieb.

»Mehr nicht?« fragte der Alte fassungslos und lugte in meinen Geldbeutel. Da drängelte sich ein großer, athletischer Junge zwischen uns. Er schubste den Mann beiseite und drohte ihm mit der Faust. Der Alte machte, daß er fortkam.

»Du hast doch nichts gegeben, oder?« fragte der Bursche in gutem Deutsch.

»Ein wenig«, erwiderte ich überrascht. Das gefiel ihm ganz und gar nicht.

»Damit hält der seine Kehle feucht.« Der Junge hätte ein Deutscher sein können, so wie er das sagte. Erst ärgerte ich mich. Dann dachte ich an unsere Spendenaktion auf der »Scholochow«. Was unterschied mich vom Alten?

»Hast du Durst?« fragte der Fremde. »Komm, ich lade dich ein.« Ich winkte ab, wollte lieber weiter nach Ronald suchen. Doch als er sagte, er habe einen Blonden mit einem Riesenhund gesehen, schien mir der Athlet wie ein Freund.

»Er kommt jeden Abend an meinem Hotel vorbei«, ließ er mich wissen. »Du hast noch Zeit.« Graue Kunststofffetzen grenzten das Innere des Gasthauses von der Straße ab. Die Deckenventilatoren standen still. Wegen der Stromkrise, ließ mich mein Begleiter wissen. Ich versuchte, mich an den modrigen Geruch zu gewöhnen. Als wir auf den wackligen Holzstühlen Platz nahmen, mischte sich heiße, nach Knoblauch stinkende Küchenluft hinzu. Während mein Gastgeber zwei Limonaden bestellte, musterte ich ihn. Er war jünger als ich. Das Kinn lang, die Nase klein und nach oben strebend, der Mund wie mit einem Lineal gezogen, flankiert von tiefen, senkrechten Falten in den Wangen.

»Ich heiße Mubarak«, sagte er und ließ seine Augen funkeln. Der Kellner servierte zwei Brauseflaschen mit Strohhalm. »Du bist zu gutmütig«, sagte Mubarak und zeigte auf mich, also auf jemanden, der in den letzten Wochen nur an sich selbst gedacht hatte. »Das zahlt sich nicht aus.« Ich trank einen Schluck und spürte, wie die eiskalte Limonade meinen Magen erreichte.

»Ich bin anders«, begann Mubarak zu erklären und lehnte sich mit der Flasche in der Hand zurück. »Ich bin mir mein bester Freund. Immer, wenn mich meine Freundin zum Ausgehen drängt, sage ich ihr, daß ich lieber lesen will und sie sich auch mal ein gutes Buch nehmen soll.«

»Immer? Das macht sie mit?«

»Sie mag meinen Eigensinn«, antwortete er und wippte mit den Schultern. »Außerdem bin ich Hotelmanager. Nach einem Mann wie mir lecken sich Frauen die Finger. Ich arbeite hart. Glaub' mir, das Wichtigste im Leben ist der Anspruch an sich selbst.«

»Und warum hast du mich eingeladen?« fragte ich. Er grinste.

»Du bist Deutscher. Dein Land gefällt mir. Ich würde gern mehr darüber wissen. Ich könnte es in Deutschland viel weiter bringen als hier. Ich beherrsche fünf Sprachen.« Ich grübelte, zu was er es noch bringen wollte, wenn er schon Manager war. Er in Deutschland? Mit seiner Hautfarbe? Wo man mit Steinen auf Ausländer warf? Passanten es beklatschten? In einem Land, in dem man Mubaraks Philosophie, daß sich jeder selbst der Nächste sein sollte, scheinbar zum Prinzip erhoben hatte? Spiegelten wir, Ronald und ich, dies auf unserer Reise nicht wider? Dies begreifend sagte ich Mubarak, daß ich ihm helfen wolle, wenn es ihn denn unbedingt nach Deutschland ziehe. Er nickte dankbar.

»Weißt du«, sagte er daraufhin. »Es ist ja nicht nur, daß ich hier zu wenig verdiene. Hier zu leben ist nicht leicht. Ich bin Tamile.« Er legte eine kurze Pause ein. »Da war vor Jahren ein Oktobertag. Es war nachmittags, so wie jetzt. Ich kam von der Schule nach Hause.« Er beugte sich vor und zeigte durch eines der Fenster. »Dort stand unser Haus.« Ich sah einen Sandplatz, auf dem Unrat lag. »Manchmal ist mir, als rieche ich noch den Brandgeruch. Soldaten waren gekommen. Singhalesen. Sie hatten Feuer in unserem Haus gelegt und meine Eltern getötet.« Wütend und aufgelöst, wie mir schien, stieß er seinen Zeigefinger gegen meine Brust. »Sag mir, warum ich nach alldem nicht an mich denken soll?«

Wir hielten uns stundenlang an der Brause und unseren Gesprächen fest. Dann mußte Mubarak zur Arbeit ins »Holiday Inn«, und wir verließen die Gaststätte.

»Ich glaube, da kommt eine Überraschung auf dich zu«, sagte er und zeigte die Straße aufwärts.

2

Alles ging mir auf den Wecker: die Hitze, die Passanten, die aufgeregt Gina auswichen und mich verdrießlich musterten, der Müllgestank. Als ich über einen im Weg liegenden Ziegelstein stolperte, hob ich ihn auf und warf ihn wütend in einen rauchenden Schutthaufen. Diese Ungewißheit, so lange ohne Nachricht von Markus zu sein, zermürbte mich. Ich begann, auf Gina zu schimpfen, die immer stärker an der Leine riß.

»Ronald!« hörte ich plötzlich eine mir bekannte Stimme. Ich drehte mich um – und erstarrte. War das wirklich Markus, der da vor mir stand? Den Jungen neben ihm registrierte ich nicht, und als er verschwunden war, wußte ich noch nicht einmal, ob er schwarz oder weiß gewesen war.

Als wir gemeinsam zum Strand schlenderten, fühlte ich mich der Heimat um Tausende Kilometer näher. Die fremden Menschen hatten wieder freundliche Gesichter bekommen. ›Was konnte uns jetzt noch erschüttern?‹, dachte ich.

Wir saßen den ganzen Nachmittag auf der Steinmauer neben meinem Schlafplatz, redeten laut und manchmal wild durcheinander. Jeder von uns hatte viel zu erzählen. Doch die Wiedersehensfreude sorgte dafür, daß kaum ein Wort des anderen im Gedächtnis blieb. In diesen Momenten erschienen mir sogar die zwei recht unscheinbaren Frösche in der Plastikschale, die Markus mir präsentierte, bunt. Fast vergaß ich, ihm von einer Einladung zu erzählen. Und erst, als die Sonne zum Ich-weiß-nicht-wievielten Mal auf der Reise unterging, fiel mir wieder ein, daß mich am Vortag eine Familie bei ihrem Sonntagsausflug für diesen Abend zu sich nach Hause eingeladen hatte.

Wir machten uns rasch auf den Weg und liefen durch dunkle, schmutzige Straßen, in denen – so meinten unsere Nasen – jeder Rinnstein als Toilette diente. Männer mit tätowierten Oberkörpern standen in den von Kerzenlicht erleuchteten Hauseingängen und kauten Tabak, den sie nach einiger Zeit wieder ausspuckten. Aus den Wohnungen drangen Stimmen, ab und zu hörten wir das Weinen eines Kindes. Die Familie, zu der wir unterwegs waren, hatte mir die Adresse auf ein Taschentuch geschrieben. Doch es waren uns unbekannte Schriftzeichen. Ein zigaretterauchender Bursche, der lässig auf einem zerbeulten Moped saß, half uns beim Entziffern. Zu unserer Überraschung standen wir bereits vor dem gesuchten Haus.

Wir traten durch den türlosen Eingang in einen finsteren Flur und wurden von einer Kinderschar umkreist, die wir nicht sehen, wohl aber hören konnten. Man zog uns in einen hellen Raum, in dessen Mitte ein alter, verstaubter Fernseher und eine zerschlissene Couch standen. Von der Decke hing eine Glühbirne, die milchiges Licht ausstrahlte. Die Kinder sprangen auf die Couch und hüpften auf ihr umher, als wollten sie die Qualität der Federn testen. Dann verließen sie ihr »Trampolin« wieder und boten es uns an. Wir setzten uns. Gina legte sich neben uns auf den Betonboden und schniefte.

Mehr und mehr Menschen betraten den Raum. Kinder, die auf dünnen Zweigen kauten, alte Männer, denen fast alle Zähne fehlten, bucklige Mütterchen mit zerschundenen Händen. Zuletzt einige schnauzbärtige Burschen in unserem Alter. Wir hörten auf, die Leute zu zählen, die uns mit neugierigen Blicken beäugten.

Unvermittelt wurde es still im Raum, denn eine Frau – ihr Alter war schwer zu schätzen – begann zu sprechen, sagte uns in gebrochenem Englisch, daß dies ihre Verwandtschaft sei. Sie hatte ihr Haar zu einem langen Zopf geflochten und lehnte an einem brüchigen Ziegelsteinpfeiler. Ein schlaksiger Junge in einem T-Shirt mit der Aufschrift »America – Here I am!« brachte uns zwei Flaschen Coca-Cola. Obgleich durstig, winkten wir höflich ab. Ein Murren ging durch die Versammelten. Wir überlegten es uns anders und nahmen die Getränke an. Gina bekam eine Schale Wasser vorgesetzt. Doch es war keine Einladung ohne Hintergedanken.

Nachdem ein langes Schweigen im Raum gehangen hatte, schob eine bucklige Alte zwei schwarzgelockte Mädchen durch die Menge vor sich her. Die beiden waren noch sehr jung. Sie setzten sich zu uns auf die Couch und ließen einen gehörigen Abstand zwischen sich und uns. Sahen wir sie an, kauten sie verlegen auf ihren Fingernägeln und kicherten.

»Das sind unsere schönsten Töchter«, ließ uns die Bucklige wissen. Aus einem Radio war der Klang einer Sitar zu hören.

»Gefallen euch unsere Töchter?« Wir wußten nicht recht, worauf die Frau hinauswollte, bejahten zunächst. »Sie können gut kochen«, setzte sie fort. »Und Strümpfe stopfen.« Die Großfamilie nickte dazu wie in abgesprochener Eintracht. Die Mädchen rückten näher an uns heran; derart steif, als hätten sie es vorher geprobt.

»Bald werden wir sechzehn«, sagten die zwei wie aus einem Munde, sahen uns an und zupften an den Säumen ihrer kurzen, gelben Röckchen. Schnell wanderten ihre Blicke zurück zur Familie, die wundersam glückselig vor sich hinlächelte. Langsam begriffen wir, daß man uns verkuppeln wollte.

»Eure Heimat«, verkündete die Bucklige in unsere Richtung, »ist ein Schlaraffenland.« Sie schien das Sprachrohr der Anwesenden zu sein. Dann zwinkerte sie unseren Sitznachbarinnen zu. Sie räusperten sich und sagten wie auf Befehl: »Wir wollen euch heiraten.« Wie schnell wir uns von der Familie verabschiedeten.

»Vielen Dank«, riefen wir, zeigten auf die Colaflaschen und drängelten uns Richtung Ausgang. Von hinten hielt uns die alte Frau fest, mit einer Kraft, die wir ihr nicht zugetraut hätten.

»Ihr habt Geld«, jammerte sie, »könnt meine Töchter retten. Sollen sie verhungern?« Es folgte ein Blick, der uns verdammen sollte, würden wir es wagen zu flüchten. Wir versuchten ihr klarzumachen, daß wir selbst kaum über die Runden kämen. Sie übersetzte für die Familie. Lautes Gelächter war die Antwort. Als sich die Bucklige anschickte, sich vor uns niederzuknien, schnappten wir unsere Rucksäcke und Gina und stürzten ohne Rücksicht auf plattgetretene Füße aus dem Haus.

Uns blieben die Rattenlöcher als Nachtlager – zum ersten Mal auch für Markus.

3

Ich erwachte mit einer weißen, nassen, über mein Gesicht gestülpten Plastiktüte, die mir den Atem nahm. Ich riß sie herunter, sah mich verstört um. Ronald schlief. Die Sonne versteckte sich noch hinter dem Mauervorsprung. Zerknülltes Toilettenpapier wehte über den Platz. Sand knirschte zwischen meinen Zähnen, und meine Haare waren so zerzaust, daß meine Finger nicht mehr hindurchkamen. Das Hotelbett in Brunei schien mir wie aus einem anderen Leben. Gina merkte, daß ich wach war, tippelte heran und leckte mir den Sand aus dem Gesicht.

Als die Sonne über die Mauer stieg, wurde auch Ronald munter. Wir eilten in ein nahes Hotel, erstürmten mit drückenden Därmen eine Toilette. Danach frischte ich die »Wohnung« der Frösche mit neuem Gras und Wasser auf und schüttete ein wenig von der Reptiliennahrung durch die Luftlöcher.

Wir gingen zum Hotelausgang. Die uniformierten Pagen wünschten uns einen wunderschönen Tag. Scheinbar nahmen sie nur unsere Hautfarbe, die ihnen offenbar Wohlstand suggerierte, nicht aber unsere zerschlissene, stinkende Kleidung wahr. Selbst der Hotelmanager grüßte uns mit ehrfürchtigem Nicken. Als wir uns nicht zum Büffet begleiten ließen, wurde er stutzig.

»Ihre Zimmernummer?« fragte er. Wir zuckten die Schultern und erhielten anstelle eines Frühstücks Hausverbot.

Auf dem Rückweg zum Strand kamen wir an einem Reisebüro vorbei, dessen Fenster ein startendes Flugzeug abbildete. Wir fingen an, uns Indien auszumalen, und wie wir um die halbe Welt nach Hause trampen würden. Um diesen Traum wahr werden zu lassen, benötigten wir außer den indischen Visa Flugtickets.

Wir betraten das Büro und erfuhren, daß unsere siebzig Dollar für die ersehnten Billetts nicht ausreichten, daß zwanzig Dollar fehlten. Da wir die Schale mit den Fröschen dabei hatten, fragte der Mann von selbst nach dem Grund unserer Reise. Für die Antwort setzten wir unsere oft erprobten Mitleidsmienen auf.

»Nun, dann gebt mir, was ihr bei euch habt«, sagte er und lehnte sich in seinem Ledersessel zurück. Wie gut für uns, daß es solche Menschen wie ihn gab. Und dennoch betrogen wir ihn, bezahlten ihm, sozusagen als »Dank« für sein Entgegenkommen, vierzig Dollar und behielten dreißig, taten so, als gäbe es sie nicht, wollten mit ihnen die indischen Visa erwerben.

Der Mann stellte uns die Tickets nach Madras zum Selbstkostenpreis aus. In drei Tagen sollten wir fliegen. Dankbar nahmen wir nacheinander die Hand des ahnungslosen Verkäufers und schüttelten sie.

Danach eilten wir zur indischen Botschaft, um dem Konsul von unserem Glück zu erzählen.

»In Ordnung«, sagte er und riet uns, ihn erst wieder in drei Tagen zu stören.

Am Abend saßen wir am Strand auf einem großen Felsbrocken und schauten aufs Meer, malten uns unsere Heimkehr aus. An diesem Tag hatten wir nicht gehungert, nicht gedurstet. Trockenes Brot, Kuchen und Wasser waren uns sehr vertraut.

Plötzlich hielt uns jemand von hinten zwei Colaflaschen vor die Nasen. Wir schauten uns um und sahen in ein schwarzes, strahlendes Gesicht. Es gehörte zu einem kleinen, jungen Burschen im blauen, salzverkrusteten Trägerhemd. Seine Füße steckten in ausgetretenen Sandalen. Die eisgekühlte Cola sollte acht Rupien, etwa zwanzig Pfennig, kosten. Der kleine Händler sprach kein Englisch, zeigte uns den Preis mit den Fingern an. Wir zahlten, denn uns dürstete nach einer Erfrischung.

Der Bursche gab uns zu verstehen, daß wir ihn ein Stück begleiten sollten. Er lief vor uns her und führte uns zu einem schmalen Ziehwagen, seinem Verkaufsstand. Anscheinend hatte das junge Kerlchen Gesellschaft so nötig wie wir. Verträumt schaute er auf Gina, hielt dann einen Daumen nach oben und nickte lächelnd. Nach einer Weile holte er eine Flöte aus seiner Hosentasche und entlockte ihr ein sehnsuchtsvolles Lied. Während wir lauschten, kühlte der leichte Seewind unsere Haut, und das Meer rauschte beruhigend. Ein lauer Sommerabend, fast wie daheim.

Als es dunkelte, unterbrach der Musikant sein Flötenspiel, entzündete eine Petroleumlampe und brannte sich eine Zigarette an. Während er rauchte, kraulte er Gina den Schädel.

»Er sollte seine Hand lieber schonen«, raunte hinter uns jemand auf englisch. Der Verkäufer drehte sich ungläubig um, und auf seinem Gesicht zeichnete sich ein ausgiebiges Lächeln ab. Dann lief er dem Fremden entgegen, der außer einem Turban einen weißen Umhang trug. Aus diesem ragten nackte, verstaubte Füße und prankenartige Hände heraus. Die Augen des

Mannes funkelten im Petroleumlicht wie die Glut eines Vulkans. Der kleine Bursche umarmte den Ankömmling so stürmisch, daß beide fast strauchelten.

»Mein Junge«, sagte der große, drahtige Mann und pendelte dabei mit ihm in einer Art Tanz hin und her.

»Sind Sie sein Vater?« fragten wir ihn.

»Nein.« Er löste sich von dem Jungen und betrachtete ihn. »Aber irgendwie doch.« Der Fremde legte seine Hand auf die Brust. »Wenn ich mich vorstellen darf? Saqib Yamay. Zirkusdirektor.« Er verbeugte sich mit einer ausholenden Armbewegung. »Ich bin hier, um nach dem Rechten zu sehen. Ich will, daß mein Junge wieder zum Zirkus kommt.« Wir zogen die Brauen hoch, raunten.

»Er ist Seiltänzer«, präzisierte der Mann stolz. »Ihr hättet ihn in Madras sehen sollen. Er lief mit verbundenen Augen, ohne Netz, in fünfzehn Metern Höhe über das Seil. Die Leute waren außer sich.« Dabei blinzelte er seinem Schützling zu. Nun glänzten dessen Augen im flackernden Licht.

»Wißt ihr, daß er dort, zwischen den Häusern, auf dem Seil tanzen wollte?« Der Zirkusdirektor zeigte auf zwei gleichgroße, dicht nebeneinanderstehende Wolkenkratzer im Stadtzentrum. »Mein Junge befestigte gerade die Haken auf dem Dach, als die Polizei kam. Sie schleppten ihn aufs Revier, verhörten ihn, prügelten ihn, brachen ihm die Hände.« Er schüttelte wütend den Kopf. »Natürlich haben sie das gern gemacht. Sie hassen uns Tamilen.«

»Wir zwei haben ein Vorbild«, erklärte er uns nach kurzer Pause. »Philipe, der größte Seilkünstler aller Zeiten. Mehr als vierhundert Meter über der Wall Street in New York. Unglaublich ...« Für einen Moment war Stille.

»Wenn du dort oben stehst«, redete der Mann leidenschaftlich weiter, »vergißt du alles, was dich bedrückt. Du läufst voran, ohne dich umzusehen.«

War unser Leben, Ronalds und meins, nicht ähnlich? Unser Seil hatten wir zwischen den Kontinenten gespannt. Nun wollten wir zurück zum Ausgangspunkt, nach Hause. Das war schwerer, viel schwerer als voranzuschreiten.

Spätabends, als wir uns verabschiedet hatten, Saqib fortgegangen und der kleine Akrobat zum Schlafen in seinen engen Ziehwagen gekrabbelt war, schritten wir zu unserem Lager, wo es von Ratten nur so wimmelte. Doch Gina verscheuchte sie im Handumdrehen. In der Nacht zogen Regenwolken auf. Wir waren schon klitschnaß, bevor wir uns aus den Daunensäcken pellen konnten und wie kopflose Hühner um unsere Rucksäcke liefen. Es half weder Fluchen noch Jammern. Es war Ende Mai, und die Regenzeit hatte begonnen.

4

Die folgenden zwei Tage verbrachten wir mit Warten, nichts als Warten. Unsere geplante Reisezeit hatte sich inzwischen fast verdreifacht, und wir hatten noch viele Tausende Kilometer vor uns.

Für jenen Tag, von dem wir dachten, er würde der vorletzte auf Sri Lanka werden, nahmen wir uns etwas Besonderes vor: einen Strand mit Palmen, schneeweißem Sand und türkisblauem Wasser aufzusuchen und Stunden zu erleben, die sich von all den anderen auf der Reise unterschieden. Ein Ausflug ins Paradies sozusagen.

Wir vertrauten unsere Rucksäcke und die Schale mit den Fröschen dem kleinen Verkäufer an, nahmen nur Gina und zwei Handtücher mit. Ein Dreiradtaxi brachte uns einige Kilometer aus der Stadt hinaus. Dort, so der unaufhörlich lächelnde Fahrer, sollte es ein atemberaubendes Plätzchen geben. So, wie wir es uns wünschten.

Sein Lächeln erstarb, als wir ihm anstelle des Entgelts eine Packung »Marlboro« in die Hand drückten. Paul aus Brunei hatte mir außer den hundert Dollar und den Hotelübernachtungen auch einige Schachteln Zigaretten geschenkt und gemeint, sie wären eine internationale Währung. Bevor der Fahrer sich beschweren konnte, waren wir verschwunden.

Der Strand erwies sich als Enttäuschung. Im Grunde war alles so, wie wir es uns vorgestellt hatten. Bis auf die Müllberge. Zwei junge Burschen lungerten an einem Bambuszaun. Sie trugen ausgeblichene Jeans und weiße T-Shirts. Eines war mit der Aufschrift »Fuck the Police« bedruckt. Der, der es anhatte, sortierte Muscheln. Der andere stand da wie ein Fragezeichen. Als wir ankamen, verschränkten die Jungs ihre Arme und beäugten uns von oben bis unten. Doch dann breiteten sie ihre Muscheln vor uns aus: weiße, große, vielzackige. Die Jungs sagten, sie wären Taucher.

»Das ist auch was für euch«, meinte der mit dem Polizeigegnershirt. »Es kostet nicht viel«. Daß wir dafür kein Geld übrig hatten, glaubten sie uns natürlich nicht.

»Deutscher Mann ist immer reich«, stellte der andere fest. Er nannte sich Gary und war aus irgendeinem Grund der Auffassung, der Name klänge wohlhabend.

»Und?« fragten wir. »Bist du's?«

»Noch nicht«, erwiderte er. »Ich stehe doch nicht zum Spaß hier.« Sein Kumpan nickte dazu.

Bald wußten die beiden, daß wir noch nicht einmal genug Geld für den Nachhauseweg besaßen. Gary kam dichter.

»Ich helfe euch.« Er entblößte seine Zähne und lenkte seinen Blick auf unseren Fotoapparat, den uns eine Firma für die Reise geborgt hatte. Er war 4 000 Mark wert, wir hatten dafür einen Vertrag unterschrieben.

»Schöne Kamera«, sagte Gary und legte seine Hand ans Kinn.

»Wieviel wollt ihr dafür haben, he?«

»Wieviel würdest du denn geben?« Der Reiz, sich in Indien in einen Zug Richtung Deutschland setzen zu können, war in diesem Augenblick sehr groß. Fast war uns, als würden wir schon unsere Wohnungstüren aufschließen.

Wir folgten den Jungs zu ihrem Quartier, wo ihr Boss den Kauf absegnen sollte. Hinter einem hohen Dornengebüsch tauchte eine Bambushütte auf. Daneben parkten zwei eingestaubte Geländemotorräder. Vor der Hütte hatten es sich zwei Männer auf Liegestühlen bequem gemacht. Der eine – schlank, jung und schwarzhäutig. Der andere – bierbäuchig, gut zwanzig Jahre älter und weiß. Sie schlürften Wermut aus breiten Gläsern. Der Ältere hatte rotes, lichtes Haar und buschige Brauen. Er ließ sich von seinem jungen Gefährten eine Zigarre reichen, erhob sich aus dem Liegestuhl, schlenderte auf uns zu und begrüßte uns kumpelhaft.

»Ich bin der Hermann aus Holland«, sagte er auf deutsch, mit deutlichem Akzent. Garys Kumpel wieselte zu ihm und berichtete augenscheinlich von unserer Kamera. Der Holländer nahm einen tiefen Zigarrenzug und blies seinem Gegenüber den Rauch ins Gesicht. Dieser lächelte wie über ein liebevolles Geschenk.

»Laßt sehen«, diktierte uns Hermann. Er steckte sich die Zigarre zwischen die Zähne und fummelte am Fotoapparat herum. Gina wurde inmitten der fremden Leute unruhig, begann zu fiepen. Ronald streichelte und beschwichtigte sie, wobei ihm sein Portemonnaie aus der Hemdtasche fiel; und zwar so, daß es aufgeschlagen im Sand lag und die Kreditkarte sichtbar wurde.

»Hallo!« stieß Hermann hervor. »Eine Mastercard. Wie interessant.« Ronald hob die Geldbörse auf.

»Gib mal her!« forderte ihn der Holländer auf und reichte uns die Kamera zurück. Auf einmal schien sie nicht mehr interessant. Uns wurde mulmig, denn er grinste wie der Leibhaftige, und als mein Freund dem Wunsch nicht nachkam, funkelte Hermann wütend mit den Augen. Dann fiel sein Blick auf Gina, deren Anwesenheit ihm nicht zu gefallen schien.

»Bitte«, änderte er seine Wortwahl, klang wie ein um Bonbons bettelndes Kind. »Wir haben Beziehungen. Das Kärtchen bringt euch viel Geld.« Hermann war dichter an uns herangetreten und sah uns an, als wollte er uns hypnotisieren. Freilich war die Karte abgelaufen und für uns nichts mehr wert. Doch etwas in uns sträubte sich, auf seinen Deal einzugehen, sagte uns, daß hier etwas faul war und ließ ein »Nein« über unsere Lippen kommen.

»Her mit der Karte!« drohte uns der Holländer plötzlich. »Los, los! Ich hetze meine Hunde auf euch.« Wir erschraken, unsere Knie wurden butterweich. Gina bellte. Hermann wich zurück.

Da stießen wir die zwei anderen Typen zur Seite, rannten davon, drehten uns nicht um, liefen seitwärts durch ein lichtes Gesträuch, waren plötzlich auf einer kleinen Straße. Ronald rutschte Ginas Leine aus der Hand. Ein Auto raste heran, Bremsen quietschten, Gina unter der Stoßstange. Fast flogen wir zum Auto, befreiten die Hündin, der, wie es schien, nichts passiert war. Als der Wagen anfuhr, hielten wir uns an den Türgriffen fest, klopften wild an die Scheiben, schrien: »Nehmen Sie uns mit!« Der Mann hinterm Lenkrad stoppte abermals, ließ uns einsteigen, und als wir im Fond des Mazda saßen, drehten wir uns noch einmal um. Niemand war zu sehen. Der Fahrer setzte uns an unserem Schlafplatz ab. Ich gab dem Mann all meine Zigaretten.

Als wir mit dem kleinen Verkäufer neben seinem Ziehwagen saßen, hatte das fast etwas von Heimat für uns. Wir überschütteten den Burschen mit einem Wortschwall unserer Erlebnisse, obwohl er nichts von alldem verstand. Dann, mit trockenem Mund, bestellten wir bei ihm zwei Flaschen Cola. Doch er lachte, schüttelte dabei noch den Kopf. Da begriffen wir, daß dies auf Sri Lanka »Ja« bedeutet.

5

Den nächsten Tag – eigentlich der Tag unseres Abflugs – sollten wir nicht so schnell vergessen.

Im Indischen Konsulat standen wir mit vielen Leuten in einer langen Warteschlange. Die Luft war so feucht, daß die Auskunftsfenster beschlugen. Gina wartete draußen, und das war für die nächsten Minuten auch besser so. Als uns die Sekretärin des Konsuls erblickte, winkte sie uns zu sich nach vorn.

»Visa noch nicht fertig«, wollte uns die Frau mit dem roten Stirnpunkt weismachen. »Vielleicht nächste Woche.« Dann ging sie fort.

Das schien der ausschlaggebende Moment zu sein. Wir wollten und konnten kein »Nein« mehr akzeptieren. Wir drängten uns zur Konsulatstür, stießen sie voller Wut auf. Der Konsul saß an seinem Schreibtisch und unterhielt sich mit einem Herrn im weißen Anzug. Die Männer sahen uns verständnislos an. Gleichzeitig trafen uns ihre Beschimpfungen, was uns sehr egal war.

»Sie haben es versprochen!« schrien wir dem Konsul entgegen. Er zeigte zur Tür, der Besuch drohte uns mit seiner Gehhilfe.

»Wo ist der Botschafter?« brachten wir noch hervor, dann stürzten wir, ohne eine Antwort abzuwarten, aus dem Raum.

Die Botschaft befand sich im Nachbarhaus. Wir kamen dort außer Atem an, rannten einen langen Flur entlang. Von der Rezeption aus rief man uns zurück. Wir überhörten alles, was uns hätte aufhalten können. Acht, neun Herren in dunklen Anzügen kamen uns entgegen. Lange Schatten eilten ihnen voraus.

»Wir müssen zum Botschafter!« keuchten wir. Die Gesellschaft tuschelte miteinander und blieb vor uns stehen.

»Was wollen Sie von mir?« fragte uns einer der Herren.

»Helfen Sie uns!« Unsere Stimmen überschlugen sich. »Wir wollen doch nur nach Hause.« Fragende Blicke. »Wir sollten heute unsere Visa erhalten«, jammerten wir zur Erklärung. Der Botschafter rückte seinen Krawattenknoten zurecht.

»Sagen Sie das dem Konsul«, entgegnete er trocken und wollte mit seiner Gefolgschaft weitergehen. Wir versperrten den Weg.

»Security!« rief der Diplomat. Schon hörten wir den Widerhall fester, schneller Schritte. Wir zitterten, klapperten mit den Zähnen. Dann waren wir

umzingelt. Man richtete Gewehre auf uns. »Schaffen Sie dieses Pack raus!«
ordnete der Botschafter, unverhofft aufbrausend, an. Die Wachmänner griffen nach uns.

»Aufhören!« kreischten wir, so laut, daß die Wachleute einen Schritt zurück-
wichen. Für einen Moment schien die Zeit süllzustehen. Alle verharrten in
vollkommener Ruhe. Ich begann zu heulen, Ronald biß sich auf die Unterlippe.

»Wir machen das für ein krankes Mädchen!« brüllten wir verzweifelt. Der
Botschafter trat an uns heran.

»Sie sind selbst krank«, sagte er und befahl der Wache: »Auf die schwarze
Liste mit denen!« Dann ließ er das schwere Tor öffnen, und man drängte uns
nach draußen.

Da standen wir. Gina wedelte mit dem Schwanz. Erschöpft setzten wir uns
auf einen Bordstein, legten die Gesichter in die Hände und jammerten ...

In der Nacht träumten wir beide von zu Hause. Als wir am nächsten Morgen erwachten, sahen wir statt unserer Balkonfenster die Rattenlöcher. Da
half wieder nur die Urschreitherapie. Mit unserer Morgenwäsche beehrten
wir diesmal ein anderes Hotel.

In unsere übervollen Köpfe bohrte sich ein neues Problem: Einer der Frösche – der aus Ah Longs Garten – wirkte schwächlich und »blaß«. Es schien
darauf hinauszulaufen, daß der Tierhändler aus Bandar seine Wette gewinnen
würde. Als wir ein wenig Leitungswasser auf das Tier regnen ließen, kroch
es zwischen die Grashalme. Vor dem Hoteleingang fingen wir drei Fliegen.
Doch diese schienen dem Hüpfer nicht zu schmecken, und der andere Frosch
fraß sie allein.

Wie so oft in den letzten Tagen saßen wir wieder auf der Steinmauer am
Strand und versuchten, die Gedanken zu ordnen, indem jeder von uns sein
Tagebuch füllte. Unsere Situation war nicht berauschend. Die Flugtickets
waren verfallen, das Geld war fast alle.

»Und wenn wir deine Eltern anrufen? Ein letztes Mal?« fragte ich Ronald,
eher vorsichtig, in Erwartung eines strikten Neins.

»Daran habe ich auch schon gedacht«, sagte er zu meiner Überraschung
und schaute von seinem Geschreibsel auf. »Aber wie fühle ich mich dann?« Er
machte eine Sprechpause, räusperte sich. »Als totaler Versager.«

»Sind wir das nicht längst?« Es folgten Minuten des Schweigens. Beide trauten wir uns nicht weiterzusprechen.

Dann brach Ronald die Stille: »Ich rufe an. Doch vorher ...«, er kramte
unseren Taschenatlas aus dem Rucksack, »suchen wir uns ein neues Ziel, ein
Nachbarland von Indien, eins, von wo aus wir ebenso nach Hause trampen
können. Wollen doch mal sehen.« Schon blätterte er im Büchlein.

»Was soll das heißen?« fragte ich ungläubig.

»Dann kehren wir nicht als Trottel heim«, antwortete er. Für einen Moment grübelte ich, ob er die heiße Sonne nicht vertrug. Verstand er nicht, daß wir uns mit dieser Reise schon genug blamiert hatten?

»Hör zu«, sagte ich. »Laß uns den nächsten Flug nach Hause nehmen. Stell dir vor, wir landen in zwei, drei Tagen ...«

»Auf keinen Fall!« unterbrach Ronald. »Das ist unsere Chance.«

»Noch mehr kaputtzumachen?«

»So verrückt diese Reise bisher war«, er schwenkte den Atlas wie ein Bündel Dollarnoten, »wir dürfen sie nicht einfach so beenden. Wir müssen uns den Heimweg erkämpfen.«

»Wir haben bisher nur Scheiße gebaut!«

»Eben. Von jetzt an nicht mehr.«

»Sag mal, schläfst du gern im Dreck?« Ich sprang von der Mauer. »Schau dich doch um! Sieh uns doch an! Toll, wenn man so stinkt, was?« Wütend zerrte ich an meinem Shirt, wobei der Kragen einriß. »Oder hier, wunderbares Haar!« Ich kraulte provozierend meinen verfilzten Schopf. »Geld?« Ich krempelte meine Hosentaschen nach außen. »Wozu denn? Wozu essen?« Ich hörte mich wie irre lachen und dann fluchen: »Ich habe Hunger, ich habe Durst, ich fühle mich schmutzig, schäbig und niederträchtig. Ich will nach Hause! Und zwar sofort!« Ronald betrachtete mit stoischer Ruhe, wie ich mit den Füßen aufstampfte, mit den Armen ruderte. Als mein Zorn etwas abklang, sagte er: »Du Weichei!« Da ging ich fort, ohne ein Ziel.

Ich saß da, sah Markus hinter der Straßenbiegung verschwinden und verstand ihn nicht. Alles, was ich wollte, war, die letzten Tage der Reise wie ein »wahrer Abenteurer« zu beenden. So, als könnte ich dabei neues Selbstbewußtsein tanken. Gewiß, meinen Eltern wäre nichts lieber, als daß ich schon in ein paar Tagen vor ihrer Tür stünde. Aber dies würde unseren Mißerfolg nur unterstreichen, und ich müßte ihnen und mir selbst eingestehen, daß sie Recht hatten mir ihren Vorstellungen vom normalen Leben, von der Sinnlosigkeit unseres Tuns. Zweifellos sehnte auch ich mich nach meinem geborgenen Nest an der Ostsee. Doch was dann? Markus konnte studieren, schön für ihn. Und ich? Sollte ich zurück in die Schlosserei, in die dunkle Werkstatt, in der es statt nach fremdartigen Gewürzen und Meer nach Motorenöl und Auspuffgasen roch? In der ich statt Strandsand vom Ufer des Indischen Ozeans Maschinenfett an den Händen hätte? Trotz aller Fehlschläge glaubte ich noch immer daran, mein Heil läge im Reisen. Deswegen, und auch, um mir und all den anderen, die nicht mehr an uns glaubten zu zeigen, daß man schaffen kann, was man sich vornahm, wollte ich nicht aufgeben. Nicht hier und nicht heute.

Ich hockte wieder auf dem gespaltenen Stein am Strand, jene Stelle, an der ich am Tag meiner Ankunft gesessen hatte. Über mir hörte ich die Möwen und vom Ozean her das Rauschen der Brandung ...

Ich saß lange da. Erst fand ich keine Gedanken, doch dann merkte ich, daß ich nachzugeben begann. Alles in mir sträubte sich dagegen. Dennoch stand ich auf, ging zurück, vielleicht, um nicht auch noch in den Augen meines Freundes ein Versager zu sein.

Der Teufel mußte mich getrieben haben, als ich Ronald die Hand reichte und nickte. Ich roch förmlich die Schwierigkeiten, die uns nun bevorstanden.

6

Wir flogen mit »Pakistan-Airlines« nach Karatschi. Pakistan, das Land, das ich als »Ersatzland« für Indien auserwählt hatte.

Meine Eltern – besorgter als je zuvor – hatten nicht gezögert, uns das neue Budget zu überweisen. Es hatte nur eine Stunde gedauert, bis das Geld auf der »Deutschen Bank« in Colombo eingetroffen war. Eintausend Mark, soviel, wie der Transfer nach Pakistan sowie die Visa fürs nächste Land über den Daumen kosteten, und keinen Pfennig mehr. Was hätten bei all unseren Schulden eigentlich ein paar weitere hundert Mark ausgemacht? Nun waren wir erst recht Bettler.

Gina befand sich im Laderaum des Flugzeugs. Wie ich es bei meiner Ankunft in Colombo geahnt hatte: Wir brauchten die Hundebox noch.

Markus sah mich verwundert an, als ein Lächeln über mein Gesicht huschte. Ich dachte an die Pakistanische Botschaft und daran, wie wir zu unseren Visa gekommen waren: Der Botschafter hatte uns höchstpersönlich empfangen.

»Und was ist dein Beruf?« fragte mich mein Gegenüber auf englisch und ließ dabei seine buschigen Brauen tanzen. Zuvor hatte er Markus dieselbe Frage gestellt, und der hatte ihm etwas von seinem Studentenleben vorgeflunkert, was in Wahrheit lange zurücklag.

»Schlosser«, antwortete ich, wie beim Priester aus Boystown.

»Aha. Dann nenne mir den Durchmesser einer Getriebetrennscheibe.« Seine Frage warf mich aus der Bahn. Ich errötete, zuckte die Schultern, antwortete vorsichtig: »Ist schon lange her.« Der Botschafter verzog keine Miene.

»Du enttäuscht mich«, belehrte er mich. »Kommst aus Deutschland ... Wurde dort nicht das Auto erfunden?« Er zwirbelte mit den Fingern an seinen langen Brauen und schaute in unsere Pässe.

»Aber weil du ehrlich warst«, fuhr er fort, »bekommst du auch ein Visum«. Dann knallte er die Stempel hinein ...

1

Wir landeten, als die Sonne über dem Arabischen Meer aufging.
Beim Verlassen der Flughafenhalle wurden wir unverzüglich von etwa zwanzig Männern in weißen Umhängen umringt. Manche trugen Turbane, andere Käppis. Wir sollten ihnen Gewürze, Tontöpfe und goldene Uhren abkaufen. Statt dessen schenkten wir ihnen unsere Hundebox. Sie schauten verdutzt, wußten damit nichts anzufangen. Derweil schaufelten wir uns mit unseren Armen frei.

So hatten wir uns die arabische Hitze vorgestellt: trocken und heiß, daß jeder Schritt einem Wunder gleichkam. Unser Fußmarsch in die City von Karatschi dauerte drei Stunden.

Auf dem Weg dorthin begegneten wir schwarzverschleierten Frauen. Sahen sie uns, wandten sie scheu ihre Blicke zur Seite. Die Männer hingegen stolzierten daher, als wäre jeder von ihnen Präsident dieses Landes. Die meisten hatten schwarze Rauschebärte, und ihre Körper steckten in weißen, teils reichbestickten Gewändern. Man hatte uns erzählt, Pakistan bedeute »Land der Reinen«. Seine Straßen machten dem Namen keine Ehre. Die Luft war staubig und stickig von Abgasen, zerknülltes Zeitungspapier und alte Batterien lagen neben den Bordsteinen. Nur die weißen Moscheen mit ihren schlanken, verzierten Minaretten boten ein imposantes Bild. Wie steingewordene Gottheiten ragten sie zwischen den flachen, grauen Häusern empor.

Wir kamen an einen Verkehrskreisel. In der Mitte des Rasenplatzes ragte eine hohe Säule auf. Auf dem Sockel stand in schwarzen Buchstaben: »Kill America«. Je enger die Straßen wurden, umso dichter wurde das Menschengewirr. Aus den Gassen drang ein fremdartiger Singsang zu uns.

Unser Ziel war die Iranische Botschaft. Der nächste, der vorbeikam, sollte uns den Weg zeigen.

Der junge Bursche, der stehengeblieben war, hatte sich ein Maschinengewehr über die Schulter gehängt. Er krampfte seine Hand in einer Weise um den Griff, als wolle er eine Parade im Stechschritt vorführen. Nachdem wir von ihm erfahren hatten, wo sich die Botschaft befindet, interessierte uns, warum so viele Männer in Pakistan eine Waffe bei sich trugen.

»Nun«, antwortete er und strich über den Gewehrlauf, »ihr Europäer habt eure Autos. Und wir haben dies.«

Wir klopften an die Botschaftstür, die viel kleiner war als wir. Ähnlich wie in einem Gefängnis öffnete sich eine Luke.

»Seid ihr Amerikaner?« fragte ein dunkelhäutiger Mann auf englisch. Wahrscheinlich waren wir in dem Fall nicht willkommen.

»In Ordnung«, bemerkte er auf unsere Antwort, schloß die Luke und öffnete die knarrende Tür. Gina wartete draußen, angeleint an die Rucksäcke.

Die durchweg männlichen Angestellten saßen hinter den zerkratzten Schalterfenstern und musterten unsere unbedeckten Arme und Unterschenkel mit finsteren Blicken. »Was wollt ihr?« schnarrte uns ein schwarzgekleideter Beamter an, der aussah wie Saddam Hussein. Er winkte uns an sein Fenster. Wir standen vor ihm wie vor einem Haftrichter. So recht konnten wir uns nicht vorstellen, hier noch am selben Tag mit zwei Visa hinauszuspazieren.

»Zwei Wochen Wartezeit«, entgegnete er auch prompt. Der Bedienstete drehte einen Bleistift zwischen den Fingern und nahm seine Augen nicht von uns.

»Können sie eine Ausnahme machen?« raunten wir. Er kniff die Augen zusammen und lachte laut auf.

»Keine Chance.« Sein Lachen schien es nie gegeben zu haben.

»Was, bei Allah, tragt ihr da mit euch?« wollte er wissen und zeigte auf die Schale mit den Fröschen.

»Aids also«, sagte er abfällig, nachdem er den Grund des Mitbringsels wußte. »Seht ihr? So unrein ist eure Gesellschaft.«

»Na gut«, sagte der Iraner, nun fast väterlich. »Kommt in einer Woche wieder.« Sein gutgemeintes Angebot machte uns jedoch nicht glücklicher. Wenn wir schon über Land reisten, dann bitteschön jeden Tag ein Stück Richtung Heimat. Wir überlegten, ob es noch einen anderen Weg als den durch den Iran gab. Die große Weltkarte am Eingang brachte die Antwort: China. Schließlich hatten wir kein Auto mehr, das uns am Einreisen hinderte.

2

Das Chinesische Konsulat befand sich am Stadtrand. Eine unglaubliche Stille lag über den Dächern der wenigen Häuser, die verlassen schienen. Wir hörten den Sand unter unseren Füßen knirschen. Die Gegend war so trocken wie unsere Münder, und uns war schleierhaft, wo wir Gras für die Frösche finden sollten.

Die Mittagshitze wurde unerträglich, erst recht für Gina, die hechelte, als hätte sie Todesangst. Nirgends Schatten, die Sonne im Zenit.

Endlich, nach einer Stunde, begegneten wir einem Menschen. Der zwirbelbärtige, greise Melonenverkäufer wirkte in dieser verlassenen Gegend, als hätte er sein Leben damit verbracht, auf uns zu warten. Er gab uns dreien Trinkwasser in silbrigen Schälchen. Auch die Frösche bekamen einen »Schluck« ab. Der Alte kicherte leise. Er verstand kein Englisch, dafür Ginas wedelnden Schwanz und unser dankbares Lächeln. Zum Abschied schenkte er uns je eine viertel Melone – unser Mittagessen.

Im Chinesischen Konsulat roch es nach Knoblauch und gebratenem Reis. Angezogen von den Düften landeten wir in der Küche. Wo das Zimmer des Konsuls sei, wollten wir vom Koch wissen. Er gab uns Orientierung, doch leider nichts zu essen.

Im Büro des Konsuls erweckte eine alte Standuhr den Eindruck, daß Zeit nur langsam vergeht. Der glatzköpfige Staatsdiener, vielleicht davon angesteckt, schien ein Nickerchen in seinem Sessel zu machen. Doch ließen wir uns von den schmalen Augen des Mannes täuschen, denn er begrüßte uns sogleich mit heller Stimme, und wir durften unser Anliegen vortragen.

»Nein, nein«, sagte er nach unseren Worten. »Der Karakorum-Highway ist viel zu gefährlich. Ich kann Ihnen nicht weiterhelfen.« Seine Worte schwächten uns, als würde er uns Blut abzapfen. Statt wie bisher gleich wütend zu werden, bettelten wir kleinlaut. Nicht nur wegen der Hitze, die uns zermürbte, nicht nur wegen der Standuhr, die uns mit Ruhe betankte, sondern aus Verzweiflung. Wir präsentierten dem Mann ein Bild aus unserem Fahrradbuch, das uns auf dem Pekinger Platz des Himmlischen Friedens zeigte.

»Meine Heimatstadt«, bemerkte er und lächelte ausgiebig. »Na gut. Sie sollen Ihre Visa bekommen. Aber geben Sie mir Ihr Wort, das Flugzeug nach Ürümqi zu nehmen.«

›Wovon denn?‹, wollten wir sagen, nickten statt dessen. Dies Versprechen zu brechen, schadete nicht ihm, höchstens uns.

»Kommen Sie morgen um elf Uhr«, sagte der Konsul zufrieden.

Wir gingen über die Straße, die zu glühen schien. Fast hätte uns ein Porsche überrollt, wären wir nicht zur Seite gesprungen. Der Fahrer, ein etwa vierzigjähriger Mann, brachte das Cabrio zum Stehen, sprang recht sportlich heraus und kam auf uns zu.

»Seid ihr Europäer?« fragte er uns. Er trug, wie so viele in dieser Stadt, ein weißes Gewand.

»Seid meine Gäste!« verkündete er nach unserer Antwort. Dann hüpfte er zurück in den Wagen, ließ den Motor aufheulen, raste in einer Staubwolke davon und wendete.

Am gegenüberliegenden Haus öffnete sich das Tor einer Garage, und der feuerrote Porsche schoß wie ein Pfeil hinein.

»Schöner Wagen, nicht wahr?« rief der Fahrer aus dem dunklen Raum, nachdem er den Motor abgeschaltet hatte.

›Auch Übergeschnappte haben Essen‹, dachten wir und folgten ihm.

Der Mann stellte sich uns als Mian vor und führte uns durch einen langen Flur in seine Küche. Es mußte der Abwasch der letzten Wochen sein, der sich auf der Arbeitsplatte und im offenen Geschirrspüler stapelte. Nicht nur um die Deckenlampe summten Fliegen. Es stank nach altem Fisch. Mian rannte nervös durch das Zimmer, öffnete ein Fenster und suchte irgendetwas in den Schränken.

»Gestern haben wir gefeiert«, entschuldigte er sich. »Mein Sohn ist Vater geworden.« Wir setzten uns auf zwei Hocker. Unser Gastgeber servierte uns zwei saubere Teller, entzündete den Gasherd und richtete ein solch schmackhaftes Fischmahl her, das wir auf unserer Heimreise nicht mehr vergessen sollten.

Als der Tag längst in den Abend übergegangen war und wir mit Mian über Gott und die Welt geschwatzt hatten, bot er uns an, bei ihm zu übernachten. Obwohl er seine Zwölf-Zimmer-Villa für ein paar Tage allein bewohnte – seine Frau besuchte ihre Mutter in den Bergen – ließ er uns auf der Dachterrasse schlafen. Dort plagten uns zwar Mücken, doch war dieser Ort weitaus angenehmer und sicherer als die staubige Straße mit ihren Wildhunden.

»Wie spät ist es?« hörten wir eine Stimme in unsere Träume dringen. Wir erwachten. Mian schaute wie ein Geist auf uns herab. Es war noch früh. Die Sonne war gerade erst aufgegangen.

»Nun sagt.« Er hatte die Hände auf dem Rücken verschränkt und behauptete, keine Uhr zu besitzen.

»Ich weiß nicht«, antwortete Ronald. »Meine ist verschwunden, und bei seiner«, er zeigte auf mich, »ist die Batterie leer.«

»Was?« stieß Mian aus. »So reist ihr?« Er stemmte die Hände in die Hüften und kicherte. »Zieht euch an. Ich kaufe euch neue Uhren.«

›Er scherzt‹, dachte ich. Doch schien er es durchaus ernst zu meinen. Er motivierte uns zum schnelleren Ankleiden und wies uns dann an, ihm zu folgen.

Auf dem Weg in die Stadt – wir mußten uns auf dem Rücksitz des Porsche eng zusammenkauern und Gina angebunden im Haus zurücklassen – erzählte uns Mian, daß ihm eine der größten Tiefbaufirmen des Landes gehöre. Selbst in Bangladesch, Saudi-Arabien und im Iran hatte sein Unternehmen bereits Straßen entstehen lassen.

Im Zentrum von Karatschi gerieten wir in einen Verkehrsstau. Wir staunten nicht schlecht, daß mancher Fahrer, darunter auch unserer, die Autoschlange durch eine waghalsige Bürgersteigfahrt hinter sich ließ. Die Polizei, so Mian, sei um diese Zeit mit Teetrinken beschäftigt.

Im Straßenbild fielen uns die bunten LKWs und Busse auf, deren Karosserien mit schillernden Aluminiumplättchen, Perlenketten, geflochtenen Schnüren und Glöckchen aufgepeppt waren.

Wir parkten in einer belebten Geschäftsstraße. Wo wir hinsahen, überall gab es Schmuck- und Uhrenläden. Mit Mian Schritt zu halten, glich einer Verfolgungsjagd. Er drängelte sich an den Menschen vorbei, als wollte er uns loswerden. Plötzlich blieb er vor einem der Uhrengeschäfte stehen.

»Der gefällt mir«, sagte er, obwohl der Laden, so schien es uns, sich von den anderen nicht unterschied.

»Freunde«, sagte unser Gönner, als wir wie verloren zwischen den schmucklastigen Vitrinen standen. »Ihr sucht aus, ich zahle.« Unsere fragenden Blicke beantwortete er mit einer abschätzigen Handbewegung.

Nach einer Weile kehrten wir mit den billigsten Uhren, die wir finden konnten, zurück.

»Wollt ihr mich beleidigen?« Mian faßte sich an den Kopf, als er die Plastikuhren sah. »Eure deutschen Freunde werden sagen, ein Pakistani sei geizig. Laßt mich das machen.« Zielgerichtet steuerte er eine Vitrine an.

»Du bist blond«, sagte er zu Ronald. »Du bekommst die silberne da ... Und du bist dunkel«, sprach er zu mir gewandt, »fast so wie ich. Dir wird eine goldene besser stehen.« Verständnislos und erstaunt banden wir die schweren Uhren um.

»Nun schnell nach Hause.« Der spendable Mian wurde unruhig. »Ich muß in die Firma.« Auf dem Weg zum Auto fragten wir ihn, warum er als Geschäftsmann keine Uhr trage.

»Ich habe meine Termine im Gefühl«, war seine Antwort. Neben dem Porsche lag wie tot ein Bettler, der nur noch Haut und Knochen war. Unser edler Gönner würdigte ihn scheinbar keines Blickes und sagte dann, als wir ihn fragten, ob man dem Mann nicht helfen könnte: »Jeder bekommt das, was er verdient.« Daraufhin verstanden wir noch weniger, warum Mian ausgerechnet uns solch teure Geschenke gemacht hatte.

Später, als er sich von uns verabschiedete, bekamen wir die Antwort darauf.

»Erzählt euren Landsleuten von Pakistan«, meinte er eindringlich. »Sagt, wie schön es hier ist und daß wir ein großes Herz haben. Redet auch von mir und meiner Firma.« Er reichte uns seine Visitenkarte. »Ich will auch mit Deutschland Geschäfte machen.« Wir versprachen es.

3

Um elf Uhr holten wir die chinesischen Visa ab. Sie kosteten uns das letzte Geld. Dann machten wir uns auf zum nördlichen Stadtrand Karatschis, von wo aus wir trampen wollten. Da wir uns im Süden der City befanden, nahmen wir zunächst den Bus. Natürlich – in Tokio hatten wir's geübt – ohne Billets.

Das Gefährt klapperte, als wäre dies seine letzte Reise. Im Innern zwängten wir uns samt Gepäck auf zwei Kunststoffsitze. Die Luft war stickig. Immer mehr Menschen stiegen an den Haltestellen zu. Nun waren auch die äußeren Trittbretter des Busses voller Leute. Manche hingen aus den Fenstern und hielten sich an deren Rahmen fest. Gina mußte sich unter unsere Sitze zwängen, wollte sie den Passagieren nicht als Fußabtreter dienen. Eine Fahrscheinkontrolle? Unmöglich. Dachten wir.

Ein junger Mann – sein staubiges Gesicht war zwischen den Achselhöhlen zweier Mitfahrer eingeklemmt – forderte uns auf zu bezahlen, verlangte 150 Rupien, welche fünf Mark entsprachen. Das war weit mehr, als die anderen Leute entrichtet hatten. Wir protestierten. Da befreite sich der Schaffner aus den »Armklemmen« und wiegelte die übrigen Fahrgäste gegen uns auf. Im nächsten Moment waren alle Blicke auf uns gerichtet. Einige Männer fuchtelten mit den Armen, soweit dies bei der Enge möglich war. Zwei Burschen zerrten an uns, was wiederum Gina nicht gefiel, sie zum Bellen motivierte. Erstaunlich, wieviel Platz wir danach hatten. Doch der Zirkus ging nach kurzer Zeit von vorn los, und gerade, als man uns an der nächsten Haltestelle aus dem Bus werfen wollte, stellte sich schützend ein junger Mann vor uns.

»Ich bezahle für die beiden«, verkündete er mit erhobenen Händen und schaffte es, den Kassierer samt der aufgebrachten Menge zu beschwichtigen. Unser Retter – mit seinem Schnauzbärtchen hätte er der Bruder von Burt Reynolds sein können – blieb bei uns, auch als der Bus zum Stadtrand hin langsam leer wurde.

»Ihr seht aus, als ob ihr Hilfe braucht«, sagte er und ließ seinen Blick auf uns ruhen. Daß wir durch Pakistan trampen wollten, gefiel ihm, dem Englischstudenten, überhaupt nicht.

»Hier gibt es nicht nur gute Menschen«, begründete er. Deswegen wollte er uns eine Zugfahrt bezahlen. Wir lehnten ab, er hatte uns genug geholfen. Dies empfand er als Beleidigung, und wir erklärten ihm, wie wir es meinten.

»Ich sehe mir aber an, wo ihr mitfahrt.« Um seine Worte zu bekräftigen, zeigte er uns seine gestählten Bizepse. Jeden Tag, so er, nähre er sie mit zahlreichen Liegestützen. Traurig besahen wir unsere verkümmerten Oberarme, die vor Wochen noch seinen geähnelt hatten.

»Damit beeindruckst du sicher die Frauen«, gaben wir ihm mit Blick auf seine Muskeln zu verstehen.

»Wo denkt ihr hin? Meine Braut suchen meine Eltern aus.«

»Das ist wirklich noch so?«

»So will es Allah«, raunte er. Wir konnten es uns nicht vorstellen.

»Wenn ihr einen Auftrag von eurem Chef bekommt«, versuchte er zu erklären, »erfüllt ihr den doch auch, oder etwa nicht?«

Der Bus fuhr die Endhaltestelle an. Zusammen mit unserem Helfer stiegen wir aus.

»Ich heiße Hussain.« Wir schüttelten seine fest zupackende Hand.

Wieder glühte die Mittagssonne. Wir standen an der Straße nach Hyderabad. Im Süden ragte die Silhouette Karatschis in den wolkenlosen Himmel.

Zwei Stunden vergingen. Viele der LKWs und Autos stoppten auf unser Winken. Doch die Fahrer schwatzten meist nur mit uns und fuhren dann weiter. Manche machten sich über uns lustig oder wollten unseren Transit teuer bezahlt wissen. Wir begannen wieder einmal zu fluchen.

»Vielleicht liegt es an eurem Hund«, meinte Hussain. »In Pakistan sind es unreine Tiere. Man glaubt, der Teufel stecke in ihnen.«

»Denkst du auch so?« fragten wir Hussain ein wenig vorwurfsvoll.

»So hat man es mir beigebracht«, entgegnete er. »Aber wenn ich mir eure

Gefährtin so ansehe ... Na ja. Vielleicht hilft euch auch keiner, weil ihr Weiße seid.«

»Warum hast du uns dann geholfen?«

»Äußerlichkeiten sind mir unwichtig. Ich schaue den Menschen in die Augen und entscheide ... Kommt.« Er ging wie selbstverständlich zurück zur Bushaltestelle. »Wir fahren zum Bahnhof.« Noch einmal sahen wir die endlose, gerade Straße entlang. Dann folgten wir Hussain. Wie konnten wir seine Hilfe ablehnen?

Es war Abend geworden, wie so oft auf der Reise. Wir saßen am Bahnhof und warteten auf den Zug, der uns ins 1 800 Kilometer entfernte Islamabad bringen sollte.

Dann fuhr er ein. Es gab Waggons von der ersten bis zur dritten Klasse, wobei sich die erste von den anderen nur durch einen sicheren Sitzplatz auf einer Holzbank unterschied. Wir hatten darauf bestanden, in der dritten Klasse zu reisen. Hussain begleitete uns zum Einstieg und riet uns, nah an der Tür zu bleiben. In den vollgepfropften Waggons würde man schwer Luft bekommen. Gina kauerte neben uns in einem engen, offenstehenden Toilettenraum. In dessen feuchten Ausguß legten wir die Schale mit den Fröschen. Wir hofften, dieses Klima würde auch dem kranken Lurch guttun.

Zum Abschied umarmten wir Hussain, verspürten dabei einen Kloß im Hals.

»Vergeßt mich nicht«, sagte er mit belegter Stimme und reichte uns einen Beutel mit Bananen und einigen Fläschchen Mineralwasser. »Vergessen mich die Menschen, vergesse ich sie auch.« Dann sprang er aus dem anruckenden Zug und verschwand in der riesigen Menschenmenge. Wir dachten noch lange über ihn nach.

Der Waggon links von uns war Frauen und Kindern vorbehalten und unserer den Männern. Wir machten es uns, so gut es ging, im Gang bequem, nutzten unsere Rucksäcke als Sessel und saßen Schulter an Schulter an einer Ausstiegstür.

Stunden vergingen. Die Sonne war längst hinter dem Wüstenhorizont versunken. Unsere Hinterköpfe schmerzten, weil sie im Takt der Schienenstöße an die Metalltür schlugen. Wir waren hundemüde, fanden aber keinen Schlaf.

»Hier«, hörten wir einen Burschen neben uns sagen. Er war in unserem Alter und hielt uns seine Tasche entgegen. »Nehmt sie als Kissen.« Wir winkten ab, denn sie war bis jetzt sein »Sessel« gewesen. Wollte er auf dem harten Stahlboden sitzen? Doch der junge Mann ließ nicht locker, und wir mußten sein Angebot schließlich annehmen, wollten wir nicht die ganze Zugfahrt darüber diskutieren. Auf die Frage, warum er das tat, sagte er: »Ich bin Hindu«.

Am nächsten Morgen weckte uns derselbe junge Mann. Er brauchte seine Tasche zurück, für ihn war hier Endstation. Bevor er sich verabschiedete, reichte er uns zwei Teller mit Napfkuchen und zwei Tassen Tee. Dann schaute er uns an, als gäbe es – wie für Hussain – auch für ihn nichts Schöneres als zu geben.

Den ganzen Morgen über fragten uns einige Mitreisende, ob sie »unsere« Toilette benutzen dürften. Doch immer, wenn sie Gina darin liegen sahen, kehrten sie rasch um.

4

Es war der heißeste Tag der Reise. Der Zug hielt in Multan, siebenhundert Kilometer hinter Karatschi. Unsere Zungen klebten an den Gaumen. Gina und den Fröschen konnten wir Leitungswasser servieren. Uns wäre es schlecht bekommen.

Während Ronald im Zug blieb, stieg ich aus, um Trinkwasser zu besorgen. Draußen schien es mir die Beine wegzuschlagen. Die Sonne brannte, daß ich dachte, ich verkohle. Meine Beine – aus Blei, mein Kopf – ein schmerzender Ballon. An einer steinernen Säule entdeckte ich ein Thermometer, das 47 Grad Celsius auswies. Ich geriet an einen Mann mit rotgefärbtem Haar, der mir eine Tasse Tee verkaufen wollte. Ich konnte ihm nicht antworten, meine Zunge war wie gelähmt von der Hitze und dem Durst. Endlich entdeckte ich einen Wasserhahn an einem Brunnen. Viele Leute standen dort herum und tranken. Ich zapfte zwei Flaschen ab und hielt meinen Kopf unter den kalten Strahl.

Auf dem Rückweg zur Bahn sehnte ich mich nach dem Fahrtwind im Zug, und ich rannte in Erwartung dessen fast einen Tabakverkäufer um.

Gierig, als ginge es um sein Leben, trank Ronald, und es dauerte nicht lange, da wurde er kalkweiß. Er taumelte, fiel wie ein Mehlsack auf unser Gepäck. Ich bekam Panik, begriff: Er hatte sich am Wasser vergiftet. Bilder tauchten vor mir auf: Ich vor zwei Jahren, auf der Radreise, der Acker vor Moskau, wie ich dahockte, dabei taumelte, unter mir blutiger Durchfall, Erbrochenes, während mein Körper zu kochen schien ...

Ich rüttelte an Ronald, flüsterte immerfort seinen Namen. Er lallte nur, hievte sich zitternd an der Toilettentür hoch, sank mit dem Kopf ins Klobecken. Ein gelblicher Strahl schoß ihm aus dem Mund. Leises Stöhnen. Ich zerrte ihn zurück auf die Rucksäcke, wußte keinen Rat, verfluchte, keine Medikamente zu besitzen. Menschen drängten sich um uns. Ich streckte hilflos die Hände aus. Ein dürrer, über zwei Meter großer Passagier reichte mir ein faustgroßes Stück Eis. Ich rieb es über Ronalds Stirn. Er ergriff es und »seifte« sich damit ein. Sogleich ging es ihm etwas besser.

Mir tanzten rote Punkte vor den Augen. Ich versuchte, mich aufzusetzen, sah Markus inmitten besorgter Gesichter.

Plötzlich lächelten die Leute, und als ich wie in Trance den Daumen hochhielt, legte Markus seinen Arm um mich. Der»Riese« brachte mir außer dem Eis auch Pfefferminztee, Cola und ein Stück Kuchen. Ich bedankte mich und versuchte ebenfalls zu lächeln.

Wir erreichten Islamabad. Hier war die Luft kühler. Der Ort war hoch gelegen, nördlich von ihm wuchsen gewaltige Berge in den Himmel. Der Bahnhofsboden glänzte. Rötliche Arkaden teilten die Plattform von der Wartehalle. Unsere ausgelaugten Körper waren von T-Shirts und Radlerhosen bedeckt. Auf einer Bank saßen Frauen, die ihre verschleierten Köpfe wegdrehten, als sie uns sahen. Wir stellten unser Gepäck an ein Absperrgitter, hinter dem einige in Lumpen gekleidete Männer auf zerschlissenen Decken ruhten. Was unterschied uns von ihnen? Diese Frage kam mir augenblicklich in den Sinn, als ich uns verdreckte, stinkende Kerle in der Scheibe eines Fensters betrachtete.

Auch in dieser Stadt wollten wir die Deutsche Botschaft aufsuchen. Wir erhofften uns von dort etwas Geld, wenigstens Essen. Es war Freitagnachmittag, der letzte Tag im Mai. Erst am Montag würde sie wieder geöffnet haben.

Markus ging hinaus auf den Bahnhofsvorplatz, holte frisches Gras für die Frösche. Ich blieb bei unserem Gepäck und beobachtete einen greisen Moslem, der neben einem Getränkekiosk ein weißes Tuch ausbreitete. Der Alte kniete darauf, schaute nach Westen, verbeugte sich mehrmals und begann einen leisen Singsang. Er war der einzige hier, der das tat.

›Vielleicht‹, so überlegte ich, ›richten sich in Pakistan nur noch alte Leute nach den Glaubensritualen.‹ Und Markus und ich wußten langsam selbst nicht mehr, an was wir glaubten.

Ein mittelalter Mann mit rotgefärbtem Schopf riß mich aus meinen Gedanken. Er hockte sich vor mich und betrachtete Gina.

»Ich will deinen Hund kaufen«, sagte er. »Wieviel willst du dafür haben?« Es dauerte, bis ich begriff und energisch verneinte. Der Mann wich einen Schritt im Entengang zurück. ›Das wäre, als würde ich Markus verkaufen‹, dachte ich.

»Warum hast du dir deine Haare gefärbt?« fragte ich, um dem Fremden den Schreck zu nehmen.

»So erkennt man mich besser im Straßenverkehr.« Er lachte, erhob sich und ging fort.

Die Nacht war kühl. Wir lagen auf dem Bahnhofsboden und konnten nicht einschlafen. Angst, und die Vorahnung, bald wirklichen Hunger leiden zu müssen, hielten uns wach. Eines wußten wir nun: Unser Leben war nur noch soviel wert, was andere bereit waren, dafür zu geben.

Der nächste Morgen – es war der vierte in Pakistan – milderte mit seinem Tageslicht unsere Sorgen. Wir beschlossen, ein Sonnenbad zu nehmen, um auf diese Weise Energie zu tanken. Mit freien Oberkörpern standen wir dort, wo am Vortag der Greis gebetet hatte.

Nach wenigen Minuten näherte sich ein dicklicher Polizist, verfolgt von einer kleinen Traube aus Männergestalten.

»Was macht ihr da?« fragte der Ordnungshüter und suchte auch in den Gesichtern seiner Begleiter nach einer Antwort.

»Wir bräunen uns«, antworteten wir.

»Warum das?« Er schien die Welt nicht mehr zu verstehen. »Ihr seid Weiße. Müßt weiß bleiben. Allah hat euch so erschaffen.« Dabei nickte er in die raunende Männerschar, die ihre Köpfe auf und ab bewegte. Erst recht begriff er nicht, daß wir Weiße uns an Strände legten und Solarien benutzten, um braun zu werden. Kopfschüttelnd zogen er und die neugierigen Männer von dannen.

Im Laufe des Tages streunten wir an den vielen Imbißbuden vorbei, hofften auf ein kleines Essenspräsent. Dies wurde nur Gina zuteil. Ein Händler warf ihr etwas Fleisch zu.

Später blieben wir, um Kraft zu sparen, auf den Schlafsäcken liegen. Auch wenn wir hungerten, dursten brauchten wir nicht, denn unweit von uns gab es einen Wasserhahn, der uns frisches Wasser lieferte, das aus den Quellen der nahen Berge stammte.

5

Als wir uns am darauffolgenden Tag erhoben, wurde uns schwarz vor Augen. Wir hatten seit dreißig Stunden nichts gegessen. Wie in Trance schulterten wir die Rucksäcke, die über Nacht – so schien es – mit Steinen gefüllt worden waren. Wir machten uns auf zur Deutschen Botschaft. Im Bus blieben wir von einem neuerlichen Schaffnerstreit verschont.

Die Botschaft umgab ein hoher Maschendrahtzaun. Vor dem Pförtnerhäuschen drängelten sich unzählige pakistanische Männer und Frauen, denen man das lange Warten ansah. Ein Mitarbeiter winkte uns vor. Wir sollten uns am Visafenster melden.

Im Gebäude war es angenehm kühl. Im Warteraum gab es keine Stühle. An einer Wand entdeckten wir einen Spiegel. Wir erschraken, als wir uns darin sahen. Die Wangen eingefallen, die Augen müde, die Haare verfilzt und Faschingsperücken nicht unähnlich.

Am Visafenster saß ein Pakistani mit einem Pflaster auf der Nase. Ob wir einen Landsmann von uns sprechen könnten, fragten wir. Kurz darauf kam ein jüngerer Mann – er mochte dreißig Jahre alt sein – um die Ecke. Sein Körper hatte die Form eines Verkehrskegels.

»Konsulatsgehilfe Kappich«, stellte er sich vor. »Was kann ich für Sie tun?« Sah er das nicht selbst?

»Bitte«, halfen wir ihm auf die Sprünge. »Haben Sie etwas Geld für Essen?«

»Nein, das geht nicht«, belehrte er uns. »Wir müssen erst Ihre Eltern informieren.«

›Um Himmelswillen‹, dachten wir, ›die armen Leutchen haben für uns vielleicht schon ihr Konto überzogen.‹

»Haben sie nicht irgendetwas? Ein paar Würstchen vielleicht?«

»Tut mir leid.« Wir glaubten, mit einem Roboter zu reden. In unserer Verzweiflung begannen wir zu stöhnen. Der Dicke sah weg.

»Hier«, sagte er plötzlich. »Nehmen Sie das.« Er preßte eine Flasche Wasser durch das Sprechloch des Auskunftsfensters, woraufhin wir uns bei ihm herzlich bedankten.

Bevor wir uns nach draußen schleppten, sahen wir einen Pakistani, der fluchte und seinen Paß gegen das Visafenster schmiß. Offenbar hatte auch er nicht bekommen, was er erhofft hatte. Wir schmunzelten. Gleichzeitig aber dachten wir zurück, wie lächerlich wir bei solch einem Wutanfall ausgesehen haben mußten.

Ratlos standen wir vor der Botschaft. Da rollte ein dunkelblauer Mercedes aus dem Tor. Wir hielten ihn an, um den Weg nach China zu erfragen.

»Sekunde«, überlegte der deutsche Botschaftsmitarbeiter. »Nehmen Sie den Bus aus der City.«

»Wir haben nichts zum Bezahlen.«

»Trampen Sie von dort aus.«

»Können Sie uns bis dort mitnehmen?«

»Ich hab's ja viel zu eilig.« Und der Mercedes verschwand in einer graubraunen Staubwolke.

Mittlerweile war es fast dunkel. Der Botschaftsangehörige hatte uns einen schlechten Rat gegeben. Um zu trampen, mußten wir, wie in Karatschi, zum Stadtausgang. Wir liefen etwa vier Stunden, um dorthin zu gelangen.

Islamabad lag im Tal, war ein einziges Lichtermeer. Ein wundervoller Anblick, hat man die Kraft, ihn zu genießen. Die Fernstraße führte in die Bergwelt des Karakorum. Wir standen da und winkten den Autos, doch ohne Erfolg. Seit Stunden hatte keins angehalten. An der knorrigen Eiche neben uns hatten wir schon alle Äste gezählt, und das Froschgequake, das von der nahen Wiese zu uns drang, ging uns längst auf den Geist.

Plötzlich – wir waren bereits nah dran, die Hoffnung aufzugeben – quietschten Reifen, und ein weißer Pick-up kam neben uns zum Stehen. Das Seitenfenster wurde heruntergekurbelt. Der Fahrer, Mitte dreißig, winkte uns heran. Er trug ein Basecap mit einem Tigerbild. Überglücklich schmissen wir die Rucksäcke auf die Ladefläche und stiegen mit Gina ins Fahrerhaus, wo es nach schimmeligen Erdbeeren roch.

Schon einige Minuten später hätten wir lieber wieder neben der knorrigen Eiche gestanden. Unser Chauffeur schien lebensmüde zu sein, so wie er die Gebirgsstraße hochraste. Ständig überholte er die sich langsam den Hang hinaufquälenden Lastwagen. Dabei konnten weder er noch wir erkennen, was uns hinter der nächsten Kurve erwartete. Die laute Radiomusik war uns kein Trost, peitschte unsere Nerven nur weiter auf. Kalter Schweiß lief uns in Bächen über die Rücken. Die schroffen Felswände an der Straßenseite kamen gefährlich nahe.

Wieder so ein LKW, den der Fahrer unbedingt in einer scharfen Linkskurve abhängen wollte. Gelbes Licht flackerte über die Felswand, Scheinwerfer schossen auf uns zu. Wir krallten die Hände in die Sitzpolster, standen wie unter Strom, beteten. Fünf Meter, drei, zwei ... Wir scherten ein. Hupen. Scheinwerfer glitten vorbei. Unsere Leiber zitterten. Der Fahrer feixte.

Wie dankbar wir waren, als er uns einige Kilometer später im fahlen Licht einer Raststätte absetzte. Uns flatterten noch die Knie, als wir uns vornahmen, fortan nur langsame LKWs zu besteigen.

Spät am Abend hielt ein Bus am Gasthaus. Die Reisenden stiegen aus, vertraten sich die Beine und kauften sich etwas zu essen. Nicht alle verzehrten ihren Imbiß. Als der Bus, ohne uns mitzunehmen, abfuhr, wurden diese Reste unser und Ginas Abendbrot.

Kurz nach Mitternacht – unsere Augenlider waren schwer – bremste ein Lastwagen.

»Steigt auf«, rief uns der Fahrer zu. Auf der überdachten Ladefläche lagen Strohreste. Es roch nach Ziegenmist. Wir legten uns – wie Gina – in das schmutzige Stroh. Wir hatten begriffen, wie wenig uns seit längerem schon von unserer Hündin unterschied.

Der LKW ruckte an, holperte über die Steinstraße. Nach wenigen Minuten stoppte er erneut. Verwundert rutschten wir auf Knien zur Ladeklappe, wollten wissen, was los war. Wir hörten, wie die Tür des Führerhauses geöffnet wurde. Einer der Fahrer nahte und zeigte uns, was wir zu tun hätten: Er faltete seine Hände, legte sie ans Ohr und ahmte ein Schnarchen nach. Die beiden verschwanden in der Herberge neben der Straße, und uns blieb die Hoffnung, mit ihnen am nächsten Morgen weiter nordwärts zu fahren.

Als die Sonne aufging, wurden wir enttäuscht. Die noch schlaftrunkenen Männer meinten, wir sollten uns von ihnen verabschieden. Der Lastwagen müsse beladen werden. Wir hatten keinen Elan zu diskutieren, mußten nehmen, was wir bekamen und verkraften, daß man es uns wieder wegnahm.

6

Mein Darm drückte fürchterlich. Wovon, war mir schleierhaft. Gina plagten ähnliche Sorgen. Ich lief mit ihr auf eine Wiese, während Markus an der Straße den Daumen ausstreckte.

Noch während Gina und ich uns erleichterten, schrie Markus, wir sollten uns beeilen und endlich kommen. Neben ihm stand ein bunter LKW. Auch der Fahrer winkte mich heran und zeigte auf seine Uhr.

›Na prima‹, dachte ich, während ich die Szenerie unruhig über die vertrockneten Gräser hinweg verfolgte. Gina hatte es gut, konnte gleich loslaufen ... Schließlich eilte auch ich hinterher.

Der dünne Fahrer – er hatte sich sein Haar streng zur Seite gekämmt – stand unruhig neben dem Führerhaus. Er trug einen grauen Umhang und staubige Sandalen, genau wie sein etwa sechzehnjähriger Begleiter, der uns mit einem Dauerlächeln musterte.

»Ihr in die Kabine«, ordnete der Ältere an, »den Hund aufs Dach.« Da wir uns, wenn es möglich war, nie von Gina trennten, zeigten wir uns solidarisch und kletterten mit ihr nach oben. Nur die Plastikschale mit den Fröschen baten wir, ins Fahrerhaus zu stellen.

Das mit Holzbrettern gerahmte Dach hätte ein lauschiges Plätzchen sein können, wenn dort keine Drähte, sperrigen Werkzeuge und gesplitterten Holzbohlen umhergelegen hätten. Die Ladefläche des LKW war mit Zementsäcken bepackt. Solange der Laster noch geparkt hatte, waren sie ein ideales Sitzpolster gewesen. Wollten wir jedoch jetzt, während der Fahrt, nicht auf der Straße landen, mußten wir diesen Platz schleunigst verlassen. Wir robbten zum Wagendach zurück und sahen danach selbst aus wie Zementsäcke.

Es dauerte, bis wir es uns »bequem« gemacht hatten. Dann aber war es uns sogar möglich, die Landschaft zu genießen. War das ein Ausblick! Saftiggrüne Täler mit weißen und gelben Blumen; Berge, an denen breite Bäume und viel Gras wuchsen. Der Juni hatte begonnen. An den Straßen standen Laubbäume, fast wie in Deutschland. Ihre Äste forderten uns nicht selten zu einer Verbeugung auf, wollten wir uns Verletzungen ersparen. Es schien, als könnte die Natur in diesem Land ohne Wasser auskommen. Bisher hatten wir über Pakistan kein einziges Wölkchen gesehen.

Der Laster erklomm langsam die steile, unebene Straße. Mit jedem Kilometer wurde die Luft dünner, die uns umgebende Pflanzenwelt karger: Bäume wurden von Sträuchern abgelöst, Grasfelder schrumpften zu Inseln im Steinmeer. Bald sahen wir mächtige, schroffe Felswände aus der Erde wachsen.

Nach einer Stunde – uns war vom Durchgeschaukel mächtig schwindlig – erklomm der minderjährige Begleiter während der Fahrt das Dach. Mit den Zähnen hielt er einen Beutel mit gelben Pflaumen fest. Der Junge setzte sich zu uns und verteilte die Früchte. Ihm schien es zu gefallen, wie gierig wir das Obst verschlangen, über sein Gesicht zog sich ein verträumtes Lächeln. Plötzlich rückte er näher an mich heran. Ich war irritiert, während Markus sich den Pflaumen hingab. Ich glaubte zu träumen, als der Bengel seine Hand auf meinen Schenkel legte und mir zuzwinkerte. Er zog den Gummibund meiner Radlerhose zu sich und schaute nach, was sich dahinter verbarg. Als seine schmutzigen Finger meine empfindlichste Stelle betatschten, wurde ich wach. Ich packte ihn am Unterarm und schüttelte ihn durch. Der Bursche zog die Stirn kraus, sah mich erstaunt an. Dann stieg er wieder vom Dach.

Ich hatte Ronald und den Halbwüchsigen mit einem Grinsen beobachtet. Danach war mir seltsam zumute. Fragte ich mich doch, warum der Junge Ronald bevorzugte? Ich hätte so reagiert wie mein Freund. Aber – war der etwa attraktiver als ich ..?

Wenig später kam der Jüngling zum zweiten Mal aufs Dach gekrochen, zwischen den Zähnen einen neuen Beutel mit Pflaumen. Er warf ihn mir zu – zusammen mit einem angedeuteten Kuß. Ich bereute meinen letzten Gedanken.

Wir gelangten in ein Dorf mit Lehmhäusern. Der Laster hielt. Es war mittags. Unser Fahrer und sein Begleiter konnten sich dem wahren Sinn dieser Tageszeit widmen: Sie gingen in ein langes, weißes Zelt, das als Gasthaus diente. Wir blieben auf dem Dach. Unsere Mägen knurrten um die Wette, als uns der Duft des Essens erreichte. Und dann diese Hitze. Wir zogen unsere T-Shirts aus und banden sie uns vorsorglich um die Köpfe.

Als der Fahrer uns so halbnackt sah, sprang er von seiner Mahlzeit auf. Er zeigte auf seinen Umhang, dann auf uns und schwenkte bedrohlich einen Zeigefinger. Als wir uns die Shirts wieder übergezogen hatten, winkte uns der Mann zu sich herunter.

›Endstation‹, dachten wir enttäuscht. Statt dessen bat er uns an seinen Tisch. Als sei es normal, bestellte er für Ronald und mich je ein Fladenbrot und einen Teller scharfgewürzte Fleischsuppe. Auch füllte er uns aus einer bauchigen Karaffe zwei Gläser mit klarem Quellwasser. Ob der Fahrer wußte, daß er uns mit all dem das schönste Geschenk seit langem machte?

Wir aßen gierig. Nach einer Weile aber – unsere Teller waren noch halbvoll – waren wir schlagartig satt. Offenbar waren unsere Mägen schon mächtig geschrumpft. Wir verfütterten die Essensreste an Gina. Der Fahrer äußerte sich nicht dazu. Er klatschte in seine rauhen Hände und drängte zum Aufbruch.

Am Horizont tauchten die ersten Schneegipfel auf. Neben uns der erdfarbene Indus, der größte Fluß Pakistans. Wild tanzten seine schäumenden Wellen ins Tal. Ein wundervolles Naturschauspiel, leidet man keinen Hunger.

Auch am Abend saugte uns die Sonne genug Schweiß aus den Poren. Die Kehlen staubtrocken, warteten wir darauf, daß der Fahrer endlich eine Felsquelle ansteuerte. Er hatte kein Erbarmen und selbst wohl keinen Durst. Da kam uns eine Idee. Wir kramten die leere Plastikflasche aus dem Rucksack, die wir vom dicken Kosulatsgehilfen in Islamabad bekommen hatten. Um den Flaschenhals knoteten wir eine Schnur. Dann warfen wir sie wie eine Angel aus, während das Behältnis als Köder im Fahrtwind vor der Windschutzscheibe zappelte. Daraufhin stoppte unser Chauffeur an der nächsten Quelle.

Klares, eisiges Wasser schoß aus dem Felsgestein. Wir hielten unsere Köpfe in den Strahl und tranken, bis wir nicht mehr konnten, versorgten auch Gina. Dann die Frösche. Zuletzt füllten wir die Flasche als Reserve auf.

Die Dunkelheit kam schnell, und in der Dämmerung wandelte sich das atemberaubende Bergreich zu einer düsteren, bedrohlichen Kulisse. Die ganze Welt schien versteinert. Von den Felsen kroch die Kälte zu uns herab. Zum ersten Mal, seit wir Rußland verlassen hatten – es schien uns wie eine Ewigkeit her –, streiften wir uns Pullover über.

Irgendwann nachts, als wir außer den Sternen und den Scheinwerfern des Lasters nichts mehr sahen, hielt der Fahrer an. Nachtruhe. Am Straßenrand standen an die zehn Campingbetten aufgereiht. Zwei waren noch frei, für den Fahrer und seinen halbwüchsigen Begleiter. Die Schlafenden des Open-Air-Hotels« waren in Wolldecken gehüllt. Wir lagen auf dem »Zementbett« in unseren Dauensäcken. Einst waren sie violett gewesen. Mittlerweile trugen sie die »Erdfarben« Asiens, stanken und ließen bereits Federn.

Wir lagen auf den Rücken, schauten in den Sternenhimmel und mußten an Anita denken. Lebte sie noch? Wenn nicht, wie sinnlos wäre diese Reise? Doch durch das kleine, kranke Mädchen und diese Irrsinnstour sollte sich unser gesamtes Leben ändern.

Als wir uns im Morgengrauen erhoben, fühlten wir uns wie zerschlagen. Wir krochen aufs Dach des Lasters zurück, denn die Fahrt ging weiter. Bei jedem Schlagloch hätten wir um Gnade winseln wollen. Darüber vergaßen wir ein wenig unseren Hunger. Ein gewaltiger, schneebedeckter Koloß baute sich am Horizont auf.

Am Straßenrand erblickten wir ein Schild, das in englischer und arabischer Schrift den Namen des Berges auswies: Nanga Parbat. Wir erinnerten uns, daß wir einst Bücher gelesen hatten, die von der Besteigung dieses über 8 000 Meter hohen Ungetüms handelten, daran, daß man ihn als »Killermountain« bezeichnete, weil an ihm die meisten Bergsteiger verunglückt waren, und daß man vom Tal des Indus, welches wir durchfuhren, bis zur Spitze des Berges einen Höhenunterschied von sage und schreibe 7 000 Metern zu bewältigen hätte – den größten der Welt auf kurze Distanz.

Wieder war Mittagszeit. Die Straße gabelte sich. Links führte sie nach Gilgit, rechts zur chinesischen Grenze. Wir mußten uns verabschieden, denn der Fahrer und sein Begleiter wollten ihre Zementladung in die Stadt schaffen. Die beiden winkten uns zum Gruß wie alte Bekannte und fuhren davon. Wir hatten ihnen viel zu verdanken, waren durch sie der Heimat über sechshundert Kilometer nähergekommen, waren fast in China – und wegen ihrer Gastfreundschaft noch nicht vor Hunger verzweifelt.

Das nächste Fahrzeug, das uns mitnahm, war ein weißer Kleinbus, vollbesetzt mit Männern in ihren traditionellen weißen Gewändern. Im Businnern war es eng, wir glaubten, ersticken zu müssen. Es war nur ein kleines Klappfenster geöffnet, und die Körperausdünstungen unserer Banknachbarn drangen in unsere Nasen. Zudem überschrie sich das Radio. Wir steckten uns die Finger in die Ohren, um nicht wahnsinnig zu werden. Daß dies ein Taxi war, wußten wir noch nicht.

Ein Schild zeigte an, daß wir uns auf 2 885 Meter Höhe befanden. Mittlerweile waren wir etwa zwei Stunden gefahren. Die Straße wickelte sich wie ein ockerfarbenes Band um die rauhen Felsen. Dabei war sie schmal, fast wie ein Fahrradweg. Dem Chauffeur schien das nichts auszumachen. Im Gegenteil, offenbar wollte er einen Zeitrekord für diese Strecke aufstellen.

Wir gelangten in ein Bergdorf mit Häusern aus Lehm und Stein. Hier endete die Fahrt – und an einer rot-weißen Schranke Pakistan.

Wir hatten unser Gepäck vom Dach genommen, als der Busfahrer wie ein Wiesel auf uns zuschoß und Daumen und Zeigefinger aneinanderrieb. Uns blieb nichts übrig, als unsere Hosentaschen nach außen zu krempeln. Der Chauffeur, er war nur etwas älter als wir, strich sich nervös über den Dreitagebart und schaute uns verwirrt von oben bis unten an. Auf einmal wußte er die Lösung: Eine unserer Uhren sollte es sein. Ein 400-Dollar-Schmuckstück für 150 Kilometer Transit? Wir wollten nicht darauf eingehen, denn die Chronometer konnten uns irgendwann noch das Leben retten. Zufällig ragte eine Ecke unseres Fahrradbuchs aus dem Rucksack. Kurzerhand zogen wir es heraus und schenkten es dem Mann. Der eilte damit zu den Passagieren, die rauchend am Bus lehnten. Offenbar erzählte er ihnen, was für Gäste er an Bord gehabt hatte. Wir hörten es am zustimmenden Raunen der Männer und sahen ihre anerkennenden Blicke. Wenn sie gewußt hätten ...

7

Nach China fuhr ein mittelgroßer Bus. Und weil die Straße über zweihundert Kilometer durchs Niemandsland führte, kostete die Durchfahrt 750 Rupien – etwa 50 Mark – pro Kopf.

So standen wir im kahlen Büro des kinnbärtigen, zigaretterauchenden Billetverkäufers, wieder einmal hilflos und hungrig, nicht wissend, wie es weitergehen sollte. Unsere Bitte, uns gratis über die Grenze zu bringen, war dem Mann nur einen kräftigen Zug am Glimmstengel wert. Der daraufhin ausgeblasene Rauch umfächerte unsere Gesichter wie Nebel.

»Dann fährt der Bus ohne euch«, sagte er, stand von seinem knarrenden Holzstuhl auf und schob uns langsam aus seinem Büro. Doch schlug seine kühle Art schnell in Begeisterung um, als er Gina sah.

»Verkauft mir euren Hund«, schlug er vor. Seine Augen leuchteten, er stülpte die obere Zahnreihe über die Unterlippe, bot uns Zigaretten an. Wir wiegelten ab. Und wenn wir zu Fuß über die Grenze flüchten mußten, Gina würden wir nicht hergeben.

Daraufhin schmiß er uns seine Kippe vor die Füße und knallte die Bürotür von drinnen zu. Wir standen davor, setzten uns zu Gina und streichelten sie.

Am Abend suchten wir neues Gras für die Frösche. Alles, was wir in dieser Einöde fanden, war ein einziges, gelbliches Büschel. Dunkelheit hüllte uns ein. Mit ihr kam der Nebel – und die Kälte.

Wir hatten versehentlich etwas Quellwasser aus der Trinkflasche vergossen. Es gefror auf dem Betonboden, unserem »Bett«. Wir zitterten – trotz Winterjacken und Schlafsäcken. Die Frösche wären erfroren, hätten wir sie nicht in die warme Küche eines Gasthauses stellen dürfen. Wir zogen den Rotz hoch, waren durch die wechselhaften Temperaturen der letzten zwei Tage verschnupft.

Wir durchsuchten unsere Jacken und das Gepäck nach Taschentüchern. Statt dessen raschelte ein Zwanzigdollarschein zwischen den Fingern. Wir trauten unseren Augen nicht. Das Geld war echt. Nun konnten wir erst recht nicht schlafen. Wir richteten uns auf, waren auf einmal sehr beredt, schnatterten heiter durcheinander, witzelten über unsere Situation und diese Reise, die uns hierhergeführt hatte; auch darüber, wieviel Glück wir hatten. Alles schien uns, im Angesicht dieses wenigen Geldes plötzlich so abwegig, so kurios, als wäre es nur ein Traum, dem wir nun glaubten, entfliehen zu können. Wie wir uns doch täuschten.

Am nächsten Tag gaben wir das Geld dem Kinnbärtigen, in der Hoffnung, er würde ein Einsehen mit uns haben. Der Kartenverkäufer wollte, daß wir unsere Taschen nach weiteren Dollarnoten durchsuchten. Als wir nichts mehr fanden, erbarmte er sich unser. Glückselig bestiegen wir den weißen Überlandbus, bekamen einen Fensterplatz zugeteilt.

Unsere Begleiter waren Chinesen und Pakistanis. Vor uns saß ein Greis, dem eine verstaubte Kappe etwas schief auf dem Kopf saß. Die Vielzahl der Falten in seinem Gesicht machten den Alten zum »Methusalem«. Er war flinker als wir zu dieser Zeit. Erst schlug er das linke übers rechte Bein und zog einen Schuh aus, dann warf er das rechte übers linke und entledigte sich des anderen Schuhs. Seine Strümpfe waren so oft gestopft, daß man aus dem Stoffgarn gewiß hätte neue stricken können.

Das Niemandsland glich einer Mondlandschaft. Nirgends etwas Grünes – nur Stein und Sand. Die Straße wand sich immer höher.

Pinkelpause. Alle stiegen aus. Der Busmotor wurde abgeschaltet. Eine unheimliche, bedrückende Stille lag auf den steilen, dunkelbraunen Felsen, deren Spitzen Schnee bedeckte. Sie schienen uns wie Schokoladenkuchen mit Puderzucker.

Plötzlich – ein gewaltiges Donnern. Eine riesige Geröllawine stürzte knapp zweihundert Meter vor uns auf die Straße. Jeder von uns erstarrte. Was, wenn wir nicht pausiert hätten ..?

Als wir den nun versperrten Wegabschnitt durch ein fast ausgetrocknetes Flußbett umfuhren, blieben wir im Geröll stecken. Wieder stiegen wir mit den Passagieren aus, und jeder schob den Bus mit der Kraft an, die er besaß.

Zurück auf der Gebirgsstraße ließen wir die großen Felsen nicht mehr aus den Augen. Der Fahrzeugmotor heulte auf den letzten Metern zum Gipfel des Khunjerab-Passes wie ein hungriger Wolf. Dann hatten wir den Kamm der weltweit höchstgelegenen Fernstraße erreicht – 4 733 Meter über dem Meer. Hier begann China, das Land, das uns diesen riesigen Umweg aufgehalst hatte. Doch eigentlich waren wir es selbst gewesen ...

CHINA

1

Vor acht Stunden waren wir aus Pakistan aufgebrochen. Zwei weitere Stunden später bremsten wir vor einem chinesischen Zollgebäude. Wir zeigten den freundlichen Grenzbeamten unsere Dokumente sowie Ginas Impfpaß, und die Heimfahrt ging weiter. Nach Minuten stoppte der Bus erneut, parkte vor einem niedrigen Plattenbau, der sich als Hotel erwies. Eigentlich war es erst acht Uhr abends. Gleich aber erfuhren wir, daß in ganz China die Zeit Pekings gelte und es drei Stunden später als von uns geglaubt war. Die Fahrgäste begaben sich in die Unterkunft.

Kashi – die nächstgrößere Stadt – war 250 Kilometer entfernt. Gern wären wir Tag und Nacht bis nach Hause durchgefahren. Wir saßen verloren an der Fernstraße auf unseren Rucksäcken. Unsere Mägen knurrten, als verdauten sie sich selbst. Lediglich je ein Stück Melone – ein Geschenk von »Methusalem« – hatten wir an diesem Tag verzehrt. Vor Kälte klapperten unsere Zähne, und wir sorgten uns zunehmend um die Frösche. Wir wickelten die Schale in einen Pullover. Ob es half, war ungewiß.

Als ein Polizeijeep mit Blaulicht über die Landstraße raste, winkten wir ihm. Tatsächlich hielt er an, und der Polizist winkte uns heran.

»Wohin wollt ihr?« erkundigte er sich auf englisch. »Ich fahre nach Kashi.« Freude durchzuckte uns. Wir saßen schon mit Getier und Gepäck im Jeep, als sich der Polizist zu uns drehte und sagte: »Ich nehme einen Dollar pro Kilometer.«

Der Hunger hatte uns abgestumpft, wir diskutierten nicht mehr, stiegen wortlos wieder aus. Als das Blaulicht sich nach Norden entfernte, blieb uns ein bitteres Gefühl der Enttäuschung.

Die Uhren zeigten nach der neuen Zeitrechnung Mitternacht an. Erst jetzt dunkelte es. Wir gingen zum Hotel, vor dem unser Reisebus stand und hofften auf eine Nacht im Hausflur. Vor den Eingangsstufen begegneten wir dem alten Mann, der uns die Melonenstücke geschenkt hatte. Er schien ein wenig Sport zu treiben, verhielt sich, als wollte er Fliegen fangen; dann wieder verharrte er für Sekunden in der Bewegung, um schließlich erneut zackige Arm- und Beinspreizungen zu vollführen. Offenbar war dies eine Art Kampfkunst. Als er uns sah, lud er uns ein mitzumachen. Wir lehnten dankend ab. Solch ein Energieverlust hatte uns noch gefehlt. Wir wünschten eine gute Nacht und betraten das Haus.

Im Foyer war es dunkel. Nur aus einigen Hotelzimmern, deren Türen halboffen standen, strömte ein wenig Licht. Hinter uns ertönte eine jugendliche Stimme mit englischem Wortlaut: »Ein oder zwei Zimmer?« Wir drehten uns um und sahen die Umrisse einer kleinen Gestalt.

»Können wir dort schlafen?« Wir zeigten zu den Treppen.

»Wieso?«

»Wir haben kein Geld.«

»Dann ab nach draußen«, wurde im Generalston geantwortet. Wir rührten uns nicht. »Ich rufe die Polizei!« Wir machten, daß wir fortkamen. Auf dem Weg zur Tür kehrten wir wieder um, drückten der Gestalt die Froschschale in die Hände und baten, sie an eine Heizung zu stellen.

»Was ist das?« fragte unser Gegenüber und schüttelte die Kiste. Rasch hielten wir seinen Arm fest.

»Vorsicht«, baten wir und erklärten den Inhalt, auch, für wen er gedacht war. Die Stimme wurde freundlich. Und wenig später fanden wir uns in einem molligwarmen Zweibettzimmer wieder.

»Schlaft gut«, raunte die Gestalt, die nun, im Licht der Deckenlampe, ein Bursche in unserem Alter war. Warum, fragten wir uns, bevor wir in weichen Kissen einschlummerten, hatte Anita zu Hause keine Freunde, wo doch alle Menschen, die wir auf unserer Reise trafen, Mitgefühl mit ihr zeigten? Anscheinend aber waren das zwei unterschiedliche Paar Schuhe.

Am ersten Morgen in China stand ein anderer, größerer Bus vor dem Hoteleingang. Gerade, als wir zusteigen wollten, kam der Fahrer und fragte uns nach den Billets. Wie in ähnlichen Situationen ausprobiert, machten wir ein Gesicht, als wären wir die hilflosesten Kreaturen auf der Welt. Der Chauffeur fing an zu lachen und winkte einen Schlipsträger heran. Der schien weit weniger belustigt als der Busführer.

»Warum sollte ich das tun?« Der Chinese sprach gutes Englisch. Je öfter wir uns mit Anita entschuldigten, desto mehr wurde uns klar, wie wenig wir selbst wert sein mußten. Als normale, mittellose Touristen wären wir längst verhungert. Auch der Schlipsträger war plötzlich beeindruckt, als er unsere Geschichte vernahm. Er wies uns die hinterste Sitzbank zu.

Gerade sollte es losgehen, als der Bursche aus dem Hotel ins Innere des Busses stürmte.

»Das ist für euch«, rief er durchs Gefährt und machte große Schritte auf uns zu. Die Leute drehten sich zu uns. Er drückte uns eine Tüte, gefüllt mit Brötchen und Zitronenkeksen sowie eine Flasche Mineralwasser in die Hände.

»Grüßt Anita von mir«, rief der junge Mann, nun schon auf dem Weg aus dem Bus.

»Danke!« schrien wir ihm nach, doch er sprang schon vom Trittbrett. Gerührt winkten wir ihm durch die Heckscheibe des Fahrzeugs, während seine Silhouette immer kleiner wurde.

Das felsige Karakorumgebirge lag hinter uns. Wir fuhren durch das kilometerbreite Pamirtal. Die Asphaltstraße war wie mit dem Lineal gezogen. Das galt nicht für ihre Beschaffenheit. Tiefe Schlaglöcher und mächtige Bodenwellen schleuderten uns von den Plätzen. Krampfhaft hielten wir uns an den Vordersitzlehnen fest. Währenddessen verschlangen wir die Waffeln des Hoteljungen, bald war uns wegen des Geschaukels und des ungewohnten Mageninhalts fürchterlich schlecht. Und Gina? Jedesmal, wenn sie mit der Schnauze ein Brötchen greifen wollte, machte der Bus – als wäre es vorprogrammiert – einen gewaltigen Sprung. Angesichts dessen waren die Straßensperren der Miliz, an denen sämtliche Passagiere ihre Ausweise zeigen mußten, sehr erholsam.

2

Am Stadteingang von Kashi sahen wir zum ersten Mal seit Monaten Pappeln. Wie ein riesiges, stummes Empfangskommitee säumten sie die Straße. Dahinter – niedrige Lehmhäuser.

Der Bus hielt an einer Raststätte, deren Blechdach auf schwarzen Holzstelzen lag. Ein Koch schwang gekonnt einen langen Teigstreifen. Von einer nebenan gelegenen Werkstatt hörten wir laute Hammerschläge. Wir blieben im Bus, wollten uns auf den leeren Sitzen ausruhen. Der Fahrer aber winkte uns mit zackiger Kopfbewegung zu sich, und dann fanden wir uns zusammen mit ihm und den anderen Leuten an einem langen Holztisch wieder. Der Chauffeur bestellte uns Essen, und als wir die vollen Nudelteller mit den fingergroßen Hühnerfleischstücken vor uns stehen hatten, bedauerten wir, bereits die Zitronenwaffeln im Magen zu haben. Wir bedeuteten unserem Gastgeber, ob wir Gina eine Portion überlassen dürften. Er lachte und nickte. Die andere wickelten wir in Servietten – für schlechte Zeiten, die sicher noch kamen.

Es war nachmittags. Der Bus hielt vor einem großen Hotel mit einem Springbrunnen. Über dem gläsernen Eingang hing eine Plakatleinwand. Sie kündigte in chinesischer, arabischer und englischer Sprache ein Stadtfest an.

An diesem Donnerstag wollten wir das Kirgisische Konsulat finden. Die Grenze zu diesem Land lag nur etwa fünfzig Kilometer entfernt. Kirgisien, Kasachstan, Rußland. Länder, die einst zusammengehörten. Auf der Fahrradreise hatten uns die russischen LKW-Fahrer ständig samt unserer Drahtesel mitnehmen wollen. Da mußten wir bestimmt nur kurz vom Straßenrand aus winken. Wir rechneten uns schon die Tage bis Rostock aus. Viele, glaubten wir, konnten es nicht mehr sein.

Allerdings hatte in Kashi niemand je etwas von einem kirgisischen oder sonst einem Konsulat in der Stadt gehört. Nur in Ürümqi gäbe es eine Vertretung von Kasachstan. Dieser Ort aber lag mehr als 1 700 Kilometer von Kashi entfernt. Dazu im Osten, dem Heimweg entgegengesetzt.

Wie sollen wir diese Enttäuschung beschreiben? Es war, als hätte uns jemand ins Gesicht geschlagen. Und dies wäre erträglicher gewesen.

Verwirrt trotteten wir über den großen, runden Hotelvorplatz, setzten uns an den Brunnen, erhoben uns, drehten wieder eine Runde. Wir wußten uns keinen Rat. Einzig ein Reisebüro schenkte uns einen Hoffnungsschimmer.

Drinnen roch es nach feuchtem Papier. Unter unseren Füßen wurden die Dielen hörbar. Eine Schreibmaschine tackerte hinter einer halbgeöffneten Bürotür. Gelächter war zu hören. Wir klopften an und traten ein. Am Schreibgerät saß eine junge Frau in kurzem Röckchen. Sie juckte sich am Schenkel, zog den Rocksaum höher. Für uns, nach dem Ritt durch das muslimische Pakistan, fast ein Striptease.

»Wir machen Mittagspause«, unterrichtete uns eine weitere Frau auf englisch. Sie war – groß und stämmig wie ein Yeti – aus dem Nebenraum getreten. Wir fragten, ob man uns Visa besorgen könne.

»Ürümqi, Ürümqi«, entgegnete sie. Da half auch kein Jammern. Sie blieb ihrer Antwort treu.

Eine sächselnde Stimme riß uns aus unserer Verzweiflung. Wir drehten uns um und sahen in ein unrasiertes Männergesicht. Der Deutsche hatte eine Halbglatze, mit der er beim Eintreten fast den Türsturz streifte. Er trug ein hellblaues T-Shirt, und der Bund der verwaschenen Jeans hing ihm locker um den Bauch, als hätte er – wie wir – einige Mahlzeiten ausgelassen. Eine zierliche Frau lehnte sich an seine Schulter. Ihr glattes, blondes Haar fiel ihr strähnig ins Gesicht, und in ihren Blümchenhosen und dem bunten Trägerhemd schien sie die Flower-Power-Ära aufleben zu lassen. Zwei Menschen aus der Heimat! Zuversicht stieg in uns auf.

In der Ferne können Landsleute schnell Freunde werden. Das merkten auch wir, denn eine halbe Stunde später saßen wir mit Dirk und Babette, so hatten sich uns die zwei freundlichen Sachsen vorgestellt, in einem kleinen Restaurantgarten, aßen gebratene Nudeln und tranken Honigbrause. Die Strahlen der Nachmittagssonne krochen unter die bunten Sonnenschirme und wärmten uns. Dirk und Babette plauderten über ihren Urlaub. Sie waren mit dem Bus von Kasachstan über Ürümqi bis hierher gereist. Bald wollten sie auf dem Karakorumhighway nach Islamabad fahren. Für diese Etappe schienen sie sich besonders zu begeistern. Wir erzählten von den Steinlawinen, meldeten Besorgnis an. Sie aber winkten lächelnd ab – so wie wir, als uns der chinesische Konsul in Karatschi vor dieser Straße gewarnt hatte.

Wie für sie der lange Weg aus Deutschland verlaufen sei, wollten wir wissen. »Den konnten wir uns sparen«, sagte Dirk und legte Babette einen Arm um die Schulter. »Wir leben seit drei Jahren in Alma-Ata.« Dort arbeiteten sie als Deutschlehrer. Sie hätten ihren Entschluß, die Heimat zu verlassen, nie bereut, im Gegenteil, sie hofften, noch lange in Kasachstan bleiben zu dürfen, denn jeder Tag, den sie bisher in diesem gastfreundlichen Land verbracht hatten, ließ ihnen ihre Heimatstadt Riesa entfernter denn je erscheinen.

Natürlich erfuhr das Pärchen sehr schnell, was für seltsame Kerle es da vor sich zu sitzen hatte.

»Dann seid ihr ja ganz arme Schweine«, meinte Dirk und lächelte. Aber nur, um im selben Moment in seine Hosentasche zu fassen und zehn zerknüllte 100-Yuan-Scheine herauszuholen.

»Kauft euch Bustickets nach Ürümqi«, sagte er und schob uns das Geld zu. Wir schluckten.

»Wir können trampen«, wehrten wir uns, ohne das Geld aus den Augen zu lassen.

»Vergeßt das in China«, erwiderte er.

»Dirk!« mahnte Babette. »Der Bus war doch teurer.« Dann entnahm sie ihrem Portemonnaie weitere Scheine. Nun lagen fünfzehn Hunderter vor uns, umgerechnet dreihundert Mark.

»Zu Hause zahlen wir es zurück«, flüsterten wir beschämt und ergriffen das Geld.

»Nehmt die als Pfand«, sagte ich und band meine vergoldete Uhr ab. Ronald nickte gewichtig. Die beiden widersprachen, ließen sich aber letztlich überreden. Etwas von Landsleuten anzunehmen, war weitaus schwieriger als von Fremden, die wir nie wiedersahen.

3

Abends kauften wir die Tickets. Es war der Beginn eines Alptraums. Anstelle von Sesseln und Bänken verfügte der Bus über zweistöckige Liegen. Ahnungslos stiegen wir zu. Der Fahrer sprang von seinem Sitz, fuchtelte mit den Händen. Wir begriffen nicht. Er sah doch die Billetts! Wütend zeigte er auf Gina und kreuzte die Arme. Wir stiegen trotzdem ein. Da riß der Chauffeur ein Funkgerät vom Armaturenbrett und brüllte aufgeregt hinein. Wir standen vor ihm, wußten nichts weiter zu tun, als ihn zu beobachten.

»Hund raus hier!« erschallte es wenige Minuten später in gebrochenem Englisch hinter uns. Entgeistert drehten wir uns um und sahen ins runde Gesicht eines uniformierten Mannes. Er schwitzte, hechelte fast wie Gina. Sie bellte ihn an, wir zogen sie zu uns.

»Kein Problem«, beruhigten wir den Mann. »Sie beißt nur auf Kommando.«

»Hunde sind im Bus verboten«, schrie er uns an. Noch gesättigt von den

Nudeln, hatten wir genug Kraft, uns aufzuregen.

»Wir müssen nach Ürümqi!« keiften wir. Der Uniformierte – offenbar gehörte er dem Busunternehmen an – schien kurz nachzudenken. Dann meinte er eine Lösung gefunden zu haben, winkte uns nach draußen und zeigte auf eine Ladeklappe, hinter der sich das Gepäckfach verbarg.

»Hund da rein!« bot er an und öffnete die Klappe. Das Fach war kaum größer als Gina, drinnen war es dunkel, und gewiß gab es kaum Atemluft. Wir fühlten, wie angesichts dieser Ausweglosigkeit unsere Herzen zu rasen begannen. Dann nahm das Unglück seinen Lauf. Der Kerl bespuckte Gina. Wir zürnten, schubsten ihn gegen den Bus. Der Mann schrie um Hilfe.

Plötzlich – an die fünfzig Menschen um uns. Abschätzige, böse Blicke, der Kreis zog sich enger. Wir brüllten im Deutsch-Englisch-Mix in die Masse, warum wir hier waren. Niemand schien uns zu verstehen. Ein Polizist mit getönter Brille drängte sich durch die Menschentraube.

»Einer kommt mit!« befahl er, ebenfalls Englisch sprechend, und zeigte auf uns. Ein Raunen ging durch die Menge. Ich folgte ihm, Ronald und Gina sollten hier warten. Mir flatterten die Knie, ich schwitzte, erinnerte mich an einen Fernsehbericht über China, in dem ein junger Mann hingerichtet werden sollte. Er hatte ein Fahrrad gestohlen ...

Markus verschwand mit dem Ordnungshüter in der Masse. Mittlerweile war sie auf gut zweihundert Menschen angewachsen. Alle starrten auf mich und die Hündin. Ich äugte in den Bus. Der Fahrer saß auf seinem Sitz wie ein Kaiser. Die Passagiere waren eingestiegen, hatten es sich auf den Liegen bequem gemacht.

Mir kam eine Idee. Blitzschnell sprang ich mit Gina in den Bus, band sie an einer Haltestange fest und setzte mich daneben. Der Fahrer fluchte, was das Zeug hielt, denn er durfte nicht abfahren – Hunde waren hier drin ja nicht erlaubt. Ich stellte mich taub, schwor mir, nicht auszusteigen, bis Markus zurückkam, bis eine Lösung gefunden war. Ich würde ausharren, egal was passierte. Wollte mich jemand angreifen, hatte ich Gina. Sie war mein Gewehr – und ich der Geiselnehmer. Mir war nicht bewußt, welches Risiko ich damit einging, ausgerechnet in China. Das war gut so. Wir hatten keine andere Wahl.

Der Polizist führte mich aufs Revier. In dem kahlen Raum saßen auf Holzstühlen fünf Männer in Zivil. Sie glichen einem Vollstreckungskommitee. Schwer atmend trat ich ein, die Blicke der Sitzenden an mir haftend. Vor ihnen zwei Stühle. Einer für den Polizisten, einer für mich. Ich nahm Platz. Die Männer und der Polizist berieten sich. Ich verstand nichts, befürchtete das Schlimmste.

»Sie müssen hierbleiben«, sagte der Ordnungshüter trocken, fast leblos. Ich hörte mein Todesurteil heraus, verlor die Nerven.

»ICH WILL NACH HAUSE!!!« Nie hatte ich lauter gebrüllt als in diesem

Moment, während mir die Angst eiskalt den Rücken hinaufkroch und das Blut an meine Schläfen schlug. Die Mienen der Männer hatten sich nicht verändert.

Wieder Beratung. Ich fühlte, wie meine Hände zitterten, mein Mund austrocknete, meine Lider zuckten.

»Wir machen einen Anruf«, sagte der Polizist, scheinbar nach einer Ewigkeit. Eine Frau, der ein Ohrläppchen fehlte, trat ein, brachte ein Telefon. Der Polizist drehte die Wählscheibe. Sie knackte dabei wie zerbrechende Knochen.

Dann, hektisches Geplapper neben mir. Jedes Wort übersetzte ich als Gewehr, als Patrone, als Genickschuß. Der Uniformierte legte auf, schob seine dunkle Brille zurecht und wandte sich mir zu.

»Auch das Innenministerium sagt: Kein Hund im Bus.« Trotz der schlechten Nachricht begriff ich in diesem Moment, man würde mich nicht erschießen. Diese Gewißheit war reinstes Valium für mich.

»Wir müssen mit«, sagte ich wie in Trance zum Polizisten. »Müssen nach Hause. Haben zwei Frösche dabei. Für Anita. Sie stirbt bald. Du bist schuld, wenn sie ohne Frosch stirbt. Ich gehe zum Fernsehen, sage das in die Kameras.«

Gewiß hatte der arme Kerl kaum ein Wort von dem für ihn zusammenhangslosen Durcheinander verstanden. Oder etwa doch? Er beriet sich ein weiteres Mal mit den anderen Männern. Dann ließ er sich von der Frau Zettel und Kugelschreiber reichen.

»Hier«, sagte der Polizist und gab mir beides. Ich mußte schriftlich niederlegen, daß Gina im Bus niemanden beißen würde. Ansonsten, ich war gespannt, würde man uns in der Taklamakan-Wüste, die der Bus durchquerte, aussetzen. Es war das erste mir bekannte Mal, daß chinesische Beamte ein Gesetz umgingen. Ich wußte auch, wem wir das zu verdanken hatten ...

Wo blieb Markus? Schon waren fast drei Stunden vergangen. Was, wenn er nicht mehr zurückkehrte ..?

Plötzlich startete der Busfahrer den Motor, drehte sich zu mir.

»Raus!« schnauzte er. Rasende Angst, nie wieder heimzukommen, überfiel mich. Ich blieb sitzen, schüttelte konsequent den Kopf. Wäre der Chauffeur angefahren, hätte ich ihm ins Lenkrad gefaßt, dazu war ich fest entschlossen.

Die Menschenmasse vor dem Bus hatte sich inzwischen aufgelöst, und ich versuchte, nicht nachzudenken. Dennoch wurde mir langsam klar, in was für eine Lage wir uns gebracht hatten.

Mir fiel ein Passagier auf, der neben mir sein Schlaflager hatte. Es war ein junger Armeeangehöriger, dem die Angst vor Gina anzusehen war. Die Tellermütze tief ins Gesicht gezogen, lag er zusammengekauert auf der Pritsche und beäugte die Hündin, als würde sie sich jeden Moment auf ihn stürzen. Während sie ihn beschnüffelte, japste er wie ein Ertrinkender nach Luft.

Ich hörte Schritte, beugte mich aus dem Bus. Endlich, es war Markus, zusammen mit dem Polizisten.

»Es geht los«, rief mein Freund und lächelte schief, als hätte er einen Joint geraucht. Ich war fassungslos vor Freude. Doch glauben konnte ich es nicht. Erst später – wir waren schon auf der dunklen Landstraße – begriff ich, daß es wirklich voranging. Markus hatte sich auf eine der oberen Pritschen gelegt und schaute aus dem Fenster. Obwohl draußen nichts zu sehen war, lächelte er glückselig und führte leise Selbstgespräche. Ich saß neben dem Busfahrer und bewachte Gina, die an meinen Sitz geseilt war, so, wie es der Polizist verlangt hatte.

Meine Angst war in scheuen Stolz umgeschlagen. Und das, obwohl wir ein Gesetz gebrochen hatten. Langsam fielen mir die Augen zu, und ich glitt in einen längeren Schlaf.

4

Am Morgen weckte mich die aufgehende, gelbliche Sonne, die über dem Wüstensand flimmerte. Wir waren unterwegs durch die Taklamakan, auf der berühmten Seidenstraße.

Der Busfahrer kämpfte mit seinen schwerer werdenden Lidern. Bald würde sein Kollege, der auf der Pritsche neben mir schnarchte, das Steuer übernehmen. Die beiden wechselten sich stets nach sechs Stunden ab, so wie Markus und ich es in Sibirien getan hatten. Ich drehte mich um. Mein Gefährte schlief noch, wie die anderen Passagiere auch. Nur der sich vor Gina ängstigende Armeemann war bereits wach und kauerte sich so dicht ans Busfenster, daß auf seiner Liege fast noch ein Platz frei war.

Am nächsten Morgen sollten wir Ürümqi erreichen.

›Wenn wir erst die Visa haben ... ‹, träumte ich und lehnte meinen müden Kopf an eine Haltestange. Als ich in die Plastikschale mit den Fröschen sah, erschrak ich. Einer von ihnen, der, der bereits während der letzten Tage gekränkelt hatte, lag auf dem Rücken. Vorsichtig schüttelte ich den Behälter. Der Frosch bewegte sich nicht mehr, war tot. Nur sein »Kollege« aus dem Tierladen krabbelte, ein wenig müde, wie mir schien, durch das wenige Gras. Ich weckte Markus.

Als wir am Rand eines Dorfes pausierten, stiegen wir aus und begruben den Frosch aus Brunei im Wüstensand. Nach dem Aufenthalt tauschten wir schweigend die Plätze. Nun hatte Markus ein Auge auf Gina, und ich haute mich auf die Liege.

Nach einer Weile erwachte ich durch das Jaulen der Hündin. Ich sah, wie sie an der Leine zog und zu mir wollte. Die Zeit allein mit ihr auf Sri Lanka schien Gina gezeigt zu haben, wer ihr Herrchen war. Sie wurde unruhiger, ich mußte die Liege aufgeben und abermals den Platz mit Markus tauschen.

Ein Mädchen mit schwarzen Zöpfen setzte sich zu mir auf den Boden. Sie war etwas jünger als ich und hatte große Zahnlücken. Auf russisch bat sie, Gina streicheln zu dürfen. Ich erlaubte es.

»Ich verstehe die Leute nicht«, sagte sie und kraulte das Tier an den Ohren. »Eure Hündin ist so niedlich. In der Schule sagt man uns, solche Tiere sind gefährlich und unrein.« Sie verdrehte die Augen, dann drückte sie Gina wie ein Kuscheltier an sich. »Ich kenne niemanden, der einen Hund hat.«

»Jetzt ja«, antwortete ich und reichte ihr die Hand. Es freute mich, zwischen all den ängstlichen und abweisenden Gesichtern ein freundliches gefunden zu haben. Bald überkam mich bleierne Müdigkeit, und ich fiel in einen traumlosen Schlaf.

Der Busfahrer weckte mich von seiner Pritsche aus mit einem Armknuffen. In seiner Hand hielt er ein Paket belegter Brote, mit dem er auf die Hündin und mich zeigte.

›Ausgerechnet er‹, dachte ich, nahm das Essen an, bedankte mich, teilte es mit Gina und ließ auch für Markus etwas übrig.

In den Pausen kamen weitere Mitreisende zu mir, um Gina zu streicheln. Warum hatten wir den Bus besetzen müssen ...?

5

Die Millionenstadt Ürümqi glich einem Ameisenhaufen. An einer Straße hoben an die sechzig Arbeiter in grauen Overalls einen Graben aus. Händler zogen Karren hinter sich her, überall fuhren kleine, gelbe Taxis, verstaubte Lastwagen und – natürlich – Fahrräder.

Der Bus bog in die Haltestellenschneise eines Bahnhofs ein. Endstation. Als sich die beiden Fahrer und die Passagiere von uns verabschiedeten, reichten uns fast alle die Hände.

In der Nacht schliefen wir auf dem Parkettboden eines feinen Restaurants. Den komfortablen Umstand hatten wir einem der Busfahrer zu verdanken, der den Besitzer des Hauses kannte.

Während Markus schlief, schaute ich wehmütig in das große, beleuchtete Aquarium an der Wand und dachte: ›Die bunten Fische haben es gut. Ihre Welt ist nur ein paar Flossenschläge groß. Sie kommen nicht in Versuchung, ihre »Heimat« zu verlassen ...‹ Auch ich habe zu Hause ein Aquarium, es faßt vierhundert Liter, mit gefährlichem Inhalt. Kurz bevor wir aus Rostock aufgebrochen waren, hatte ich mir fünfzehn Piranhas besorgt. Da hatten wir noch geglaubt, wir seien in einem Monat wieder zurück. Eine Freundin von mir hatte für diese Zeit das Füttern übernommen, ohne zu ahnen, wie lange ihr diese »Ehre« zuteil werden sollte. Ich betrachtete meinen Ringfinger, den die Narbe eines Piranhabisses zierte ... Einmal wollte ich die Tiere in ein größeres Becken setzen. Als ich den Kescher hin- und herschwenkte – er erinnerte mit seinen vielen Löchern an frühere Umsetzaktionen – sprang ein Piranha aus dem Wasser und verbiß sich in jenem Finger. Ich schrie, schüttelte panisch meine Hand, so daß das Tier an die Gardine flog und auf dem Teppich landete, wo es wie unter Strom zappelte. Durch den Lärm alarmiert, stürmte mein Vater ins Zimmer. Flugs fing er den Beißer mit einem Metallsieb und einem Duden, den er auf die Öffnung des Siebs preßte, dann warf er das Tier schleunigst ins Becken zurück ...

Ich hoffte, meine hilfsbereite Freundin war von solchen Situationen verschont geblieben.

Am 104. Tag unserer Reise erwartete uns eine neue Überraschung. Wir erreichten das Kasachische Konsulat, das in einem Einfamilienhaus am Stadtrand untergebracht war. Der Konsul, ein etwa vierzigjähriger Mann, stand hinter einer Glasscheibe und schien gestreßt. Er sah die Leute nur flüchtig an, nickte oder schwenkte zur Verneinung den Zeigefinger. Wir waren an der Reihe. Nach unserer Bitte zeigte er uns eine neue Handbewegung: Er richtete seine Finger zur Ausgangstür. Dabei wußte er noch nicht einmal, daß wir die Visa kostenlos ausgestellt haben wollten.

»Raus!« keifte er. Wir glaubten an ein Mißverständnis. Der Diplomat aber machte uns unwirsch klar, daß dies ein Konsulat für Chinesen und Kasachen sei und wir, wollten wir in Kasachstan einreisen, nach Peking, zum dortigen Konsulat, fahren müßten. Die Hauptstadt war mehr als 4 000 Kilometer entfernt. Ohne Geld hatten wir keine Chance, dort hinzugelangen. Und selbst wenn: Wie lange sollte das alles noch dauern? Wir flehten den Konsul an, bis er uns mit der Polizei drohte.

Wenig später lagen wir auf der Straße, rangen nach Luft, schienen einem Nervenzusammenbruch nahe. Wir wollten schreien, doch die Laute erstickten in unseren Kehlen.

›Warum‹, so fragten wir uns, ›hatte uns unser Glück so weit gebracht, wenn hier Endstation war?‹ In diesem Augenblick waren wir überzeugt, unsere Heimat, unsere Verwandten und Freunde nicht so bald wiederzusehen. Wind spielte mit unseren Haaren, Ameisen krabbelten uns über die Gesichter. Die Vorübergehenden mußten uns für tot halten. Doch niemand schien sich daran zu stören.

Wir wußten nicht, ob ein oder zwei Stunden vergangen waren, als wir uns erhoben. Wir hatten jegliches Zeitgefühl verloren. Nun versuchten wir, einen klaren Gedanken zu fassen. Wir kamen zu dem Schluß, daß uns allein die Deutsche Botschaft in Peking helfen konnte. So schleppten wir uns zum Postamt.

Es war wie leergefegt. Wir nahmen weder Gerüche noch Geräusche wahr. Ein junger Angestellter fragte auf russisch, was wir wollten. Es schien, als hätten wir ihm gerade noch gefehlt. Er behauptete, die Telefonnummer der

Deutschen Botschaft nicht herausuchen zu können. Ein R-Gespräch war ihm offenbar fremd. Gelangweilt von unseren Fragen wandte er sich wieder seiner Arbeit zu. Wir trommelten wild gegen die Scheibe, hinter der er saß. Augenblicklich tanzten uns rote Kreise vor den Augen. Unsere Energie war nahezu verbraucht. Dafür war auf einmal der Bursche hellwach und zeigte uns den Weg die Treppe hinauf. Dort gab uns seine Kollegin die gewünschte Nummer.

»Rufen Sie die Deutsche Botschaft in Kasachstan an«, sagte eine freundliche Frauenstimme am anderen Ende der Leitung. »Und bleiben sie ruhig.« Sie hatte leicht reden.

Die deutschen Diplomaten in Kasachstan faxten uns eine spezielle Einladung, eine Art Ersatzvisum, zu. Damit sollten wir uns so rasch wie möglich zur Grenze begeben, von wo aus man uns abholen wollte. Voller Übermut stellten wir uns eine Stretchlimousine mit zwei Fähnchen an der Wagenfront vor. Wir lachten wie irre. Es schien der Zeitpunkt gekommen, an dem wir begannen, verrückt zu werden.

Wie aber sollten wir zur siebenhundert Kilometer entfernten Grenze gelangen, wenn Trampen dem Glauben an den Osterhasen gleichkam?

Wir beschlossen, die Stadt zu Fuß zu verlassen und uns an einer Raststätte auf der Ladefläche eines LKW zu verstecken.

Auf dem Weg dorthin rasteten wir an einer Bushaltestelle. Wir setzten uns auf eine kniehohe Steinmauer, die das Trottoir von einem Blumenbeet trennte. Schaschlikduft betörte unsere Sinne. Wir sogen ihn ein, als könnten wir satt davon werden. Jeder Atemzug von uns war tief und lang. Fast neidisch stopften wir dem verbliebenen Frosch die trockene Reptiliennahrung durch die Löcher der Plastikschale und beäugten Gina, wie sie neben dem Imbißstand ein paar Fleischreste fand, die auch wir gern gegessen hätten. Sie aber hatte es nötiger, war, wenn sie stark genug blieb, vielleicht unsere Lebensversicherung.

Ein schlaksiger Bursche schlenderte auf uns zu. In der Hand hielt er einen kleinen Ast, den er, wie ein Cowboy seinen Revolver, rotieren ließ.

»Wollt ihr ein Taxi?« fragte er auf russisch. Natürlich wollten wir. Und bitteschön umsonst.

»Kein Problem«, meinte er, was uns ein Kichern entlockte. »Wohin wollt ihr?« Er grinste wie ein Schelm.

»Zur Grenze«, entgegneten wir. Daraufhin klatschte der junge Mann in die Hände.

»Dann paßt auf«, weckte er unsere Neugier. »Seht ihr den Dicken da?« Wir nickten. »Der muß sowieso dorthin. Jemanden abholen, ihr wißt schon.« Nein, wir wußten nicht. Wir waren zu verzweifelt und zu hungrig, um zu bemerken, daß der Kerl nicht vertrauenswürdig war und den Taxifahrer nur ärgern wollte.

Der Schlaksige stellte uns dem Gezeigten vor und redete mit ihm auf chinesisch. Der Kopf des Chauffeurs war breiter als hoch. Das gestreifte T-Shirt war ihm zu kurz, man sah seinen fülligen Bauch. Der Bursche massierte sich zufrieden um den Nabel. Das Gespräch zwischen ihm und dem Schlaksigen schien beendet. Letzterer wies uns an:»Steigt ein«, dann hielt er uns die Beifahrertür auf. Gina sprang hinein. Um sicherzugehen, ob unser Fahrer wusste, wohin wir wollten, zeigten wir ihm in unserem kleinen Atlas das ersehnte Ziel namens Chorgos. Der junge Mann nickte heftig und bejahte mit urmenschähnlichen Lauten. Daraufhin stiegen wir ein.

Seit einer Viertelstunde fuhren wir durch die Stadt, der untergehenden Sonne davon. Die Grenze lag freilich in der anderen Richtung, und als wir es dem Chauffeur verdeutlichten, nickte er zwar wild, änderte den Kurs jedoch nicht. »Stop!« riefen wir. Der Dicke bremste mit quietschenden Reifen, drehte sich um und schaute uns entgeistert an.

Auf der anderen Straßenseite befand sich ein großes Hotel mit goldglänzenden Buchstaben über dem Eingang. Gestenreich schlugen wir vor, dort nach dem Weg zu fragen. Der Fahrer bejahte, dann stiegen wir gemeinsam aus dem engen Taxi, gingen über die breite Hauptstraße und traten durch eine Drehtür ins Hotelfoyer. Der Chauffeur benahm sich wie ein Kind, schlitterte über den glänzenden Parkettboden und kicherte.

Die Rezeptionistin war sehr klein, konnte kaum über ihren Empfangstisch gucken. Sie trug eine violette Blume im Haar. Zwar sprach die junge Dame Englisch, kannte aber auch nicht den Weg zur Grenze.

Erst ein stämmiger Polizist, der wie ein Gladiator ins Foyer getreten war, wußte Rat. Er streckte seinen rechten Arm nach Osten, als hätte er sein Leben lang auf diese eine Bewegung gewartet, und ließ durch die Hoteldame übersetzen, daß wir nur der Sonne entgegenfahren mußten. Der Taxifahrer klatschte eine Hand gegen seine linke Wange und stöhnte. Nun konnte es weitergehen.

Endlich lag die Stadt hinter uns. Die Sonne spendete nur noch spärliches Licht. Wir hofften, dies irritierte den Chauffeur nicht zu sehr. Auf einmal schaltete er den Taxameter ein. Wir wunderten uns darüber nicht, ahnten wir doch schon das Mißverständnis.

Es war finster geworden. Der Taxameter zeigte zweihundert Juan an – etwa vierzig Mark. Die ganze Zeit über hatte der Bursche nur geschwiegen. Plötzlich aber jaulte er wie ein Hund, daß Gina die Ohren spitzte. Dazu machte er eine Vollbremsung, und unsere Nasen prallten gegen die Kopfstützen der Vordersitze.

Der Fahrer schaltete das Deckenlicht ein und drehte sich zu uns um. Er rieb Daumen und Zeigefinger aneinander und knurrte. Wir taten, als würden wir das Zeichen nicht kennen.

»Money, Money.« Er stotterte, seine Miene verfinsterte sich. Dann schaltete er den Motor ab und wartete mit verschränkten Armen auf einen Vorschuß.

Natürlich warteten auch wir, warteten, daß es weiterging. Nach einigen Minuten stieg der Fahrer aus, öffnete den Kofferraum, zerrte unsere Rucksäcke heraus, schmiß sie auf die Straße und erreichte damit, daß wir mit Gina aus dem Taxi sprangen. Die Chance des Chauffeurs. Schnell klemmte er sich hinters Steuer, ließ den Motor aufheulen und raste davon. Dann wendete er und rauschte an uns vorbei, zurück nach Ürümqi. Nur gut, daß wir die Froschschale in den Händen hielten.

Wir waren nicht allzu traurig. Immerhin lagen fast siebzig Kilometer hinter uns. Nun aber mußten wir ein Nachtlager finden. Wir sahen zum Himmel. Dicke Wolken türmten sich über uns, erste Regentropfen fielen. Von fern donnerte es. Blitze zuckten am Horizont, kamen näher.

Es wurde noch finsterer. Wir wußten nicht, wohin, liefen orientierungslos übers sandige Feld. Um uns war es so dunkel, daß nur das schnelle Atmen des anderen verriet, wo er gerade war. Beinahe wären wir gegen einen LKW-Anhänger gerannt. Durchnäßt krochen wir darunter, zogen die Schlafsäcke aus den Taschen und schliefen, während über uns der Donner grollte, ein. Es war wie ein Vorspiel auf das, was uns bald erwartete ...

6

Am anderen Morgen – dem vierten in China – kitzelten uns die Strahlen der aufgehenden Sonne wach. Aufstehen war Schwerstarbeit. In den Köpfen rauschte es, uns war schwindlig zumute. Wir taumelten unter dem Anhänger hervor, brauchten nach zwei unfreiwilligen Diättagen dringend etwas zu essen. Wir wollten schon eines der wenigen Grasbüschel auszupfen, als wir etwa fünfzig Meter von uns entfernt ein Haus erblickten. Eine Raststätte! Als wir uns ihr näherten, erkannten wir auf der kleinen Terrasse eine Frau in Küchenschürze und einen Mann mit einer Pfeife im Mund.

Wir mußten schon sehr abgemagert ausgesehen haben. Die Frau mit der Schürze erblickte uns, schlug die Hände über dem Kopf zusammen, rannte ins Haus und kehrte mit zwei vollen Suppenschüsseln zurück. Der Mann beobachtete uns, schüttelte langsam den Kopf, sog an seiner Pfeife und hüllte sein Gesicht in blauen Dunst.

Die Hühnersuppe schmeckte köstlich, jeder Löffel voll, der in unseren Mündern verschwand, ließ uns die Augen schließen und unsagbare Zufriedenheit tanken. Die Frau strich uns über die Wangen und sagte etwas, das wir nicht verstanden.

Sehr bald waren wir gesättigt. Doch noch lange hatten wir den »Geschmack von Heimat« auf der Zunge.

Der alte Mann erhob sich schwerfällig von seinem Stuhl und führte uns zu einem kleinen Bach. Wir sollten uns den Dreck aus den Poren schrubben. Wie lange hatten wir uns nicht mehr gewaschen? Und jetzt taten wir es, an einem Ort, der so weit wie kein anderer auf der Welt von den Meeren entfernt ist. Die Zahnbürste schien Drahtborsten zu haben, schmerzte empfindlich auf dem Zahnfleisch.

Ein verstaubter Bus holperte heran. Er klapperte, als fielen ihm bald die rostigen Kotflügel ab. Das hilfsbereite Pärchen wußte bereits, daß wir zur Grenze wollten und nicht einen Juan besaßen. Die Frau redete solange auf den Busfahrer ein, bis dieser uns tatsächlich mitnahm. Selbst Gina war kein Problem für ihn. In solch einer Einöde schien man die Gesetze nicht so streng auszulegen.

Das Glück, das wir am Morgen erfahren hatten, legte sich wie eine schützende Hand auf uns. Was machte es, daß wir uns im Bus, unterwegs auf dieser Hoppelstraße, fühlten, als hätte man uns sämtliche Knochen gebrochen.

Einen Tag später – wir hatten das Fahrzeug an der Endstation verlassen – war die Grenze nur noch zehn Kilometer entfernt. Das setzte ungeahnte Kräfte in uns frei. Wir machten uns zu Fuß dorthin auf, erschien uns die Strecke doch wie ein Katzensprung.

Unsere Unrast rächte sich. Plötzlich brachen wir zusammen und übergaben uns. Aber wie durch ein Wunder kehrte die Kraft zurück. Und dann, endlich, sahen wir die Grenzanlagen.

Es war unheimlich still. Die Abfertigungshalle schien verlassen, und vom gebohnerten Fußboden her vernahmen wir nur das Geräusch von Ginas tippelnden Pfoten. Erschöpft ließen wir uns auf zwei orangefarbene Plastikstühle fallen. Unsere Blicke schweiften durch die leere Halle: Zwei WC-Türen waren mit Brettern vernagelt, die Mülleimer akribisch geleert und auf dem Linoleum erkannten wir nur unsere eigenen Spuren.

Unverhofft wurde eine Tür geöffnet, die gleich wieder laut zuschlug. Schnelle, sich nähernde Schritte. Vor uns tauchte ein kleiner Mann in olivgrüner Uniform auf. Er streckte seine Brust, auf der ein rotes Sternabzeichen leuchtete, heraus und wippte auf Zehenspitzen stehend auf und ab.

»Was wollen Sie?« fragte er auf russisch im Befehlston und ließ seine Augen von einem zum anderen wandern. Obwohl sie braun waren, wirkten sie kalt, wie die einer Schaufensterpuppe.

»Nach Hause«, antworteten wir und gaben ihm unsere Dokumente mit dem Fax der Deutschen Botschaft.

»Keine Visa, kein nach Hause«, sagte er und reichte uns die Ausweise und das Schreiben zurück. Als wir die Unterlagen vor Schreck nicht annahmen, legte er sie auf den Schalensitz neben uns.

»Ürümqi«, sagte er nur. »Fragen Sie dort nach Visa.« Dann verließ er uns und ging dorthin zurück, woher er gekommen war. Unsere Zähne klapperten, wir wimmerten, uns war heiß und kalt zugleich. Wir fielen zurück in die Schalensitze, starrten ins Leere.

Doch wie von Wespen gestochen, sprangen wir wieder auf, liefen zur Tür, hinter der der Grenzer verschwunden war, öffneten sie. Da stand er und trank aus einer Brauseflasche.

»In Ürümqi kriegen wir keine Visa«, riefen wir ins Büro hinein, in dem auch ein dicker Offizier und ein Mann in Zivil saßen. Der Grenzer setzte die Flasche ab und sagte, nicht laut, aber konsequent:»Raus!« Während er auf uns zukam und die Tür schließen wollte, erzählten wir wie im Rausch von unserer»Mission«.

»Wir haben auch nichts zu essen«, ergänzten wir, als unsere Köpfe schon im Türspalt klemmten. Der Beamte erfaßte sie und schob sie nach draußen, als wären es Schuhe, die geradeso in einen Schrank paßten.

Wieder standen wir da und wußten nicht, wie uns geschah. Wir spürten ein Rauschen im Kopf, eine aufkommende Wut. Noch waren wir imstande, sie zurückzuhalten. Kopflos traten wir vor das Gebäude in die glühende Sonne. Mit Beinen wie aus Blei und Körpern wie aus Papier wandelten wir zu drei parkenden KAMAS-Lastern mit kasachischen Nummernschildern. Bevor wir dort ankamen, drehten wir uns noch einmal um. Dort drüben, weitab von uns, breiteten sich die schneebedeckten Berge des Tienschan aus, und irgendwo, da in der Ferne, lag auch Kasachstan! Davor – der Grenzzaun. Maschendrähte wie Gefängnisgitter.

Wir trotteten zu den LKWs. Auf einem Anhänger spielten sechs Männer Karten. Die Gesichter der Leute waren mit asiatischen und europäischen Zügen durchmischt.

»Strastwuytje«, riefen sie zu uns herunter. Es war schön und vertraut, die russischen Stimmen zu hören.

Minuten später saßen auch wir auf dem Hänger und schlangen – wie Gina – dicke Kotelettstücke und Weizenbrot in uns hinein. Es schien, als hätte in den letzten Tagen jeder, den wir trafen, eine Mahlzeit für uns übrig gehabt. Doch das ungewisse und unregelmäßige Essen machte uns zu Wölfen, vor allem, weil ein Ende der Reise nicht abzusehen war.

Während des Schmauses fühlten wir, wie ein Teil unserer Kraft zurückkehrte. Und je mehr wir aßen, umso zuversichtlicher wurden wir. Wir erzählten den freundlich lachenden Kasachen, die auf ihre Heimreise warteten, daß wir gleich noch einmal ins Grenzgebäude gehen und diesmal mit mehr Nachdruck auftreten wollten.

Doch als die Männer uns nach kurzer Zeit wiedersahen, verstummte ihr Lachen. Mit unserer»neuen Kraft« waren wir vor den Uniformierten laut geworden. Was zur Folge hatte, daß die Grenzer an uns herumgezerrt hatten, bis Gina dazwischen gesprungen war. Der kleine Beamte hatte daraufhin eine Pistole aus dem Halfter gezogen und auf die Hündin gezielt. Wir hatten aufgeschrieen, uns losgerissen, uns vor Gina gestellt. Der Mann war blaß geworden, als er sein Schießeisen eingesteckt hatte. Auch ihm hatte der Schreck offenbar in den Knochen gesessen ...

Am liebsten hätten wir uns bei den Kasachen ausgeheult. Sie nahmen uns in ihre Mitte und servierten uns wie alten, kranken Väterchen Tee. Einer der Männer, ein rundlicher Großvater mit grauem Haar, lachte wie ein absaufender Motor. Er klopfte uns auf die Schultern und sagte:»Schön, daß ihr nochmal vorbeigekommen seid«. Wir verstanden ihn nicht.

»Ihr wart doch schon einmal mit euren Rädern hier«, erklärte er. Wir hatten, bevor wir zum zweiten Mal ins Grenzgebäude gegangen waren, ein wenig aus unserer Vergangenheit erzählt und dabei auch nicht unsere Fahrradreise ausgespart. Doch war unser damaliger Weg ein anderer als dieser gewesen.

»Viktor!« Der Großvater knuffte einem Kollegen mit Igelhaarschnitt in die Rippen.»Erkennst du sie denn nicht? Die zwei vom letzten Jahr. Sieh nur, auch ihren Hund haben sie mitgebracht.« Der Alte beugte sich schwerfällig zu Gina und gab ihr einen freundschaftlichen Klaps.

Plötzlich erinnerten wir uns an zwei Burschen aus Thüringen, die vor nicht allzulanger Zeit, so wie wir, auf ihren Bikes die Welt umradelt hatten. Auch diese Grenze hatten sie passiert.

»Seid ihr's oder nicht?« forschte der Mann mit den Igelhaaren und wunderte sich über unsere erstaunten Gesichter. Spontan sagten wir:»Ja, wir sind es«, aus Angst, ihre Gastfreundschaft zu verlieren.

Wodka floß in Pappbecher. Und schon nach wenigen Schlucken kippten wir zur Seite.

Am späten Nachmittag erwachten wir unter einem Himmel voller Wolken, jeder von uns in einer Ecke des Anhängers. Die Kasachen wechselten einen Reifen.

»Kinder«, riefen sie, als sie damit fertig waren.»Kommt runter. Wir müssen los.« Schwankend und traurig winkten wir wenig später den Männern nach, als sie in die Einfahrtsschneise zum Grenzübergang rollten. Wir hatten vergessen, uns auf einem der Laster unter einer Plane zu verstecken ...

Aus den Wolken tropfte es. Die Tropfen wurden zum Landregen. Wir verkrochen uns wie Straßenköter im Keller eines unfertigen Wohnhauses. Es roch nach Mörtel, und als wir in den Schlafsäcken auf dem kalten Betonboden dem Plätschern des Regens lauschten, fielen uns schnell die Augen zu.

In der Frühe — es war schon hell — weckte uns Getuschel. Wir schlugen die Augen auf und entdeckten vor dem glaslosen Kellerfenster vier Männer, die nichts Besseres zu tun hatten, als uns zu beobachten und leise vor sich hinzulachen. Wir waren äußerst geladen, durchschauten wie selten zuvor die Ausweglosigkeit unserer Situation.

»Verschwindet!« keiften wir. Das Gelächter wurde lauter.»Gina, paß auf!« zischten wir und zeigten zu den feixenden Kerlen. Wie eine Rakete schoß die Hündin in Richtung Fenster, bellte dabei, daß es wie ein Gewitter von den Mauern zurückhallte, und sprang auf und ab, das unterhalb der Betondecke eingelassene Fenster nicht erreichend. Die Männer waren wie weggepustet.

Den ganzen Morgen über grübelten wir, was wir Sinnvolles tun konnten.

Erst nach einigen Stunden wurde uns klar, daß wir wieder die Deutsche Botschaft in Alma-Ata anrufen mußten.

Wir schlurften zur Post. Markus klapperten trotz der Hitze die Zähne, und er klagte über Halsschmerzen. Ich verschwand hinter dem einzigen Busch weit und breit, hatte Durchfall. Offenbar hatte unsere Verzweiflung auf unsere Körper abgefärbt.

Die dünne Holztür des Postamtes stand sperrangelweit auf. Wir stellten die Rucksäcke neben den Eingang, banden Gina daran fest und traten ein. Telefone klingelten, eine Kasse klimperte, ein Drucker summte. Auf der hölzernen Wartebank saßen vier Männer und Frauen mit starren Gesichtern.

Wir standen am Auskunftsfenster, bestellten bei einem Burschen, der viel Gel für sein zurückgekämmtes Haar verwendet hatte, ein R-Gespräch. Unser Russisch schien der Junge zu verstehen, denn er nickte und zeigte auf eines von zwei grünen Telefonen vor seinem Schalter.

»Keine Angst, wir kriegen das geregelt.« Die vertraute Stimme der Botschaftshelferin aus Alma-Ata war Balsam für unsere Seelen. Doch die Frau befand sich in einer Sitzung. In zehn Minuten wollte sie zurückrufen. Wir hauchten ihr die Nummer durch. Dann legten wir auf und setzten uns – wie von einer schweren Last befreit – auf die Holzbank.

Der junge Postangestellte rief uns etwas auf Chinesisch zu. Wir zuckten die Schultern. Einen Moment später präsentierte er uns von seinem Platz aus ein Pappschild. »120 Yuan«, lasen wir. Er winkte uns zu sich, zeigte mit der einen Hand auf den niedergeschriebenen Betrag, die andere hielt er auf. Wir erinnerten ihn auf russisch und englisch ans R-Gespräch. Doch er verstand nicht, wir hatten aneinander vorbeigeredet. Verwundert lernte der Bursche unser leeres Portemonnaie kennen. Ihm fiel dazu ein, auf meine Armbanduhr zu zeigen. Es wäre das teuerste, selbst zu bezahlende R-Gespräch der Welt geworden. Unbeherrscht tippte ich einen Finger gegen meine Stirn. Warum hatte der Junge genickt, als wir ihn ums Telefonat gebeten hatten? Kurzerhand stellte er den Apparat, vor dem wir auf den Rückruf aus Alma-Ata warteten, unter seinen Schreibtisch. Unser Blut schien zu Eis erstarrt, als das Telefon plötzlich schrillte.

»Gib den Hörer her!« forderten wir, klopften nervös ans Bedienfenster.

Zweites Klingeln.

Unser Klopfen wurde zum Faustdonnern.

Drittes Klingeln.

Wir brüllten wie am Spieß. Mit jedem Signal schien unsere Lebenszeit abzulaufen. Wie hätten wir zurückrufen sollen?

Viertes Klingeln.

Draußen bellte Gina. Ich versuchte, meine Uhr abzubinden. Sie hakte. Ich riß mit Gewalt an ihr.

Fünftes Klingeln.

Voller Panik brach ich das Fummeln an der Uhr ab, sprang auf die Brüstung vor dem Auskunftsfenster, wollte drübersteigen.

Sechstes Klingen.

Ich schaffte es nicht, rüttelte an der Scheibe, hielt dann inne. Um mich – verzerrte Gesichter, Markus mit weitaufgerissenem Mund.

Siebentes Klingeln.

Jemand zerrte an mir. Blitzschnell drehte ich mich um.

»Ich möchte Ihnen helfen.« Unter mir stand ein Mann mit Brille und Krawatte.

Achtes Klingeln.

Schnell nickte ich.

»Bitte, bitte.« Markus war ganz außer sich.

Neuntes Klingeln.

Der Mann redete mit dem Angestellten.

Zehntes Klingeln.

Endlich stand das Telefon vor uns. Für einen Moment wußten wir nicht, wie man den Hörer abnimmt.

»Hallo?« hechelten wir in die Leitung. Ein langer Piepton war die Antwort ...

In den Minuten, in denen wir auf der Wartebank auf einen zweiten Anruf der Botschaft hofften, kauten wir auf den Fingernägeln, fummelten wir in unseren Haaren, kratzten wir uns unmotiviert. Jeder Moment, der in Stille verging, ließ uns ein bißchen sterben.

Endlich - es schellte erneut.

Nach dem Gespräch ging es uns erst richtig schlecht. Allen Ernstes verlangte die Botschaft, wir sollten zurück nach Ürümqi. Man wollte dort mit dem Konsul Kasachstans reden. Vielleicht – so die Botschaftsfrau – würde er uns diesmal helfen. Doch das war längst nicht die einzige Überraschung.

Wir wankten aus der Post, schauten zur Sonne. Uns kam es vor, als wäre unsere Heimat ebenso weit entfernt. Unsere Muskeln waren weich wie Kaugummi. Keinesfalls wollten wir den Grenzort verlassen, es sei denn ...

Als wir Gina losbinden wollten, bremste ein Polizeijeep vor uns. Zwei Uniformierte sprangen heraus, packten uns derb an den Oberarmen.

»Sie sind festgenommen!« herrschten uns die beiden an und zerrten uns mit sich. Denken wir jetzt zurück, erschien uns damals alles wie in einem fürchterlichen Alptraum. Wir verloren die Nerven, drehten durch, schrien. Unser Speichel flog den Polizisten dabei nur so um die Ohren. Die Ordnungshüter faßten mahnend an ihre Schlagstöcke, schüttelten uns durch. Das machte uns wilder. Wir schlugen um uns. Gina wollte die Polizisten anspringen, hatte aber die Rucksäcke am Leib. Plötzlich ließen die Uniformierten von uns ab. Zitternd machten wir Gina los, schulterten das Gepäck und marschierten, ohne nachzudenken, in Richtung Grenze. Wir hatten vor, sie zu durchbrechen.

Woher nahmen wir die Kraft? Unsere Füße wurden schneller, liefen von allein. Ich sah Markus neben mir, mit hochrotem Kopf, blauen Adern, die an Hals und Stirn pulsierten, feuchten Augen ...

Da war das Grenzgebäude. Unsere Schritte hallten von den Wänden wider. Wir eilten an den zugenagelten Toiletten vorbei, an dem Zimmer, aus dem man uns rausgeschmissen hatte, hinaus ins Niemandsland. Hinter uns Befehlsstimmen. Wir sahen den Schlagbaum, rannten, schneller und schneller, wie im Rausch.

Vor uns ein kleiner, dicker Grenzer. Breitbeinig versperrte er uns den Weg. Ein Faustschlag in die Magenkuhle, und er torkelte zur Seite. Trillerpfeifen. Soldaten tauchten auf. Wie eine grüne Lawine. Quietschende Reifen. Der Jeep vom Postamt. Man kreiste uns ein. Wir schlugen um uns ...

Gewehre wurden entsichert, auf uns gerichtet. Ein Schuß. Danach blieb die Zeit stehen. Für einen Moment wußten wir nicht, ob wir noch lebten. Harte Stöße von Gewehrläufen gaben uns die Antwort. Wir sanken zusammen. Das einzige, was wir gewollt hatten, war, den kasachischen Grenzbeamten unser Fax von der Deutschen Botschaft zu zeigen. Keinen der Chinesen scherte das. Mit vorgehaltenen Gewehren stieß man uns zurück, durch das Grenzgebäude, bis wir wie Betrunkene davorstanden. Wir hörten die Tür hinter uns zufallen und das Schloß einschnappen. Dann brachen wir zusammen.

Wir lagen da, ohne Energie, ohne Gedanken, weder traurig oder zornig, nur unendlich leer. Die Sonne stand hoch, als eine Stimme zu uns drang.

»Ich will euch helfen.« Über uns erschien ein rundes, lieblächelndes Engelsgesicht. »Man hat mir von euch erzählt. Ihr müßt nach Urümqi, nicht wahr?« Wir konnten weder nicken noch den Kopf schütteln. Der Engel zeigte von der Grenze weg. Automatisch klappten unsere Köpfe zur Seite. Etwa einhundert Meter entfernt – an einem kleinen, grauen Häuschen – parkte ein verstaubter, rotweißer Bus.

»Folgt mir«, sagte der Engel und hielt auf das Fahrzeug zu. Wir hievten uns gegenseitig hoch und folgten dem Mann. Er hätte uns auch zur Polizei führen können, wir hätten es nicht gemerkt.

Man lud unser Gepäck aufs Dach. Wir ließen es geschehen, ohne darüber nachzudenken. Wie in Trance stiegen wir mit Gina und der Froschschale in den Bus, fielen auf die Polstersitze.

Jemand wummerte von draußen mit Fäusten an unser Fenster. Wir sollten wieder rauskommen. Neben dem Bus stand ein kleiner, untersetzter Mann im Strickpulli. Er hatte die Arme vor der Brust verschränkt und sah uns wie ein bockiges Kind an.

»Hund oder ich«, erklärte er dem Busfahrer. Wir hörten das, als ginge es uns nichts an, wollten in Ruhe gelassen werden. Sollte uns jemand helfen, gut. Aber Probleme, nein danke. Alles schien weit weg. Wir trotteten mit Gepäck, Hund und Frosch wieder dorthin, wo uns der Engel gefunden hatte.

»Warten Sie«, vernahmen wir eine Frauenstimme. Wir blieben stehen, drehten unsere Köpfe, sahen eine rotgekleidete Dame mit Hütchen und Goldrandbrille. Sie stand neben dem Engelsmann, der uns zuzwinkerte. Die Frau trug weiße Handschuhe, war um die vierzig Jahre alt. Sie kam auf uns zu und lächelte mitleidsvoll.

»Ich werde Ihnen ein Taxi bezahlen«, sagte sie. Dann glitt ihr behandschuhter Zeigefinger über unsere Wangen. »Alles wird wieder gut.« Vor Rührung hätten wir heulen mögen.

Sie bat uns in ihr Büro, das zu einem kleinen Kunstgewerbegeschäft gehörte, und servierte uns duftenden grünen Tee. Leider – wie sie meinte – hätte sie nur Fruchtwaffeln im Haus. Wir wunderten uns, warum sie »leider« sagte. Für uns war alles Eßbare ein Festmahl. Selbst Gina schlang die Waffeln wie Fleisch in sich hinein.

In den Stunden, in denen wir auf das Taxi warteten, fanden wir auch unsere Sprache wieder. Immerfort flüsterten wir der Lady, wie der Engel sie vorher genannt hatte, Dankesworte zu. Wir nahmen nichts anderes wahr, als das gütige Gesicht jener Frau.

Es war bereits dunkel, als wir auf den Rücksitzen eines Skodataxis saßen. Gina lag zusammengerollt wie eine Wolldecke auf der Hutabläge. Die Lady hatte den beiden Fahrern 2 500 Yuan, umgerechnet 500 Mark, bezahlt. Wir hatten die Frau an uns gedrückt, und es schien, ihr sei dies wertvoller als das Geld gewesen. Warum sie uns half, hatten wir wissen wollen.

»Buddha hat es mir befohlen«, war ihre Antwort.

Das Auto holperte über die schlechte Straße. Dies nahmen wir nur wie nebenbei wahr. Wir hörten auf das beruhigende Brummen des Motors. Ronald kippte auf meinen Schoß, schnarchte leise und rutschte irgendwann hinunter auf den Fußboden. Dort lag er eingeklemmt zwischen den Vorder- und Rücksitzen. Bald wurde auch ich müde und »stapelte« mich über meinen Freund.

Am Vormittag – nach zehn Stunden Schlaf in unbequemsten Positionen – schreckten wir auf. Ein uns entgegenkommendes Ungetüm von einem Lastwagen fuhr mit aufheulendem Motor an unserem Taxi vorbei. Wir sahen uns um. Die Straße durch die Berge war in unsere Richtung verstopft. Die Autos standen in einer schier endlos langen Warteschlange. Von den Taxifahrern erfuhren wir, daß wir seit sechs Stunden keinen Meter vorangekommen waren.

Erst, als wir unsere Blasen etwas abseits vom Wagen entleert hatten, gewahrten wir die Schönheit der Landschaft. Das Wasser von fünf, sechs Wasserfällen stürzte mit gewaltigem Tosen von den nahegelegenen Berghängen zu Tal. Es mußte geregnet haben, denn die Luft war wie frischgewaschen. Über einem der Wasserfälle bildete sich ein Regenbogen. Wir standen eine Weile da und genossen das wundervolle Naturschauspiel. Doch dann strebten wir weiter. Selbst die schönste Natur tröstete nicht, wollte man so sehr nach Hause wie wir.

Wir wankten zum Taxi zurück. Fast alle Menschen um uns herum schliefen in ihren Autos. Manche lagen mit den Köpfen auf dem Lenkrad, andere schlummerten kerzengerade im Sitzen. Einige Leute aus den Bussen hatten sich auf deren Dächer gelegt. Zwischen den Gepäckstücken sahen die Menschen dort oben aus, als wären sie vom Himmel gefallen. Wir stiegen in den Wagen und öffneten eine der Waffelrollen, von denen uns die Lady reichlich mitgegeben hatte. Außerdem steckten im Proviantbeutel einige Dosen Honigbrause.

Irgendwann sprangen die ersten Motoren an. Der Stau löste sich langsam auf. Nach mehreren Kilometern bremste das Auto erneut. Unser Fahrer hupte ein entgegenkommendes Taxi – einen nagelneuen VW Santana – an. Der stoppte prompt. Scheiben wurden heruntergekurbelt. Im Santana erschien ein müdes, verquollenes Gesicht mit silbrigem Nasenring. Aus den Gesten unserer Chauffeure lasen wir, daß sie ihren Kollegen fragten, wie der Weg nach dem Regen aussehen mochte. Der Santanafahrer gähnte, schüttelte den Kopf und machte eine abfällige Handbewegung.

Nach diesem Gespräch lud man unser Gepäck ins andere Taxi. Nun sollte uns dies nach Ürümqi bringen. Unsere Chauffeure zeigten auf den Unterboden ihres Skoda, dann auf den des Santana. Sie schienen uns erklären zu wollen, daß es bei diesem mehr Abstand zur unebenen Straße gäbe.

Markus saß wie ein Co-Pilot neben dem Mann mit dem Nasenring, ich kuschelte mich an Gina und schaute in die etwas ausgetrocknete Froschschale. Auch der verbliebene Bewohner schien mittlerweile zu kränkeln.

Zudem sorgte uns der neue Chauffeur, der fortwährend gähnte. Wann mochte er das letzte Mal geschlafen haben? Dessen ungeachtet fegte er über die schlammige Straße, daß das Auto sich oft um einige Grade drehte und seitwärts dahinschlitterte. Die linke Hand des Mannes kämpfte mit dem Lenkrad, in seiner rechten hielt er eine Landkarte, mit der er sich Luft zufächerte.

Einmal lachte er und fragte uns mit einigen Englischbrocken, ob wir eine seiner Musikkassetten hören wollten. Wir nickten, und Momente später erklang: »Stille Nacht, heilige Nacht«.

»Von Deutschfreund«, betonte der Fahrer und wiegte seinen Kopf im Rhythmus des Liedes. Wir schlossen die Augen, träumten, mitten im Juni, von Entenbraten und Rotkohl, von leuchtenden Kerzen und dem Klang des Bescherungsglöckchens ...

Langes Hupen entriß uns diesen Phantasien. Unser Chauffeur befuhr die falsche Straßenseite, während ein Auto auf uns zuschoß. Kurz vor dem Zusammenprall scherte er ein. Offenbar war er eingenickt. Irritiert drehte Markus die Musik lauter, damit der Mann wachblieb.

Bald steuerte der Wagen auf einen sandigen Parkplatz, an dem inmitten der Ödnis ein Gasthaus stand. Ein Fenster war mit Brettern vernagelt. Auf dem Dach fehlten Ziegel. Der Fahrer stieg aus und wankte wie betrunken zur Haustür.

›Ein Kaffee wird ihm guttun‹, dachte ich. Eine Stunde verging, wir warteten, wurden ungeduldig, stiegen dann aus und gingen durch die Haustür. Auf dem Flur kam uns eine schlanke Frau mit schwarzem, offenem Haar entgegengetänzelt. Eingehüllt in eine Parfümwolke, trug sie einen durchsichtigen Seidenumhang, durch den ihre Brustwarzen schimmerten. Dazu einen flauschigen, roten Schal. Anscheinend waren wir in ein Freudenhaus geraten, und ich erinnerte mich, einst gelesen zu haben, daß in China auf Prostitution die Todesstrafe steht.

Die junge Dame lächelte uns an, stellte sich in Positur. Nichts regte sich an uns. Bereits die Suche nach unserem verschollenen Fahrer war eine körperliche Herausforderung für uns. Wir baten die Frau, uns zu ihm zu führen. Etwas kurz angebunden zeigte sie auf eine Tür. Wir öffneten sie. Da lag er ja. Er hatte sich auf einer Pritsche zusammengerollt und schnarchte.

›Eigentlich vernünftig‹, dachte ich. Doch konnte auch einer von uns – Markus oder ich – weiterfahren. Dem nun Erwachten schien dieser Plan, mit dem er sein Geld im Schlaf verdienen konnte, zu gefallen.

Der Mann lag auf der Rückbank des Autos. Gina schien ihn nicht zu stören, und umgekehrt war es ebenso. Markus hatte sich an den Gurthalter gelehnt und die Augen zugemacht, während ich den großen Wagen über die schnurgerade Asphaltstraße steuerte. Der Chauffeur hatte mich ein paar Minuten lang beobachtet, wollte scheinbar sichergehen, ob ich der Aufgabe gewachsen war und die kraterartigen Schlaglöcher auszulassen verstand. Dann war auch er beruhigt eingeschlafen.

Es war später Freitagnachmittag. Wir hofften, den kasachischen Konsul vor dem Wochenende zu treffen. Ürümqi aber war noch weit entfernt, und als der Abend kam, gähnten uns zwei weitere ungewisse Tage wie eine überflüssige Geduldsprobe an.

Gegen zehn Uhr erreichten wir den Flughafen von Ürümqi, wo wir die lange Wartezeit mit Ruhe und Schlaf totschlagen wollten. Wir hielten vor dem schwach beleuchteten Hinterausgang eines Restaurants. Der Taxifahrer erwachte, wechselte hinters Lenkrad, murmelte einen Abschiedsgruß und fuhr davon.

Als wir unsere Schlafsäcke unter dem Vordach des Restaurants ausbreiteten, öffnete sich die Tür. Ein gut sechzigjähriger, sehniger Mann im weißen Kittel trat ins Freie und brachte den Duft von Pommes Frites mit. Der Alte erblickte uns und Gina und warf ihr spontan ein paar Fleischreste zu, welche er offenbar in die Mülltonne hatte werfen wollen. Er stand noch eine Weile da, beobachtete die gierig fressende Hündin und zwirbelte mit zwei Fingern sein Oberlippenbärtchen. Als sie die Knochen abgenagt hatte, ergriff er die Reste und versenkte sie mit einem gezielten Wurf in der Tonne. Danach verschwand er schnell hinter der Tür, und unser Dank blieb von ihm ungehört. Bevor wir einschliefen, lauschten wir dem Dröhnen der Flugzeugtriebwerke. Die Heimat war nur einige Stunden entfernt.

Am darauffolgenden Nachmittag weckte uns ein junger Bursche. Er trug Jeansjacke und Jeanshose, und seine Augen tarnte eine verspiegelte Sonnenbrille, deren Bügel von seinen Schläfen abstanden.

»He, Jungs«, sagte er auf englisch und lenkte mit offenem Mund einen Kaugummi zwischen seinen Zahnreihen. »Ich bin Flughafendetektiv. Ihr müßt verschwinden.« Aufgrund seiner schmächtigen Gestalt hatten wir ihn eher für einen Schüler gehalten. Wir stellten uns dumm, als verstünden wir ihn nicht. Er schien kurz nachzudenken, dann ging er unverhofft fort.

Nicht lange, und er stand wieder vor uns, nahm die Sonnenbrille ab und verkündete grinsend: »Okay, bleibt liegen.« Dann schritt er erneut von dannen. Beruhigt schlummerten wir wieder ein.

Es war dunkel, als uns Ginas Bellen weckte. Vier Männer näherten sich unserem Schlafplatz.

»Sdrastwuitje«, riefen sie uns zu. Wir erinnerten uns an die kasachischen LKW-Fahrer von der Grenze und empfanden diesen Gruß wie ein freundschaftliches Tätscheln. Die Neuankömmlinge sagten, sie seien kasachische Gastarbeiter, die in Ürümqi die Flugzeuge ihrer Heimat warteten. Mit dieser Technik, so die Männer, könne kein Chinese umgehen.

Als sie eine Weile neben uns gestanden hatten, rümpften sie die Nasen. Dann berieten sie sich kurz und boten uns eine heiße Dusche an. Sie klopften uns auf die Schultern und fragten uns, wer zuerst mitkommen wolle.

Ronald folgte den Männern. Ich genoß derweil die hinausgezögerte Vorfreude auf heißes Wasser und duftende Seife. Nebenher fütterte ich Gina mit den Waffeln der Lady und naschte auch selbst die eine und andere.

Wieder näherten sich Leute. Diesmal waren es drei uniformierte Chinesen. Unter ihnen der kindliche Detektiv vom Nachmittag.

»Räumt das Lager!« schnarrte er mich an. »Ich habe das vorhin schon gesagt.« Ständig blickte er zu seinen viel älteren Begleitern, als wollte er ihnen zeigen, wieviel »Mann« bereits in ihm steckte. Ich setzte dem Heuchler einen zornigen Blick entgegen, erhob mich und baute mich vor den dreien auf. Offenbar beeindruckt von meiner Körperlänge, wichen sie einen Schritt zurück. Was hatte ich sonst, außer Gina?

Bitternis stieg in mir auf, darüber, daß wir fast überall unwillkommen waren. Gewiß, wir lebten wie Penner, und es war nicht schwer zu begreifen, wie abhängig Armut von den Launen der Menschen macht. Sie tagaus, tagein zu erleben aber sägte an meinen Nerven, machte mich aggressiv und ließ mich gleichsam verzweifeln.

Während wir in zwei Fronten gegenüberstanden, kehrte Ronald zurück. Mit seinen nassen, zurückgekämmten Haaren sah er furchteinflößend aus, wie ein

Schlägertyp aus einem Rotlichtviertel. Er stellte sich neben mich und Gina, die die Szene wachsam verfolgte. Wir mußten uns nicht mehr absprechen, uns war instinktiv klar, wir würden nicht weggehen, nicht aufgeben. Was wir in der letzten Zeit, besonders in den letzten Tagen, erlebt hatten, war wie ein Brennesselbad für uns gewesen.

Die drei Männer fluchten. Ausländer, schimpften sie, noch dazu Weiße wie wir, gehörten in ein Hotel. Der scheinheilige Detektiv regte unsere Festnahme an. Der Tonfall wurde lauter, bis zwei Polizeijeeps mit Blaulicht und schrillem Sirenenton heranbrausten. Für uns fast schon Gewohnheit. Triumphierend standen die drei Ordnungshüter im fahlen Laternenlicht und nickten sich zu. Wie gerufen eilten plötzlich die Kasachen herbei.

»Jungs«, riefen sie. »Kommt mit. Unser Konsul will euch sofort sehen. Wir haben eben mit ihm telefoniert.« Gern hätten wir's geglaubt. Doch es war Wochenende, noch dazu eine halbe Stunde vor Mitternacht.

»Glaubt uns«, beschworen sie uns. »Hier habt ihr etwas Geld. Nehmt ein Taxi und fahrt schnell zu ihm.« Die Kasachen schienen die Polizei nicht im geringsten zu beachten, sie steckten uns einige Juan zu, halfen uns flugs beim Zusammenräumen des Gepäcks, schoben uns dann an den Schultern vom Schauplatz fort, und wir, zu keinem klaren Gedanken fähig, wankend zwischen Ungläubigkeit und Vorfreude, entschwanden einer Situation, die uns vielleicht hinter Gitter gebracht hätte.

Wir drehten uns nicht mehr um, liefen mit den Arbeitern zum Hotel. Davor, ein Taxi. Wir stiegen ein, kurbelten eine Scheibe herunter, riefen ihnen Dankesworte zu und winkten den Männern noch, als sie die Nacht bereits aufgesaugt hatte.

Das Konsulat lag im Dunkel. Im Anbau des Hauses aber brannte Licht. Wir klingelten am Tor und fanden das ziemlich albern. Als nichts geschah, glaubten wir zunächst, der vor Tagen so ungehaltene Konsul hätte bereits die Polizei informiert. Dann summte der Türöffner. Überrascht stießen wir die Eingangspforte auf.

Der Staatsbeamte eilte uns im Schlafanzug entgegen, über den er einen Morgenmantel geworfen hatte. Der Mann blickte ausgesprochen freundlich drein und führte uns in sein Haus. Wir stiegen ein paar Stufen hinauf und fanden uns in einem Büro mit vielen Büchern wieder. Die Pendeluhr an der Wand zeigte auf zehn Minuten vor Mitternacht. Der Konsul setzte sich hinter den Schreibtisch und bat um unsere Pässe. Er klebte je einen bedruckten Zettel hinein und stempelte die Papiere.

Wir saßen da, warteten auf einen Haken an der Sache. Als er die Dokumente bearbeitet und wir uns leise bedankt hatten, meinte er zufrieden, daß wir uns keine Sorgen machen sollten, und daß die Gebühren bereits von unserer Botschaft in Alma-Ata bezahlt worden seien. Andächtig lauschten wir seinen Worten, die uns wie aus einem Märchen erschienen, und vergaßen darüber fast, uns zu erheben und den Konsul in sein Schlafzimmer zu entlassen. Wohlige Wärme durchfloß unsere Adern, als wir nach und nach begriffen, daß es kein Märchen war.

Wir hatten uns verabschiedet, standen an der dunklen Straße und sahen, wie das Licht im Anbau des Konsulats erlosch. Auf einmal begannen wir zu laufen. Wie ein Magnet zog uns der Grenzort an, von dem wir vor zweieinhalb Tagen aufgebrochen waren.

Als Ronald und ich aus der Puste kamen, stoppten wir jäh, setzten uns erschöpft auf einen Bordstein und lachten, lachten laut und eigenartig verzerrt. Hätte uns jemand gesehen, hätte er denken mögen, wir heulen. Auch davon waren wir nicht weit entfernt.

Dann, als ein Taxi kam, hielten wir es es an, stiegen ein. Kaum jemand mag sich vorstellen können, wie sehr wir nach Hause wollten.

8

Im Gebirge hatten sich abermals die Autos gestaut. Wieder saßen wir in einem Santana, diesmal mit zwei Fahrern.

Der frühe Nachmittag war kühl, und die Sonne versteckte sich hinter dunklen Wolken. Auf dem Taxameter stand: 1 400 Yuan. Eine Zahl, die uns Sorgen bereitete, uns endgültig zu Schmarotzern machte. Natürlich, wir waren es längst – und wir setzten noch einen drauf: Wir hofften auf die Lady aus Chorgos, dem Grenzort, ihren Glauben an Buddha und darauf, daß sie, nachdem sie bereits ein Vermögen für unsere Taxifahrt nach Ürümqi ausgegeben hatte, auch diese bezahlen würde. Der Vorsatz, ihr das Geld nach unserer Heimkehr zurückzusenden, machte unseren Plan nicht besser.

Der junge Mann am Lenkrad betrachtete uns argwöhnisch im Rückspiegel. Der Nebenmann – er mochte sechzig Jahre alt sein – war mit einer langen Liste von Zahlen beschäftigt, die er mit einem Taschenrechner addierte.

Markus plagten starke Halsschmerzen, er atmete schwer. Anscheinend litt er unter Angina. Apathisch lehnte er seinen Kopf ans Fenster, jammerte leise vor sich hin und bekam, wenn ich ihn ansprach, kaum ein Wort heraus.

Gina brauchte Auslauf. So ging ich, als abzusehen war, daß wir noch eine Weile im Stau stehen würden, mit ihr über die Wiese, das Taxi im Blickfeld.

In einiger Entfernung weideten Schafe, Ziegen, Pferde und gescheckte Kühe an einem Hang. Dort standen auch Jurten, wie in der Mongolei. Gina tollte umher. Die Gelegenheit schien mir günstig, abermals ihren Gehorsam zu testen. Daß ich sie in den letzten Wochen unserer Reise ausgebildet hatte, kam uns sehr zugute. Ein Hund, der nicht hörte, hätte uns zusätzliche Kraft gekostet.

Ich näherte mich den Schafen und führte Gina – ohne Leine, dicht bei Fuß – an den wolligen Tieren vorbei. Unsere treue Begleiterin äugte lüstern zur

Herde, blieb aber bei mir. Zufrieden lobte und streichelte ich sie. Mit dem stolzen Gefühl, eine kluge Hündin zu haben, schritt ich den Abhang hinunter in Richtung Auto, glaubte, Gina käme hinterher. Da sah ich aus den Augenwinkeln einen aufgebrachten Reiter auf mich zustürzen. Der Mann schrie irgendetwas. Wollte er mir etwa, wie einige vor ihm, die Hündin abkaufen? Ich drehte mich um und erstarrte: Gina jagte ein kleines, schwarzes Schaf. Ich brüllte wie verrückt nach ihr, pfiff. Sie aber hörte nicht. Das Schaf fiel, Gina biß zu. Dann rannte sie weiter, einem jungen Bullen hinterher, hetzte diesen kreuz und quer über die Wiese. Die Hündin war ihrem Jagdtrieb verfallen. Mir blieb nichts anderes übrig als zu warten und zu hoffen, daß sie gleich zurückkehren würde, so wie ich es in Büchern über Hunde gelesen hatte.

Weitere berittene Hirten wurden aufmerksam. Ich sah, wie die Männer ihren Tieren in die Flanken traten, sich Gina näherten und dabei bedrohliche Laute ausstießen. Mir gefror das Blut. Ich stand da wie festgewachsen. Ein Hirtenhund stürzte sich auf Gina. Sie riß sich los, lief mir entgegen. Zwei der Reiter, bekleidet mit dunkelblauen Gewändern und orangefarbenen Gürteln, schnitten ihr den Weg ab. Ich kreischte: »Gina!« Sie schlug einen Bogen, kam endlich bei mir an. Ich war völlig durcheinander, packte sie heftig im Nacken, bestrafte sie mit festem Griff. Ihr Jaulen bohrte sich in meine Ohren.

Nicht lange, und die aufgebrachten Hirten umkreisten mich. Ein junger Bursche sprang von seinem Schimmel, trat Gina wuchtig gegen die Schnauze. Ich sah, wie ihr Blut ins Gras tropfte, starrte den Burschen an, schaute verwirrt in die vielköpfige Runde. Der Bengel – vielleicht gehörte ihm das Schaf – wollte wieder zutreten.

Mit der wenigen Kraft, die ich besaß, drückte ich den Jungen zurück, mit der anderen Hand hielt ich Gina im Fell fest, damit sie nicht angriff. Der Hirte tat einen Schritt zurück, atmete keuchend. Ich erhob die nun freie Hand, beschwor die Männer, die mich johlend wie Krieger umritten, sich zu beruhigen.

Ein Greis stieg von seinem großen Kamel und schwang eine Peitsche – ein langes Ding, gefertigt aus einem Stock und einem starken Seil. Meine Knie wurden butterweich. Der behende Alte drehte aus der Peitsche einen Strick, eilte zu Gina. Seine Mitstreiter feuerten ihn wie im Rausch an. Verzweifelt schob ich auch den Greis beiseite. Ich hätte heulen können, hatte rasende Angst um Gina, unsere treue Beschützerin. Wie ein verrückt gewordener Tänzer drehte ich mich um meine eigene Achse, schrie: »Taxi!«, stocherte dabei wild mit den Fingern in die Luft, hin zur Straße, wo der Santana stand. Die Hirten folgten der gezeigten Richtung, begriffen. Dann gaben sie den Weg frei.

Ich flitzte mit Gina den Abhang hinunter, hörte die Hufschläge dicht hinter mir. Ich riß die Hintertür des Wagens auf, ließ Gina in den schützenden Fond springen, weckte unsanft Markus.

»Was ist los?« fragte er kränklich. »Warum blutet Gina?« Dann schälte er sich taumelnd aus dem Auto. Die Hirten hatten einen Halbkreis um uns gebildet und redeten durcheinander. Ein Mann mit treu dreinschauenden Kulleraugen übersetzte die Worte der Reiter.

»Sie wollen Geld fürs Schaf«, sagte er. »Siebenhundert Yuan.« Ein Angebot, wie ein Schluck Wasser kurz vorm Verdursten. Markus verstand noch immer nicht. Für Erklärungen war keine Zeit.

Ich bettelte unsere Chauffeure per Handzeichen an, uns das Geld vorzuschießen. Der Mißtrauische zögerte, sein älterer Kompagnon aber kramte den fälligen Betrag aus seiner abgegriffenen Brieftasche und gab ihn dem Greis. Daraufhin reichte uns einer der Hirten das von Gina verwundete Schaf.

»Es gehört jetzt euch«, übersetzte der Kulleräugige. Einen Augenblick lang schmunzelte ich, waren wir doch bald ein fahrender Zoo, mit Hund, Frosch, Schaf ... Doch was sollten wir mit dem Tier, das offensichtlich das einzig schwarze in der Herde war. Wir begutachteten es. Es blutete am linken Bein. Irgendetwas mußte an der Redewendung mit dem »schwarzen Schaf« dran sein.

Ein jugendlicher Finsterling mit zusammengewachsenen Brauen – er gehörte nicht zur Hirtengruppe – bot an, uns das Tier für ein Viertel des Kaufpreises abzunehmen. Wir stimmten zu, und so bekam der hilfsbereite Taxifahrer einen Teil seines Geldes zurück.

Als sich der Stau aufgelockert hatte und wir uns im Schrittempo durch große Schlammlöcher vorankämpften, hielten wir Gina in den Armen und streichelten sie. Ohne sie hätten wir diese Reise bis hierher wohl nicht heil überstanden.

Am Abend erreichten wir Chorgos. Verschämt klopften Ronald und ich an die Bürotür der Lady, während die beiden Chauffeure neben ihrem Wagen auf und ab gingen.

Nach einer Weile öffnete sich die knarrende Holztür, und die Frau stand im luftigen, roten Seidenkleid vor uns. Sie hatte Lockenwickler im Haar, putzte ihre Brille und schaute fragend in unsere Gesichter. Wir drucksten herum, zeigten auf die Taxifahrer.

Die Frau bat uns hinein, bot uns anstelle eines enttäuschten Blicks ein Lächeln und, wie beim letzten Besuch, heißen Tee an. Auch die zwei Chauffeure lud sie ein.

Wir setzten uns auf eine weiche Ledercouch. Eine Fliege umschwirrte unsere Köpfe. An der Wand tickte eine Uhr mit einem bunten Vogelbild, die wir bei unserem ersten Besuch nicht bemerkt hatten. Auf dem Schreibtisch qualmten einige Räucherstäbchen und verbreiteten einen angenehm herben Duft.

Nachdem die Lady das Teewasser aufgesetzt und einen Teller mit belegten Brötchen auf den Tisch gestellt hatte, wählte sie eine Telefonnummer.

Kurz darauf standen zwei feingekleidete Herren in der Tür. Sie begrüßten uns auf englisch, setzten sich zu uns und klopften uns freundschaftlich auf die Schenkel, als wären wir alte Bekannte.

»Ihr habt Glück, diese Frau kennen zu dürfen«, sagte einer der beiden. Er hatte vertrauenerweckende Grübchen in den Wangen, schlohweißes Haar und einen Kopf, rund wie ein Fußball.

»Sie ist die gute Seele der Stadt«, fügte der andere – ein magerer, hoch aufgeschossener Mann – hinzu. Die beiden hätten die asiatischen Pendants von Pat und Patachon sein können. Wir schmunzelten darüber, was uns jedoch bald verging, als uns der Wohlgenährte ein paar Einzelheiten über unsere großzügige Gastgeberin verriet: »Sie schlägt niemandem einen Wunsch ab, nachdem ihr Sohn und ihr Mann vor einigen Jahren ums Leben kamen ... Braucht jemand Hilfe, ist sie dabei.«

Wir musterten die Lady, die scheinbar nicht mitbekam, worüber wir mit ihren Freunden redeten, denn sie beherrschte nur sehr wenige Worte Englisch. Sie saß hinter ihrem aufgeräumten Schreibtisch, hatte ihre Beine übereinandergeschlagen, trank ihren Tee und unterhielt sich mit den Taxifahrern.

Wir verbrachten die Nacht im Büro, lagen auf weichen Schaffellen. Die geduldigen Chauffeure schliefen neben uns.

Am nächsten Morgen zahlte die Lady sie aus. Wir hatten gesehen, wie sie sich das Geld von den zwei Herren vom Vortag geborgt hatte. Wir kratzten uns an den Hinterköpfen, versprachen, ihr den Betrag so bald wie möglich zurückzuzahlen.

Wieder standen wir vor dem Grenzgebäude. Wir dachten an unseren Durchbruchsversuch, an die bösen Gesichter der Beamten, den Gewehrschuß, die Kolbenschläge. Auf einmal schienen uns selbst die offiziellen Visa nutzlos. Gewiß würde man uns wieder vor die Tür werfen. Doch die Grenzer öffneten die Schranke, verhielten sich ruhig und gelöst, als hätte es zwischen ihnen und uns keine Auseinandersetzung gegeben. Bevor wir weitergingen, hieß es Abschied nehmen: von der Lady, ihren zwei Freunden und den Taxifahrern.

»Chinese people – very good!« rief der Hagere wie eine Losung aus und hielt den Daumen nach oben. In diesem Moment bejahten wir es von ganzem Herzen. Was wir geben konnten, waren dankbare Blicke. Immer wieder drehten wir uns um und winkten zurück, während wir den Schlagbaum hinter uns ließen. Unsere Beine beschleunigten. Auf einmal waren wir in Kasachstan – und konnten es nicht glauben.

Im Grenzgebäude roch es nach altem Holz und Bohnerwachs. Ein kräftiger Mann mit kleinem Käppi kontrollierte unsere Papiere. Er schaute lange hinein und stutzte, zeigte auf unsere Paßbilder, ließ uns wissen, daß wir nicht aussahen wie auf den Fotos. Auch wir blickten in die Ausweise, sahen zwei wohlgenährte Jungs, die uns wahrhaftig nicht ähnelten. Unvermittelt faßte ich mir übers Gesicht, spürte die eingefallenen Wangen und den struppigen Bart. Ronald hatte nur wenige Stoppeln am Kinn, wirkte dafür knochig und abgekämpft. Zudem waren wir schrecklich verdreckt. Wir beschworen den Kontrolleur, genauer hinzuschauen. Doch er schüttelte nur hilflos den Kopf. Drei seiner Kollegen nahten. Gemeinsam versuchten sie, zwischen uns und den Fotos Ähnlichkeiten festzustellen, indem sie beides mit größter Sorgfalt verglichen.

Nach gut einer Viertelstunde nickten die Grenzer endlich und gaben uns den Weg frei. An der Ausgangstür sogen wir noch einmal – wie zur ewigen Erinnerung – den starken Bohnerwachsgeruch ein. Dann traten wir in die Sonne hinaus.

KASACHSTAN

Durchs geöffnete Fenster drang Vogelgezwitscher. Die Sonne schien, und die Blätter der Birken rauschten im Sommerwind. Bald sollten wir nach Hause fliegen. Seit zwei Tagen jedoch lagen wir auf den Pritschen eines bescheidenen Hotelzimmers in Alma-Ata.

Ein Taxi hatte uns von der Grenze in Kasachstans Hauptstadt gebracht. Die Deutsche Botschaft hatte es bezahlt, es für uns vorfinanziert, ebenso das Zimmer. Es gab sogar ein kleines Taschengeld. Man hatte uns verboten, über Land weiterzufahren. Der Weg nach Hause durfte nur der Luftweg sein. Und irgendwie waren wir froh darüber.

Ronald hatte Durchfall, eilte zwölfmal am Tag zur Toilette. Er wurde immer schwächlicher, vermochte sich kaum noch auf den Beinen zu halten. Dennoch mußte er Gina auf dem Rasen vor dem Haus ausführen und Lebensmittel besorgen. Ich war dazu nicht in der Lage, denn ich hatte hohes Fieber. In meinem Rachen wucherte ein mächtiger Eiterklumpen, ein Abzeß, wie die Mediziner sagen. Das Sprechen, selbst das Atmen, fiel mir schwer. Obwohl auf dem Tisch Schinken, Käse und Brot lagen, aß ich nichts von alldem. Unser normales Leben, von dem wir uns schon in Sibirien verabschiedet hatten, war greifbar nahe gerückt. Doch wir waren zu krank, um uns daran zu erfreuen.

Am folgenden Morgen röchelte ich bloß noch, hätte bei jedem Schlucken aufschreien mögen. Man hatte mir Penicillin gebracht, was nicht half. Ich mußte in eine Klinik.

Am Nachmittag rief Ronald einen Krankenwagen. In diesem, einem verbeulten tschechischen Transporter mit gesplitterter Rundumleuchte, wurde ich abtransportiert. Ronald und Gina blieben in unserer Absteige.

Man steckte mich in ein Sechs-Mann-Zimmer mit blaugestrichenen Wänden. Wie ein kranker Hund lag ich auf einer harten, quietschenden Pritsche und zog mir die dünne, zerrissene Bettdecke bis zum Hals.

Meine Zimmerkollegen sahen nicht danach aus, als würden sie das Krankenhaus bald verlassen können. Einer der Männer, ein kräftig gebauter Bursche mit riesigen Pranken, trug einen dicken, blutgetränkten Verband um die Schulter. Ein Streifschuß, wie ich erfuhr. Einem anderen fehlte das linke Bein. Hätte er vor zwei Monaten nicht verschlafen, so sein Kommentar, wäre er nicht vom Bus erwischt worden und noch immer Schweißer. Die anderen beiden hatten Knochenkrebs, erzählte mir die Krankenschwester. Ein Bett stand leer.

Meine Zimmernachbarn gaben mir das Gefühl, ich müßte mich mit meinem Wehwehchen wohlfühlen. Doch als mich die Ärztin in den OP brachte, verflog dieser Gedanke sehr schnell.

Ich betrat den Raum, in dem es nach Desinfektionsmitteln roch, sollte mich auf einen gepolsterten Stuhl setzen und konnte nur ahnen, was mich erwartete. Die Ärztin zog sich Gummihandschuhe über und warf dabei lässig ihren schwarzen Zopf über die schmale Schulter. Die Frau war groß, etwa einsachtzig, und ihr Kittel reichte ihr noch nicht einmal bis über die knochigen Knie. Sie winkte ihre Assistentin, eine etwas hektische Alte, zu sich und sagte ihr, sie solle mich festhalten. Dadurch fürchtete ich mich noch mehr. Die Medizinerin öffnete einen Kühlschrank und holte eine überaus große Spritze heraus. Dieser folgten weitere zwei.

»Mund auf!« befahl die Frau. Ich tat es und wimmerte. Dann stach sie ohne zu zögern die Nadel in die Eiterbeule. Ich röchelte, krallte meine Finger in die Sitzlehnen. Die Assistentin hatte es nicht leicht mit mir, denn ich zappelte wie unter Strom. Die Spritze wurde eitergefüllt herausgezogen. Ich atmete kurz auf, da spürte ich schon die zweite. Der Stuhl, auf dem ich mich wand, knirschte und knackte.

Dann die dritte Spritze. ›Die sticht dir den Hals durch‹, dachte ich. Als die Attacken vorbei waren, hatte ich zwar einen ekelhaften Geschmack im Mund, aber mir war, als hätte jemand seine Faust aus meinem Rachen gezogen. Nun, so war ich mir sicher, müßte mir sämtliches Mitleid der Welt gehören. Die Frauen aber dachten nicht daran, löcherten mich statt dessen mit vielen Fragen für ihr Protokoll. Sie benutzten mir unverständliche Fachbegriffe. Ich verstand kein Wort, was die beiden sichtlich nervte.

Wieder auf der Pritsche, hängten mich zwei Schwestern an einen Tropf, gaben mir eine Penicillinspritze in die linke Pobacke, stellten mir zum Gurgeln »Furzelinum« – eine grünliche Flüssigkeit – auf den Nachtschrank und strichen mir freundschaftlich über die schweißnasse Stirn.

Längst war es Abend. Die Sonne war untergegangen, und obwohl ich müde war, konnte ich nicht einschlafen. Der Tropf gluckerte wie ein verstopfter Abfluß neben meinem Bett, und ich mußte an Anita denken. Die meiste Zeit eines Tages hing auch sie an so einem Ding. Was würde die Kleine sagen, wenn wir wieder vor ihr ständen? Wie würde sie reagieren, wenn wir ihr den Frosch überreichten ..?

Bei diesen Überlegungen mußte ich mir eingestehen, daß wir in den zurückliegenden drei Monaten mehr Glück als Verstand gehabt hatten. Das Kuriose daran: Anita hatte uns gerettet, weil wir über sie erzählt, sie als Grund der Reise angegeben hatten. Was hätten wir ohne sie nur gemacht?

Ich schämte mich, daß wir so naiv gewesen waren, geglaubt hatten, für uns gäbe es nach der Fahrradtour keine Hindernisse mehr. Ich getraute mich auch nicht, mir die so wunderbar erträumte Heimkehr auszumalen. Ich hörte schon die belehrenden Stimmen, sah die erhobenen Zeigefinger. Und wir könnten nichts erwidern als: ›Wir haben versagt.‹

In diesem Krankenbett hatte ich noch nicht den Mut dazu, es ehrlich auszusprechen. Doch im Innern wußte ich es genau. Wenigstens lebte der Frosch noch. Was sonst, außer uns selbst, konnten wir nach Hause bringen ...? Bei diesen Gedanken glitt ich in den Schlaf.

Und als ich wieder erwachte, war bereits der nächste Tag angebrochen.

Der Abflugtag. Am Abend sollte unsere Maschine starten.

›Nichts wie raus aus der Klinik‹, schoß es mir durch den Kopf. Wie auf Kommando sprang ich aus dem Bett, was ich besser hätte nicht tun sollen. In meinem Kopf drehte sich alles, und ich fiel auf die Pritsche zurück.

Wieder stand ich auf, nun langsamer, zog mir meine Kleidung über und entfernte den Schlauch aus dem Arm. Ich hangelte mich zur Tür, schleppte mich an der Wand, am Treppengeländer entlang und stand dann, etwas wacklig, im Zimmer der Ärztin.

Als sie erfuhr, daß ich mich selbst entlassen wollte, protestierte sie. Ich ließ nicht locker, und schließlich gab sie nach. Ich mußte ihr versprechen, mich zu Hause gründlich untersuchen zu lassen. Dann stellte sie mir ein Attest für meinen Rostocker Hausarzt aus, und ich durfte gehen.

Vor dem Eingang fragte ich einen Krankenwagenfahrer, ob er mich flugs zu meinem Hotel fahren konnte. Der Mann, der sich gerade eine Zigarette gedreht hatte, war einverstanden und meinte mit stolzem Unterton: »Wenn ich gebraucht werde, bin ich über Funk erreichbar.«

IN DER LUFT

Das Flugzeug, das uns nach Hannover bringen sollte, war eine ausgemusterte AEROFLOT-Maschine. Ein Privatunternehmen hatte sie gekauft, um sich mit etwas Glück ein paar Rubel damit zu verdienen. Die Botschaftsangehörigen nannten solche Kisten »fliegende Särge«, und es war ihnen verboten, sie zu benutzen. Doch der Flug war billig, kostete ein Sechstel dessen, was die LUFTHANSA verlangte. Überdies durfte Gina mit in die Kabine.

Ronalds Eltern, die – wie so oft – die Tickets bezahlt hatten, wußten nichts von den »fliegenden Särgen«, auch nicht, wie dünn wir geworden waren. Wir wollten sie nicht noch mehr beunruhigen. In der Eingangshalle hatten wir uns nacheinander auf eine Gepäckwaage gestellt. Ich wog 85 Kilogramm, 25 weniger als vor der Reise. Ronald brachte es auf leidliche 57 Kilogramm, hatte 27 verloren. Die letzten Tage hatten nicht unwesentlich dazu beigetragen.

Die Maschine rollte mit zwölf Stunden Verspätung an den Start. Sie war voll ausgebucht und dem Billetpreis entsprechend ausgestattet: zerschlissene Sitze, defekte Lüftung. Wir schwitzten, rangen nach Luft. An den Bullaugen sammelten sich Tröpfchen. Auch eines der Triebwerke wollte nicht anspringen. Erst nach Minuten rotierte der Propeller mit lautem Getöse.

Als wir abhoben, befiel uns ein seltsames Gefühl. Wir glaubten, gleich abzustürzen. Der Flieger rumpelte wie ein LKW auf schlechter Straße. Doch wir gewannen an Höhe, und bald lag Alma-Ata, am Rande des Tienschangebirges, unter uns. Wir durchflogen ein Wolkenband und fühlten uns frei wie selten zuvor. Sogar ein wenig Stolz verirrte sich in unsere Köpfe, denn wir brachten den Frosch zu Anita. Was auch geschehen war, wir waren auf dem Weg nach Hause. Und den Sultan, zu dem wir aufgebrochen waren, um Geld für unsere Afrikareise zu erhalten, den hatten wir bereits vergessen.

Eine Stewardeß servierte uns Wasser und Butterbrote – was wir unter normalen Umständen gewiß bemängelt hätten. Nun ließen wir es uns schmecken.

Satt und zufrieden hing jeder seinen Gedanken nach, bis die Maschine aus uns unerklärlichen Gründen an Höhe verlor. Irritiert sahen wir aus den kleinen Bullaugen auf die Wüste Karakum. Auch die anderen Passagiere drückten ihre Nasen an die Fensterscheiben.

Als wir uns den Schäfchenwolken unter uns näherten, stieg Unruhe in uns auf. Der Pilot flog in die Wolken hinein, und bald waren sie über uns. Mir raste das Herz. Ich preßte mich in den Sitz, krallte mich an den Armlehnen fest. Die Propeller röhrten, die Kabine wackelte, die Stewardessen versuchten zu lächeln. Es durchfuhr mich: ›Das überleben wir nicht.‹ Ich starrte zu Ronald, dessen Augen nervös hin und her wanderten. Ausgerechnet in diesem Moment, in dem ich um mein, unser Leben bangte, dachte ich an einen Nachmittag vor fünf Jahren zurück ... Es war Dezember, kurz vor Weihnachten. Ich war durchs Schneetreiben in meine Wohnung gerannt, fühlte mich elend und einsam. Auf der vergeblichen Suche nach Schnaps stieß ich auf eine halbvolle Weinflasche. Auch ein Glas und eine 60er-Packung Beruhigungstabletten fielen mir in die Hände. Den Wein schüttete ich ins Glas und die Pillen in den Wein. Ich trank aus, in der Hoffnung, bald umzufallen.

Während ich darauf wartete, sah ich wieder das blonde Mädchen vor mir, wie sie mich ansah, langsam ihren Kopf schüttelte, sich abwendete, ging. Trauer durchfloß mich, dann Hoffnung und Zuversicht, wie sie an meinem Grab stehen und bereuen würde. Dabei war der geleerte, widerlich nachschmeckende Trunk mehr als die Rache an ihr; er war die Rache an mir.

Ich konnte schon nicht mehr stehen, und während ich niedersank, bemitleidete ich mich selbst: ›He, du, Leben‹, hätte ich sagen mögen. ›Wieso kenne ich meine Mutter nicht und starb mein Vater? Warum demütigte man mich als

Kind, lachte mich aus, schubste mich herum?‹ Und das Leben hätte antworten können: ›Dummkopf, so bin ich nun mal.‹ Doch um mich war es still, nur das Aggregat des Kühlschranks summte.

Ich schleppte mich auf allen Vieren ins Wohnzimmer, zum Sofa, wollte nicht wie ein toter Hund auf dem kalten Küchenboden liegen. Auf einmal wurde es dunkel ...

Als ich erwachte, war es Nacht. Ich konnte mich kaum bewegen, doch das ließ bald nach. Ich hievte mich auf, streifte mir die Winterjacke über und ging fort, trampte irgendwohin, wollte weit weg ...

Nun, im Flugzeug, hätte ich alles dafür gegeben, heil auf der Erde zu landen. Nur noch ein paar Meter bis zum Boden. Ich betete, schloß die Augen, wartete auf den Knall, die Feuerwalze, die Schmerzen ...

Die Maschine setzte auf, rollte auf einer Landebahn aus, stand. Ich starrte mal aus dem Fenster, mal zu Ronald, der den Mund nicht zubekam.

Es stellte sich heraus, daß der Pilot zu wenig Treibstoff im Tank hatte und ihn hier – in dieser Einöde – auffüllen wollte. Tatsächlich, ein Tankfahrzeug kam auf uns zugerollt ...

DEUTSCHLAND

Unter uns eine dichte, graue Wolkendecke. Wir steuerten auf Hannover zu. Seit Stunden hatten wir unsere Angst vor diesem Flug mit einem »Stadt-Land«-Spiel vertrieben.

»Bitte anschnallen«, schnarrte es aus den Lautsprechern. Die alte Maschine setzte zur Landung an, die Räder berührten den Boden. Man öffnete die Ausstiegsluke. Markus und ich wankten die Gangway hinab. Dann, unter unseren Füßen, nach sechzehn langen Wochen: die Heimat.

Die Kasachen, die mit uns ausgestiegen waren, schlugen ihre Kragen hoch, schlossen ihre Jacken. Uns war nicht kalt. Wir standen schweigend auf dem Rollfeld und hegten die irrsinnige Befürchtung, daß all dies nur ein Traum war, wir gleich erwachten – im Hotelzimmer in Alma-Ata oder im Keller in Chorgos, am Flughafen von Urümqi oder auf dem Bahnhof von Islamabad, neben den Rattenlöchern in Colombo oder im schrottreifen Toyota am Hafenbecken von Tokio ... All diese Orte und Begebenheiten schienen uns schon fern wie aus einem anderen Leben, doch gleichsam waren sie noch ganz nah, wie Schatten hinter unseren Rücken ... Offenbar standen wir eine ganze Weile so da, denn der Busfahrer hupte uns zu, auf daß wir endlich zustiegen.

In der Flughalle, zwischen Wartenden, sah ich meinen Vater. Seine Augen glänzten. Nie zuvor hatte ich das bei ihm gesehen.

Wir rauschten über die Autobahn, auf Markus' Schoß lag die Froschkiste.

»Ich muß euch etwas sagen ...« Vater drückte sich umständlich aus.

Kurz darauf wußten wir es: Anita war seit einem Monat tot.

DANKSAGUNG:

Wir danken unseren Sponsoren:
dem Autohaus Plath für die Bereitstellung des Toyotas und
die Mitfinanzierung der Verschrottung desselben in Tokio;
der Elmenhorster Fruchtsaftgetränke GmbH,
den Stadtwerken Rostock und
der Firma LUK Kupplungssysteme
für die finanzielle Unterstützung;
Weltenbummler Trekkingausrüster für den Höhenmesser;
dem Copy Service für die Froschaufkleber;
RFT Protech für die Videokamera;
Olympus für den Fotoapparat;
Stinnes-Reifendienst für den Ersatzreifen;
Peter Bauer für das Gestalten des Froschsignets,
sowie dem Oberbürgermeister von Rostock,
Herrn Arno Pöker, und Frau Angelika Scheffler,
Außenverbindungsbeauftragte von Rostock,
für die finanzielle Unterstützung,
das Geleitschreiben und die Silbermünzen.
Besonders gedankt sei Christa und Erwin Prokein sowie
Helga und Horst Killermann für ihr Vertrauen und ihre schnelle
Hilfe.

Danken möchten wir
der Kinder-AIDS-Hilfe Deutschland e.V.,
insbesondere Marita Manske – dafür,
daß wir Anita und ihre Mutter kennenlernen durften;
der AIDS-Hilfe Rostock für die Ausleihe
von Literatur und Videomaterial;
Lutz Ebert für seine Unterstützung
und die vielen hilfreichen Ideen;
unserem Tierarzt aus Rostock
für die Medikamente und das Futter für Gina;
den LKW-Fahrern in Sibirien,
die uns nach dem Unfall halfen;
Dmitri und Sergej aus Nowosibirsk
für die Reparatur der Ölwanne;
dem Bauern vor Irkutsk für die Flasche Wodka;
Tanja für das Opernständchen;
Ganas Eltern und Herbert
für die Gastfreundschaft in Ulan Bator;
Ojona für ihre Zuneigung;

Wolodja und Viktor aus Jakutsk für das Tauschgeschäft;
dem Reedereiboss aus Wladiwostok wegen der Halbierung
des Fahrpreises für die Überfahrt nach Japan;
dem Zöllner aus Tokio,
weil er Ginas Quarantäne bezahlte;
dem Konsul aus der Deutschen Botschaft Tokio
für seinen Erdbebenvorrat;
dem Quarantänetierarzt Mr. Nagakura
für das Vertrauen und die Hundebox;
dem Kapitän sowie dem Bordarzt des Luxusschiffes
für die Spenden;
Ah Long und seiner Frau für die Gastfreunschaft
und die Hilfe beim Fangen des Frosches;
Paul Yong, Jimmy Ng und Andre Tan
für die Gastfreundschaft in Brunei;
Lyvan Chung für die ausnahmsweise schnelle Auszahlung
des überwiesenen Geldes in Bandar Seri Begawan;
dem Priester aus Colombo für die eintägige Unterbringung;
dem Colaverkäufer Ariyapala für seine Freundschaft;
dem Reisebüromitarbeiter, der uns den Flug
nach Indien verbilligen wollte;
Student Hussain Schahzad aus Karatschi
für die bezahlte Zugfahrt nach Islamabad;
Mian, dem Bauunternehmer aus Karatschi, für die Uhren;
Dirk und Babette aus Riesa für die Bustickets nach Ürümqi;
dem Taxifahrer aus dieser Stadt
für den kostenlosen Transport;
der Lady aus Chorgos für das Taxigeld
und die Bewirtung;
der Deutschen Botschaft in Alma-Ata
für den Vorschuß und die Hotelunterbringung;
der Ärztin aus ebendieser Stadt
für die kostenlose Abzeßoperation;
Erwin Prokein für die herzliche Begrüßung
und das Abholen aus Hannover,
sowie allen Menschen,
die uns vorm Verhungern und Verzweifeln bewahrten.

Da dieses Buch nach langer Arbeit
doch noch fertig wurde,
danken wir Hannelore und Jan Weymann
für ihre Geduld und ihr Vertrauen;
Dirk Eggert und Antje Simon

für ihre aufmunternden Worte;
Ulrike Wittig und Martin Frick
für die technische Unterstützung;
Martina für die Unterstützung bei der Textbearbeitung;
Ingo Zentner für das Korrekturlesen;
Henner Pahl für die vielen Erledigungsfahrten;
Gunnar Tamms von INR Informationssysteme Rostock
für die Bereitstellung eines Laptops
und Chrischi für seine Freundschaft.

Nicht danken möchten wir:
Der Sachbearbeiterin der Deutschen Botschaft Tokio;
dem Botschafter der Deutschen Botschaft
in Bandar Seri Begawan;
der Mitarbeiterin der Deutschen Botschaft in Colombo;
dem Konsulatsgehilfen der Deutschen Botschaft
in Islamabad und
allen Menschen, die noch nicht gelernt haben,
daß man sich gegenseitig unterstützen muß.

STATISTIK

Reisedauer:
geplant ca. 30 Tage
benötigt 114 Tage (3.3.1996 - 25.6.1996)

Streckenstatistik:
Auto 15 387, Schiff 3 000 km, Flugzeug 26 000 km,
Zug 1 820 km, Bus 2 000 km, Taxi 1 700 km,
getrampte Strecke 2 800 km,
zu Fuß zurückgelegte Strecke 520 km,
gesamt 53 227 km

maximale Höhe 4 733 m (Grenze Pakistan / China)
13 bereiste Länder

höchste Temperatur 47 °C
(am 31.5.1996 in Multan, Pakistan)
niedrigste Temperatur -27 °C
(am 14.3.1996, Grenze Rußland / Mongolei)

geplante Reisekosten 4 000 DM
tatsächliche Reisekosten 24 500 DM
zusätzliche Schulden daheim 8 000 DM

Gewichtsverluste:
Ronald 27 kg
Markus 25 kg
Gina 6 kg

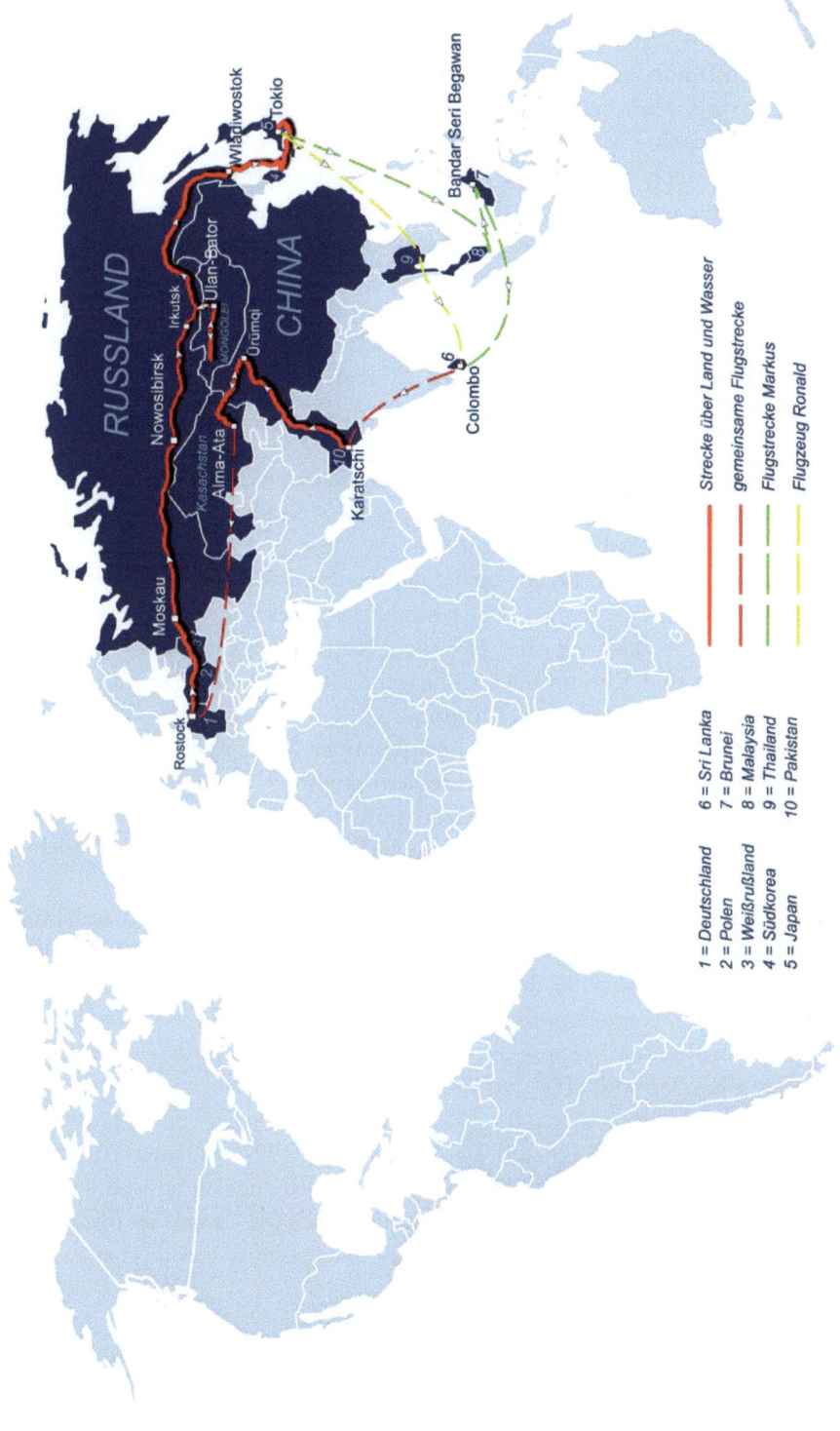

RUSSLAND

CHINA

Rostock

Moskau

Nowosibirsk

Irkutsk

Alma-Ata

Kasachstan

Ulan-Bator

NOWGOLEI

Urumqi

Wladiwostok

Tokio

Bandar Seri Begawan

Colombo

Karatschi

1
2
3
4
5
6
7
8
9
10

Strecke über Land und Wasser

gemeinsame Flugstrecke

Flugstrecke Markus

Flugzeug Ronald

1 = Deutschland
2 = Polen
3 = Weißrußland
4 = Südkorea
5 = Japan

6 = Sri Lanka
7 = Brunei
8 = Malaysia
9 = Thailand
10 = Pakistan

EINE AKTION LEBT WEITER

Wieder zu Hause, erschien uns die Reise zum Sultan von Brunei erst richtig sinnlos. Anita starb bereits im Mai, als wir noch auf Sri Lanka waren. Also besuchten wir ihre Mutter und schenkten ihr den Frosch aus dem Dschungel, der eigentlich für die kleine Anita gedacht war. Es war natürlich nicht die Übergabe, die wir uns auf der Reise vorgestellt hatten. Doch daran war nichts mehr zu ändern. Irgendwie konnte das aber nicht alles gewesen sein.

Wir sprachen mit Frank Weymann, unserem Freund und Verleger, und Lutz aus der AIDS-Hilfe Rostock darüber. Auch sie meinten, daß es schließlich noch andere aidskranke Kinder gäbe. Warum sollten wir uns nicht für die engagieren, zumal wir die Afrikatour abgehakt hatten? Weshalb eigentlich nicht andere Leute einbeziehen?

So wurde eine Idee geboren: Prominente sollten uns helfen, möglichst viele Leute in Deutschland »aufzuwecken«, über diese Kinder nachzudenken. Aber eine Aktion mit erhobenem Zeigefinger?

Zusammen mit dem Rostocker Verein pro libro e.V. baten wir über 2 000 Persönlichkeiten des In- und Auslands, Schauspieler, Politiker, Sportler ..., einen Frosch zu zeichnen oder zu malen. Kunstwerke mußten es nicht sein, den Wert der Bilder bestimmten in diesem Fall die Namen darunter. Gregor Gysi wurde der Schirmherr der Aktion.

Und tatsächlich – nach einem Jahr waren über 260 »Frösche« eingetroffen. Der von Michail Gorbatschow und seiner Frau Raissa – wir hatten die beiden bei »Wetten daß ...?« am Flughafen Hannover getroffen – war ebenso dabei wie die von Henry Maske, Phil Collins, Jeff Bridges, N'Sync, Bernd Eichinger, Günter Grass ...

Zusammen mit unserem Verein, der Unterstützung öffentlicher Einrichtungen, Sponsoren und der Medien, wurde Ende Oktober 1997 die Ausstellung »Ein Frosch für Anita« in Rostock eröffnet. Eine Wanderausstellung, die in großen Städten Deutschlands zu sehen war. Im Dezember 1998 versteigerte das Auktionshaus »Christies« die »Frösche«. Der Erlös wurde zur Unterstützung von Kindern mit HIV und Aids eingesetzt.

Unser Freund Frank Weymann – er kam Anfang 1997 bei einem Autounfall ums Leben – hätte sich, als die Aktion erfolgreich angelaufen war, gewiß in seinem Stuhl zurückgelehnt, uns angeschaut und, wie damals so oft, gesagt: »Seht ihr? Nichts ist so schlecht, als daß es nicht auch sein Gutes hat ...«

INHALT

WEITERE BÜCHER DES
ABENTEURER-DUOS:

DURCHGETRETEN
Auf Fahrrädern um die Welt
*»... Episoden, die, teils tragikkomisch, an keiner
Stelle aufgesetzt, kalkuliert oder dilettantisch wirken.
Der ungezwungene Grundton des Erzählens und
die entwaffnende Ehrlichkeit machen den Wert des Buches aus.
Nicht wenig in heutiger Zeit.«* Neues Deutschland

LENAREISE
Mit Kajaks auf Sibiriens mächtigem Fluß
»... Unbedingt lesen.« BiblioHits

KAMTSCHATKA
Zu Fuß durch Rußlands große Wildnis
*»Unbedingt lesenswert ... Immer wieder paradieren die
beiden als sensible Vollblutjournalisten.«* Ostsee-Zeitung

Alle Bücher erhalten Sie im Buchhandel.

Alle Reisen von
Markus Möller & Ronald Prokein:

www.AUFBRECHEN.de &
www.RONALD-PROKEIN.de